JIDONGCHE
JIASHI PEIXUN JIAOLIANYUAN
CONGYE ZIGE PEIXUN JIAOCAI

机动车驾驶培训教练员从业资格培训教材

本书编写组　编

人民交通出版社股份有限公司
China Communications Press Co.,Ltd.

内 容 提 要

本书依据交通运输部和公安部于2012年12月联合发布的《机动车驾驶培训教学与考试大纲》编写而成，主要内容包括教练员的职责与职业行为规范、规范化教学、教学方法和教学手段、道路交通法律法规知识、车辆使用常识、安全与节能驾驶知识六部分内容。

本书可作为机动车理论教练员和驾驶操作教练员的从业资格培训教材。

图书在版编目（CIP）数据

机动车驾驶培训教练员从业资格培训教材 /《机动车驾驶培训教练员从业资格培训教材》编写组编. — 北京 : 人民交通出版社股份有限公司, 2014.10
ISBN 978-7-114-11805-0

Ⅰ. ①机… Ⅱ. ①机… Ⅲ. ①汽车驾驶—教练员—资格考试—教材 Ⅳ. ①U471.3

中国版本图书馆CIP数据核字（2014）第242908号

书　　名： 机动车驾驶培训教练员从业资格培训教材
著 作 者： 本书编写组
责任编辑： 杨丽改　白　峭
出版发行： 人民交通出版社股份有限公司
地　　址：（100011）北京市朝阳区安定门外外馆斜街3号
网　　址： http://www.ccpress.com.cn
销售电话：（010）59757973
总 经 销： 人民交通出版社股份有限公司发行部
经　　销： 各地新华书店
印　　刷： 中国电影出版社印刷厂
开　　本： 787×1092　1/16
印　　张： 10
字　　数： 244千
版　　次： 2014年10月　第1版
印　　次： 2018 年 1 月　第 8 次印刷
书　　号： ISBN 978-7-114-11805-0
定　　价： 45.00元
（有印刷、装订质量问题的图书由本公司负责调换）

前言

汽车保有量的快速增长极大方便了百姓的出行，尤其是私人汽车的日益普及对提升家庭生活品质，满足居民的多样化出行需求具有积极意义。但是，汽车保有量的快速增长也给道路交通安全带来了巨大压力。从我国大量的交通事故统计来看，驾驶员的人为失误是导致交通事故发生的主要因素，因此，增强驾驶员的安全意识，引导驾驶员守法驾驶、规范驾驶，对降低道路交通事故的发生具有重大意义。机动车驾驶培训教练员是指导驾驶学员学习驾驶技能的启蒙老师，加强对教练员的专业培训和从业资格管理，是保证驾驶培训质量、提高驾驶员队伍素质的关键因素，对提升道路交通安全水平十分重要。

本教材依据交通运输部和公安部于2012年12月联合发布的《机动车驾驶培训教学与考试大纲》进行编写，全书突出“以人为本、规范教学和安全节能”的教学理念，通过多方式教学形式引导教练员对不同类型的驾驶学员因材施教，重点培养学员的安全意识以及守法驾驶和规范驾驶技能。全书融合了最新的道路运输法规和汽车使用技术，注重教学中法规知识与操作技能的有机结合。本书通俗易懂，图文并茂，并辅以生动的案例，具有较强的可读性、针对性和实用性。

本书内容包括教练员的职责与职业行为规范、规范化教学、教学方法和教学手段、道路交通法律法规知识、车辆使用常识、安全与节能驾驶知识六部分内容。

本书由周英南、刘常俊主编，参与编写的有周玉财、裴春良、张智、赵忠利、王华炜、赵彦海、曹云升。

限于编者的经历和水平，书中难免有不妥或错误之处，敬请批评指正，不吝提出修改意见和建议，以便再版修订时改正。

编　者

2014年10月

目 录

第一章 教练员的职责与职业行为规范

安全是社会稳定和经济发展的重要保障，安全出行是人民群众对出行的最基本需求。构建无道路交通事故的和谐社会，是我们每个人的愿望。机动车驾驶员是道路交通安全的重要影响因素，推进驾驶员素质教育既是加强道路交通安全管理的基础性工作，也是预防道路交通事故、保障道路交通安全的有效途径。教练员作为指导驾驶学员学习驾驶技能的启蒙老师，是保证驾驶培训质量、提高驾驶员队伍素质非常关键的因素。本章重点介绍了教练员的职业特点与素质要求，教练员应当履行的岗位职责与义务，应当遵循的职业行为规范。

第一节 教练员的职业特点与素质要求

教练员是教育工作者，其面对的教学对象层次多样化，教学内容专业性强，教学要求严格，教学环境复杂，教学效果对道路交通安全具有重大的影响。因此，教练员应了解职业的特点，通过不断学习，具备职业需要的基本素质，这样才能履行好岗位的职责和义务，培养出合格的驾驶员。

一 教练员的职业特点

1 教学对象的多样性

教练员所面对的教学对象虽然都是成年人，但是学员在性别、年龄、知识背景、职业和性格等方面存在差异，学习兴趣、学习习惯和学习能力也有很大区别，学员层次呈现出多样化的特点。比如，相对于城市大学生而言，农村的驾驶学员文化基础较差，对专业知识的理解能力差；相对于年轻学员而言，老年学员对操作动作的掌握能力差；相对于男性学员而言，女性学员常常对复杂环境驾驶技能训练感到畏惧。因此，教练员在遵循教学规范的同时，还需要因材施教。

2 教学内容的专业性

根据《机动车驾驶培训与考试大纲》（以下简称《教学与考试大纲》）的要求，驾驶培训的目标是培养学员的安全驾驶意识，向学员传授安全驾驶技能。安全驾驶不是对车辆的简单操作，而是一种涉及交通心理学、交通行为学等诸多知识和技能的复杂行为方式。教练员需要以教材为依据，紧密围绕安全行车的主题，向学员传授机动车构造、道路交通安全法律法规、道路交通信号及安全驾驶相关的其他专业理论知识，同时还需要将理论知识与实际驾驶相结合，向学员传授汽车行驶方向与速度控制、汽车运行中安全状态识别、汽车运行环境安全风险辨识等安全驾驶技能。

3 教学要求的严格性

《教学与考试大纲》明确了各类培训车型学员的培训项目、培训内容和培训学时。在培训过程中，教练员必须按照《教学与考试大纲》的要求认真施教，并且采用“计时制”培训服务模式，保证学员有效的学习和训练学时。每次完成教学后，教练员必须对学员的学习情况客观地进行评价，如实填写教学日志，并请学员在教学日志上签字确认。

4 教学组织的特殊性

除理论教学外，教练员的教学主要在教练场内和实际道路上进行，教学环境、教学方式与课堂式教学都有较大的差异。一方面，在实际驾驶训练时，学员和教练员同时处于高度紧张的状态，教练员主要靠手势和简单的提示进行教学。另一方面，驾驶技能训练需要教练员通过讲解、示范、指导、讲评等教学环节来完成，且需要教练员通过反复讲解、示范和指导来增强学员的理解和记忆，逐步提高学员操作动作的熟练程度。

5 教学过程的风险性

驾驶技能训练是一个动态、互动的教学过程，车流、人流、道路条件和天气条件等影响教学安全的因素很多，加之学员的素质不同，训练效果有很大的差异，教学过程往往存在着一定的风险性。

从运动行为学分析，学员从刚接触车辆到掌握驾驶技能，需要经过了解、掌握、熟练应用等几个不同的阶段。在学习驾驶技能的过程中，尤其在训练的初期，学员通常难以自觉地发现自身存在的错误，难

案例

教练员未随车指导　学员误操作夺性命

2013年6月4日，在上海某驾校教练场内，一名女学员正在练习倒车入库，教练员站在车旁给予指导。教练车出库左转，为避开因故障停在路边的一辆教练车减速时，学员不慎将加速踏板当作制动踏板，导致车辆突然加速撞向一名正在等待练车的男学员，造成该学员死亡。

以识别周边的潜在危险和灵活应对各种紧急情况。教练员在运动状态下指导学员，精力必须高度集中，稍有疏忽就可能导致交通事故。而且，训练的道路环境条件越复杂、车速越高，教学过程中的风险就越大。

6 教学效果的社会性

随着驾驶员素质教育工程的开展和道路交通安全管理力度的加大，道路交通事故起数、伤亡人数和万车死亡率均有下降，截至2011年年底，我国道路交通事故致死人数达62387人、万车死亡率为2.78，但是相比德国、日本等发达国家，我国道路交通安全形势依然严峻。道路交通安全事故不仅会给人民群众的生命财产带来严重的损害，还可能引起环境污染，引发纠纷和社会恐慌，造成社会的不稳定，阻碍社会和谐和经济发展。

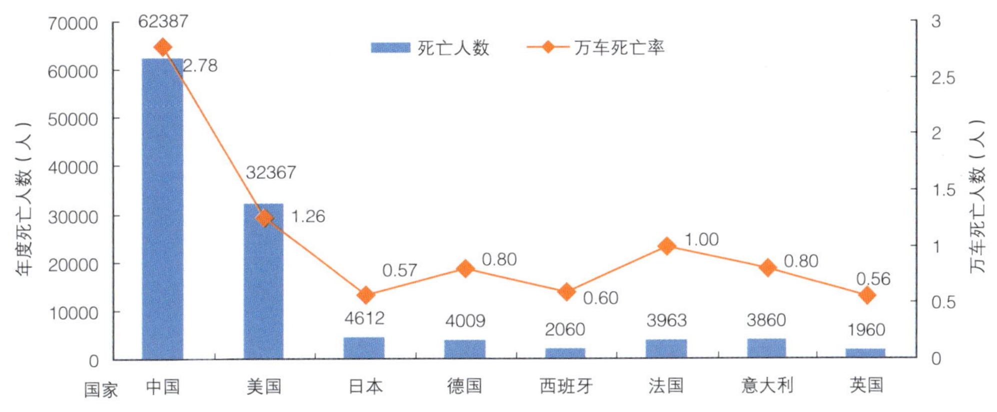

2011年国内外道路交通事故情况统计图

教练员是安全驾驶知识的传播者，是推动驾驶员素质教育的重要实践者，向学员传授安全驾驶技能，而驾驶培训的效果，既学员对驾驶技能的掌握程度则直接决定其参与道路交通的安全性。因此，教练员肩负着保障道路交通安全的社会重任。

二 教练员的资格条件

机动车驾驶培训教练员包括理论教练员、驾驶操作教练员、道路客货运输驾驶员从业资格培训教练员和危险货物运输驾驶员从业资格培训教练员四种类型。

1 理论教练员

理论教练员应符合的条件：持有机动车驾驶证，具有2年以上安全驾驶经历；具有汽车、机械、运输管理等相关专业中专以上学历或者汽车及相关专业中级以上技术职称；掌握道路交通安全法规、驾驶理论、机动车构造、交通安全心理学和常用伤员急救等安全驾驶知识，了解车辆环保和节约能源的有关知识，了解教育学、教育心理学的基本教学知识，具备编写教案、规范讲解的授课能力。

2 驾驶操作教练员

驾驶操作教练员应符合的条件：取得相应的机动车驾驶证，符合安全驾驶经历和相应车型驾驶经历的要求；年龄不超过60周岁；具有中专或者高中以上学历；掌握道路交通安全法规、驾驶理论、机动车构造、交通安全心理学、预见性驾驶和应急驾驶的基本知识，熟悉车辆维护和常见故障诊断、车辆环保和节约能源的有关知识，具备驾驶要领讲解、驾驶动作示范、指导驾驶的教学能力。不同车型的驾驶操作教练员资质条件见表1-1。

不同车型的驾驶操作教练员资质条件 表1-1

车　型	驾驶操作教练员资质条件
大型客车、牵引车、城市公交车、中型客车、大型货车	且具有5年以上驾驶相应车型车辆的驾驶经历
小型汽车、小型自动挡汽车、低速载货汽车、三轮汽车、残疾人专用小型自动挡载客汽车、普通三轮摩托车、普通二轮摩托车、轻便摩托车	具有5年以上安全驾驶经历且具有3年以上驾驶相应车型车辆的经历（具有大专以上学历且接受过教练员职业技能教育的，应具有2年以上安全驾驶经历和驾驶相应车型车辆的经历，且有不少于3个月的实习教练经历）
其他车型	5年以上安全驾驶经历，且具有4年以上驾驶相应车型车辆的经历

3 道路客货运输驾驶员从业资格培训教练员

道路客货运输驾驶员从业资格培训教练员应符合的条件：具有汽车及相关专业大专以上学历或者汽车及相关专业高级以上技术职称；掌握道路旅客运输法规、货物运输法规以及机动车维修、货物装卸保管和旅客急救等相关知识，具备相应的授课能力；具有2年以上从事普通机动车驾驶员培训的教学经历，且近2年无不良的教学记录。

4 危险货物运输驾驶员从业资格培训教练员

危险货物运输驾驶员从业资格培训教练员应符合的条件：具有化工及相关专业大专以上学历或者化工及相关专业高级以上技术职称；掌握危险货物运输法规、危险化学品特性、包装容器使用方法、职业安全防护和应急救援等知识，具备相应的授课能力；具有2年以上化工及相关专业的教学经历，且近2年无不良的教学记录。

三 教练员的基本素质要求

1 社会责任感

3年以下驾龄驾驶员的驾驶技能与教练员的驾驶培训质量密切相关。近年来，3年以下驾龄驾驶员的肇事起数、死亡人数逐年下降，但是从绝对值来看，2012年，3年以下驾龄的驾驶员肇事致死人数约占道路交通事故致死总人数的25%，占比较大。

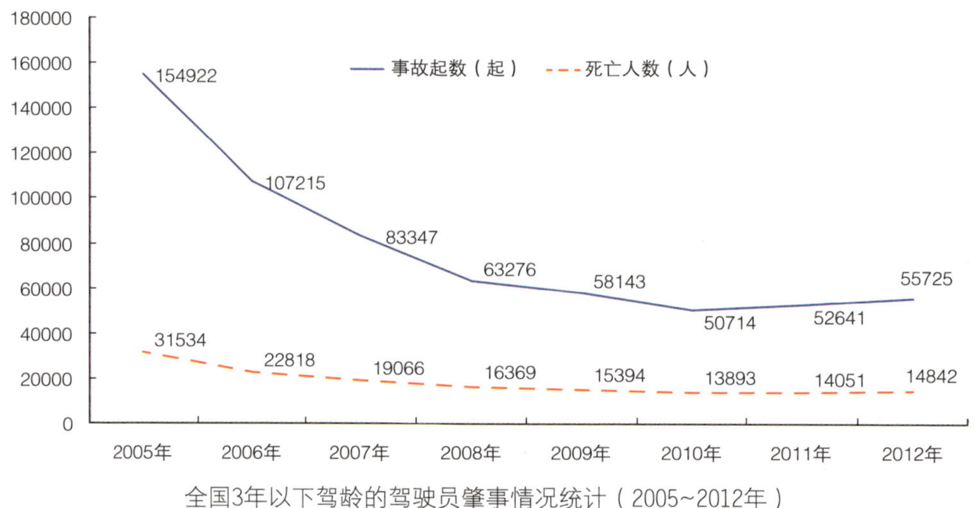

全国3年以下驾龄的驾驶员肇事情况统计（2005~2012年）

驾驶员的安全驾驶，不仅关系到个人的生命和财产安全，而且还关系到自己和他人的家庭幸福，乃至整个社会的安定与和谐。因此，教练员作为构筑道路交通安全重要防线的主力军，应当深刻认识到自身工作对社会的重要意义，认识到所肩负的神圣

使命，要具有高度的社会责任感。

教练员的社会责任感，主要表现为热爱自己的工作岗位、热爱本职工作，紧密围绕驾驶员素质教育要求，对待每一位学员，每一次授课始终保持严谨、细致的工作作风，按要求规范施教，对学员驾驶技能训练严格要求、科学评价，不心浮气躁，不敷衍了事。

案例

教练员违法酒后驾驶　除夕夜醉酒驾车撞数人

2013年2月9日12时，教练员王某驾驶一辆教练车到华阳与岳父过年。饭间，王某饮用白酒，随后到附近茶楼休息。下午5点过后，王某以为酒劲已过就驾车回家，车辆行驶至华阳镇华阳大道正北街路口时，与一辆奥拓车相撞。在初步协商达成一致，奥拓车主准备将车挪到路边时，王某却突然急转方向，绕过奥拓车，猛踩加速踏板迅速逃离了现场，并以超过70km/h的速度通过闹市，行驶至华阳镇天府大道正北下街路口时，将两名路人撞倒，造成1人死亡、1人重伤。事后，警察对王某进行了血液检测，报告显示，王某血液中酒精浓度为112.8mg/100ml，远远超过醉酒驾驶的标准。

2 安全意识和驾驶习惯

作为一名教练员，要取得学员的信任，收到好的教学效果，教练员首先要成为学员的榜样，自身应具有良好的安全意识和驾驶习惯，在教学过程中做到知法、守法，规范操作。在学员学习驾驶技能的初级阶段，教练员自身的行车安全意识、驾驶习惯对学员一生中的行车安全都将产生深远的影响。

3 专业知识和驾驶技能

在驾驶培训过程中，教练员不仅要教学员怎么做，更重要的是教学员为什么这样做，做到晓之以理，才有利于学员理解和掌握。比如，学员在训练初期经常会出现离合器踏板控制不好导致车辆熄火的现象，教练员需要向学员讲清楚熄火的原因和离合器踏板的正确使用方法，尤其是半联动操作的动作要领。

俗话说：“要给别人一杯水，自己要有一桶水甚至一缸水”。因此，教练员首先要有合理的知识结构和丰富的专业知识储备，并且能够随着道路交通安全法律法规、车辆技术和现代化教学手段等知识的不断更新，自觉加强业务学习，巩固专业知识；其次，应具有良好的驾驶技能，能够对实际驾驶体验进行总结，在驾驶训练中做到动作示范规范、准确，并凭借自身的驾驶经验提前预测交通风险，及时提示学员，保障教学的安全。

4 教学能力

教练员需要在课前做好充分的准备，在教学过程中，能够用清晰、准确、简洁、逻辑较为严密且不失生动的语言向学员讲解专业知识，规范、准确地示范动作细节，针对教学内容和学员的特点科学运用教学方法和技术手段，合理安排训练内容和训练次数，让学员容易理解和接受。因此，教案编写能力、语言表达能力、动作示范能力、教学方法和技术手段的灵活运用能力、教学组织与管理能力是教练员实施教学的基本功。

小知识

教练员语言表达能力的培养方法

教练员可以通过以下三个方面的努力，来培养自己的语言表达能力：

（1）多听。在与别人交流的时候多听别人的说话方式，尤其是聆听其他教练员的示范课，从中学习其好的语言运用技巧。

（2）多读。多读与业务相关的书籍，从书中汲取语言表达的方式方法和技巧，增加语言的素材。

（3）多说。并不是想说什么说什么，乱说一气，而是应有准备、有计划、有条理地去说，比如，针对某一主题设计示范教学课，并请听课者给予建议。

驾驶培训是成人教育，成年人希望在轻松、平等的教学环境中接受培训并受到尊重，在训练过程中有交流和探讨，能及时了解到培训效果。因此，教练员应具备善于与学员沟通的能力，有效地调节学员的心理状态，缓解学员压力，积极评价、激励学员，调动学员参与教学活动的积极性，用对待朋友一样的真诚，营造平等和谐的氛围，服务学员，满足学员的学习需求，增强学员对教练员的认同感、信任感。

教练员所面对的教学对象层次多样，需要懂得学员心理特点、认知规律及其在学习过程中的心理活动过程，能根据学员情况调整教学方式。比如，年轻学员一般是反应敏捷、接受能力强，年长学员一般是阅历丰富、自尊心强、接受能力相对慢；女学员一般是温和细心、动作柔和，男学员一般是反应敏捷、易冲动。因此，教60岁的老年人和教18岁年轻人、教男学员和女学员时，要考虑到不同对象之间的差异，因材施教，才会有好的教学效果。

5 心理调节能力

教练员职业生涯不总是一帆风顺的，有些时候会觉得很轻松，工作充满乐趣，但有些时候会觉得工作枯燥无味，甚至带有悲观失望的情绪。因此，教练员应当时刻正确反思自己，尤其是在不顺心的时候及时采取措施调节自己的状态，常常问问自己以下几个问题：

（1）为什么最近对工作没有热情，是对这一职业抱有不切实际的期望，意志消沉了吗？

（2）为什么最近在训练时容易分散注意力，是家庭生活的琐事导致心烦意乱了吗？

（3）为什么会与学员发生争吵，是缺乏与学员沟通的能力吗？

（4）为什么学员一直不能掌握所传授的动作，是没有讲解清楚、做好动作示范，还是教学安排存在问题？

第二节 教练员的职责、义务与行为规范

教练员职责是指教练员岗位所要求的、需要去完成的工作内容以及应当承担的责任范围。教练员义务是指从法律法规规定和道德的角度，教练员在指导学员训练的过程中应该进行的价值付出。教练员了解自己的岗位职责和义务，才能明确自身的职业定位，知道应该做什么、怎么做以及做到什么程度，这是教练员做好驾驶培训工作的基本前提。

一 教练员的职责

对驾驶学员实施素质教育，除培训学员安全驾驶技能外，更重要的是培养学员的安全意识，传授学员安全行车知识，增强学员的社会责任感，引导学员树立“安全第一、珍爱生命”的行车理念。提高驾驶学员的整体素质，把好驾驶培训的质量关，教练员的作用非常关键，也是教练员的根本职责。

1 培养学员安全意识

在驾驶培训中，安全驾驶技能的训练固然重要，但是缺乏安全意识的驾驶员，即使安全驾驶技能很高，也会成为“马路杀手”。因此，教练员应当高度重视对学员安全意识的培养，让学员从接受培训开始就树立遵章守法、安全文明的行车理念，具有高度的社会责任感。

在教学过程中，教练员需要通过安全警示教育让学员体会到违法驾驶行为所带来的风险以及交通事故的危害，牢记生命无价；需要通过传授安全驾驶知识，将安全教育和文明驾驶有机结合，使学员能够充分理解和体谅其他交通参与者的行为，本着珍爱和尊重自己和他人生命的原则，自觉遵守道路交通法规，采取预见性驾驶方式，安全驾驶、文明行车。

2 普及学员安全知识

学员掌握必要的安全行车知识，才能具备独立分析问题和解决问题的能力，能够更好地接受驾驶训练。例如，掌握机动车构造知识，能够更好地理解操作动作和操作规范；掌握道路交通安全法律法规知识，能够认识到哪些驾驶行为是合法的，哪些驾驶行为是违法的；掌握应急驾驶和伤员急救知识，在遇到紧急情况时，才能知道如何妥善处置，减少事故伤亡和财产损失。

教练员需要根据《教学与考试大纲》的要求，结合培训教材对学员进行理论知识培训。在驾驶技能训练中，教练员还需要将理论知识与驾驶操作训练有机结合，让学员更好地理解和巩固。

3 传授学员驾驶技能

驾驶技能是驾驶员在具体的道路交通环境中，根据已经掌握的专业理论知识和安全行车经验，通过对环境的观察、分析和判断，采取恰当的措施，控制车辆安全行驶的能力，包括操作车辆各种操控装置的能力以及判断、分析和处置交通情况的能力。

教练员需要根据《教学与考试大纲》的要求，结合场内训练，培训学员规范操控

车辆的技能、一般道路条件下的安全与节能驾驶能力；结合实际道路驾驶训练，培训学员在复杂道路条件下的安全与节能驾驶能力。

小知识

安全文明的高素质驾驶员的基本素质

安全文明的高素质驾驶员至少应具备六个方面的基本素质：

（1）**要有牢固的安全意识**。机动车是移动的危险，驾驶机动车是具有高风险的社会行为，驾驶员的安全意识是安全行驶的首要因素。

（2）**要有良好的道德素养**。强化文明、礼让驾驶意识，培养优先通行权与安全礼让的意识，形成尊重行人、敬畏生命、遵循公共道德的驾驶习惯，是提高道路通行效率的必然要求。

（3）**要有严格的守法观念**。对法律法规的敬畏之心是维护社会公共秩序的基本要求。要严格遵守交通法律法规，强化驾驶员的规则意识，养成遵守交通规则的良好习惯。

（4）**要有熟练的驾驶技能**。要使安全驾驶标准变成良好的驾驶习惯，形成无意识合理操纵车辆的能力，有效规避和降低事故风险，同时也可以提高驾驶的节能减排水平。

（5）**要有规范的驾驶行为**。交通伤亡事故的背后，往往是交通违章。交通违章的背后，往往是不规范的驾驶行为。规范驾驶行为，减少违章驾驶，才能有效减少交通事故的发生。

（6）**要有基本的应急常识**。掌握紧急情况下的应急处置、伤员自救、急救及常见危险品的识别等基本知识，有效应对各类突发事件，才能最大限度地减少发生道路交通事故时的二次伤害。

二 教练员的义务

1 领会内涵，符合教学大纲要求

《教学与考试大纲》分阶段规定了教学项目、内容、目标和学时，是教练员实施教学的重要依据。教练员按照教学大纲的要求组织教学，首先应该认真学习、理解和掌握教学大纲，领会教学大纲的内涵；其次，遵循教学大纲合理安排教学内容、教学方法和教学进度，不丢项、不落项，突出教学重点和难点，保证培训学时，争取在规定课时段内高效完成教学任务，达到教学目标。

2 遵守学时，保障学员学习效果

教学大纲根据学员的技能掌握规律，明确规定了每个阶段、每个教学项目应达到的最少学时。学员有效学习时间能否满足教学大纲的要求，对驾驶培训质量有很大的影响。

教练员不按规定学时进行教学，投机取巧缩短教学时间，就侵犯了学员的合法权益，教练员没有尽到义务。例如，学员的接受能力强，动作掌握快，但教练员不能借此缩减教学学时，而应该调整教学计划，针对学员的薄弱环节相应地多分配练习时间。教练员应当按计时制培训要求，遵循教学大纲保证学员的有效学习时间，保障学员的利益不受损失，帮助学员提高学习效果。

3 科学指导，确保教学过程安全

教练员在驾驶培训过程中不仅是教学者，也是安全员，需要给学员提供轻松、愉快和安全的学习环境。在驾驶训练过程中，不论是学员还是教练员，稍有疏忽都可能导致交通事故发生。教学中一旦发生交通事故，一方面会危及人员伤亡和财产损失，另一方面会给学员造成心理上的阴影，挫伤学员学习的积极性。

教练员应始终把安全意识的教育和良好驾驶习惯的培养放在首位，指导学员遵章守法，不作任何冒险动作，不存任何侥幸心理；应保持高度的责任心和工作热情，按规定随车进行指导，及时对学员进行安全提示，纠正学员的错误，必要时采取安全保护操作，避免事故的发生。

4 尊重学员，营造和谐教学氛围

尊重学员，有利于激发学员学习驾驶技能的积极性，提高学习效率和达到理想的效果，也是教练员服务意识的落脚点。在第一次对学员实施培训时，教练员就开始创造积极、轻松的学习氛围，可以给学员留下良好的印象，赢得学员的信任，对其整个学习过程产生积极的影响。

教练员在对学员实施培训的过程中，需要设身处地地为学员着想，热情地关怀、鼓励、指导和帮助学员，做学员的贴心人，毫无保留地把驾驶技能传授给学员；需要把严格要求和耐心教育有机结合，真诚对待学员，批评教育时充分尊重学员的人格。

教练员如何营造和谐教学氛围

营造和谐教学氛围，需要教练员在日常的教学中加强以下三个方面：

（1）微笑。微笑可以化解学员的紧张情绪，缓解学生的压力；微笑可以减少师生之间的陌生，拉近彼此之间的距离。微笑需要教练员保持良好的心态，对待学员有耐心，对待工作有进取心。

（2）倾听。性格外向的学员喜欢向别人诉说，还有一些理性的学员在遇到困难时喜欢抱怨，比如“怎么挡位总是找不准！”、“怎么车辆总是停不正！”等，这是一种缓解紧张和焦虑情绪、自查问题的方式，也是对教练员的信任和期待。教练员需要耐心倾听，指出问题的关键，给予适当的肯定和指导，比如“多加练

习，慢慢来。”、“你一定能练好！”。

（3）赞美和表扬。赞美和表扬是一种兴奋剂，具有催化作用，可以使教练员与学员之间的关系更加贴近、更加融洽。在学习期间，学员如能受到教练的赞美，甚至是一点肯定的评价，将有助于性格内向的学员建立自信，有助于性格外向的学员获得成就感，形成持久的学习动力。

5 服务学员，满足学员合理需求

教练员与学员之间存在着服务与被服务的关系，尊重和爱护学员是教练员具有良好道德品质和服务意识的体现。教练员是服务的主体，因此要找准自己的职业定位，摆正与学员的关系，确立正确的服务理念、服务态度和服务方法。

在驾驶训练过程中，因学员的个人素质不同，训练效果存在很大的差异。因此，教练员要细心研究学员的心理动态，检查学习效果，虚心听取学员的意见和要求，了解学员的学习需求，对他们的合理要求要尽量满足，对他们的合理化建议要尽量采纳，让学员对提高自身驾驶技能充满信心。

三 教练员的行为规范

1 言传身教，成为学员学习的模范

俗话说：“亲其师，则信其道；信其道，则循其步。”教练员的道德风范、治学精神和言谈举止，时刻都在感染和影响着学员，对学员安全意识、良好驾驶习惯、驾驶道德等的养成起着潜移默化的作用。因此，教练员平时要加强自身的修养，注意把外在形象与内在素质相结合，从仪表、气质、素养和行为等诸多方面优化自身形象，以自己的言行和人格魅力来影响学员：

（1）教练员应精神饱满，按规定着装，衣着整洁、干净，施教前忌食有异味的食物；保持教练车的车厢内整洁、卫生，无杂物、异味，为学员营造一个舒心的学习环境。

（2）教练员要做到知法、信法、守法，保持言行一致，用自己的模范行为来影响学员，让学员对教练员产生信任感：要求学员遵守的通行规则，自己应当模范遵守；要求学员禁止的驾驶行为，自己应当坚决杜绝。

（3）在与学员交流或实施教学的过程中，教练员要用规范、文明和有亲和力的语言，注意语气平和、表达清楚、声量适度、语速适中。对于学习能力差的学员，教练员不要谩骂、讽刺和挖苦，甚至侮辱学员的人格，避免使学员在情感上产生反感甚至抵触的消极态度。

2 创新理念，成为学员学习的朋友

一些教练员责任心很强，但是错误地理解“严师出高徒”的教学思想，强调教练员的主体作用，在训练中一味地对学员下达指令，操控学员的动作。如果学员没有按照

指示操作，会表现得很愤怒。这种专制式的教学风格使得教练员与学员之间形成一种命令与服从的关系，削弱了学员学习的主观能动性，常常会使学员感到不舒服，甚至产生抵触情绪，给培训效果带来消极的影响，专制式教学的特点见表1-2。

小知识

教学交流禁忌

在与学员交流或实施教学的过程中，教练员要注意交流的原则和技巧，不询问学员年龄、婚姻家庭状况、身体健康问题、收入和个人经历等隐私，与学员不谈以下话题：

（1）不非议、诽谤国家和政府，不传播谣言，给学员不可靠的印象。

（2）不谈涉及国家、行业和企业秘密的话题。

（3）不随便评论学员，尤其是在教学中不要为安慰学员而去伤害其他学员，比如，“您已经练得很不错了，我之前带的某某学员比您差远了，脑子笨，听不懂话，到现在起步还熄火呢”。

（4）不随便评论同事，尤其是学员提到某某教练员与自己教授的方法不同时，就诋毁该教练员，说他人的不是。

（5）不谈论暴力、色情等不健康的话题。

专制式的教学风格　　表1-2

教练员的教学行为	学员的学习效果
习惯命令学员做动作，如果学员没有按照指示操作，会表现得很愤怒，甚至可能会以中断培训来威胁学员	感到很困惑，而教练员强烈的反应使他在训练时更加紧张，操作失误增多
学员出现的错误时，缺乏耐心，通常严加训斥，不分析出错的原因和提出改进的意见	变得沮丧，甚至产生抵触情绪，学习进展缓慢，失去对驾驶学习的兴趣

教练教学方式错　学员驾车酿大祸

2010年5月，山东聊城某驾校教练员带领学员在指定的道路上训练，教练员发现学员反复练习仍然不能掌握动作要领，大声“呵斥”学员，致使学员受到惊吓，训练中高度紧张，手忙脚乱地将车辆驶入非机动车道，与同向行驶的电动三轮车尾随相撞，导致乘坐在电动三轮车上的老人被撞伤，造成老人高位截瘫，生活不能自理。

一些教练员缺乏责任感，对学员几乎不加任何约束与指导，放任学员自由训练，没有适时地给予指导和纠错，而学员只是在某些暗示中对自己的驾驶行为和交通观察作出判断与评价。这种放任式的教学风格使得教练员与学员之间似乎不存在服务与被服务的关系。在培训中，尤其在培训的初始阶段，学员很难对自己行为的正确与否作出评估，难以取得好的培训效果，放任式教学的特点见表1-3。

放任式的教学风格 表1-3

教练员的教学行为	学员的学习效果
除保障教学安全外，对学员的训练不加干涉，缺乏相应的教学要求	在训练中缺乏目的性，不了解自己训练的进步程度，无成就感，对驾驶学习失去兴趣
学员出现错误时，通常不及时给予相应的提示，不能提出改进的意见	不了解自己存在的问题，学习进展缓慢，甚至停滞不前

根据心理学规律，成年人自身的性格已经形成，并且建立了独立的思维方式，希望得到平等对待。教练员与学员之间传统的“师傅带徒弟”的教学方式不再符合消费者的需求，教练员与学员之间的关系应全新定位为“朋友式的教学关系”。采用朋友式教学风格，教练员仍然起着主导作用，对学员训练进行监督与指导，同时，学员可以对教练员充分发表自己的见解和想法。教练员与学员之间通过有效的沟通，可以使双方都能够在各自的角色中感到愉快，相处和谐，还可以充分调动学员的学习热情，给学员的培训效果带来积极的影响，朋友式教学的特点见表1-4。

朋友式的教学风格 表1-4

教练员的教学行为	学员的学习效果
耐心、平和地指导学员训练，给学员示范正确的操作方法	结合学员的特点，通过讲解和示范，让学员领会动作的要领
学员出现错误时，与学员一起分析原因，给学员提出改进的意见	能够及时纠正错误，心情愉悦，有成就感，学习进展顺利

教练员要明确自己的职责，本着为学员和社会负责的态度，及时给予学员指导；在讲解动作要领、纠正学员错误时，要平等对待学员，与学员建立朋友式的教学关系，用爱心、诚恳、亲切和循循善诱的方式帮助学员树立学习信心，循序渐进，由浅入深，从鼓励到逐渐严格要求。

3 因材施教，提供个性化培训服务

虽然教学大纲对于培训内容、教学目标和培训学时有统一的规定，但是，学员间存在年龄、性格和文化水平等各种差异，对驾驶技能的学习能力也相差较大，因此，教练员应根据学员的学习特点和反馈的信息，正确地评判学员的学习状况，及时调整教学计划，灵活运用先进的教学手段和教学方法，为学员提供个性化的培训服务，保证教学效果和教学质量。

在驾驶操作训练中，对于动作领悟能力差的学员，教练员应有耐心，适当增加学员的练习次数，并加强分解动作的练习；对于思维敏捷、领悟力强的学员，教练员应及时更新训练内容，加强驾驶技能的综合训练；对于性格内向的学员，教练员应主动加强与学员的交流，多给予鼓励，少批评指责，增

强学员的自信心；对于性格外向的学员，教练员应注意引导其明确学习目的、端正学习态度，增强教学的互动性，激发学员学习的兴趣。

4 文明施教，真诚平等地对待学员

学员与驾校签订培训合同，学员与驾校之间即建立了培训服务的关系，教练员是对学员实施培训服务的主体。教练员在教学中应摆正自己的位置，用服务的理念创造和谐的教学环境，文明施教，诚实、平等地面对所有学员，与学员建立良好的关系；应增强自身的责任感和使命感，树立以满足学员需求为核心的诚信服务理念，尽可能满足学员的合理要求；应始终从学员的利益出发，不以权谋私、投机取巧、弄虚作假、欺骗学员、变相索贿，侵害学员的正当权益。

小知识

教练员服务礼仪知识

教练员应当使用规范的服务用语，比如“您好，请上车！”、“很高兴为您服务。”、“请系好安全带！”、“请不要在车内吸烟！”、“您好，今天我们的训练内容是……”、“别着急，慢慢来。”等。

教练员在车前站立迎候学员时，站姿规范，充分体现出教练员良好的职业形象，会给学员留下良好的印象。教练员站立时，应做到收腹立腰、双肩自然下沉、双手叠放于腹前、双脚跟并拢、脚尖打开成“V”字、提气收下颚、面带微笑，不应出现身体歪斜、弯腰驼背、浑身乱动、双腿大叉等现象。

需要学员签字时，将表单或训练手册文字正对着学员，将笔套打开，笔尖对着自己，右手递表单或训练手册，左手递笔。

5 努力学习，持续提升自身素质

教练员的素质决定了驾驶员培训的质量，教练员的教学理念和教学能力是培养安全驾驶员的关键因素。学员驾驶技能的高低取决于教练员的专业知识、驾驶经验和教学能力，而学员驾驶行为和品质优劣在于教练员的教学理念和道德风貌。教练员专业知识浅薄，驾驶技能生疏，就无法引导学员学好专业知识，也得不到学员的尊重。

因此，教练员必须具有良好的道德修养、广博深厚的专业知识、丰富的驾驶经验、先进的教学理念和教学方法，在取得从业资格证件之后，还要通过积极参加继续教育和不断学习，丰富自己的专业知识，及时调整知识结构，强化安全意识，更新教学理念，提高教学水平，以适应社会发展和驾驶员素质教育的需要。

第二章 规范化教学

规范化教学是依据学员驾驶技能形成规律归纳总结的，教练员必须遵守的、固定形式的教学方式。规范化教学是一种以培养教学能力为目标，以规范教学行为为依托，既有综合性、通用性，又有实用性、针对性的方法体系。本章重点从教学内容和目标的规范化、教学模式的规范化、教学准备的规范化以及教学指导手势和口令的规范化等方面介绍了教练员应掌握的规范化教学知识。

第一节 机动车驾驶培训教学与考试大纲

为了加强机动车驾驶培训与考试管理工作，规范驾驶培训机构教学行为，提高驾驶培训质量，根据《中华人民共和国道路交通安全法》及实施条例、《中华人民共和国道路运输条例》《机动车驾驶员培训管理规定》和《机动车驾驶证申领和使用规定》等有关规定，交通运输部和公安部于2012年12月联合发布了《教学与考试大纲》，自2013年1月1日起正式实施。

《教学与考试大纲》包括：机动车驾驶培训教学大纲、机动车驾驶人考试大纲和驾驶培训教学日志，适合于普通机动车驾驶员培训与考试。而针对道路客货运输驾驶员的从业资格培训与考试，交通运输部于2012年12月专门制定了《道路旅客运输驾驶员从业资格培训教学大纲》和《道路货物运输驾驶员从业资格培训教学大纲》。

 一 教学大纲

《教学与考试大纲》按照不同的车型类别分别设置教学项目、教学内容和教学学时，其中将初次申领驾驶证培训分为七个类别，即C1、C2、C3、C4、D/E/F、C5、B2、A3；增驾培训分为两个类别，即A1/B1、A2。M、N、P三种准驾车型的培训教学与考试大纲，由各省级交通主管部门根据需要和地方特点自行制定。

《教学与考试大纲》在充分借鉴日本、德国、美国和英国等发达国家驾驶培训与考试先进经验的基础上，紧密结合我国

机动车驾驶培训工作的实际情况，以“安全第一，珍爱生命”为准则，注重学员安全文明驾驶意识的培养；以“普及安全知识，提高驾驶员素质”为目标，注重培训内容的实际、实用和实效；以“科技创新”为动力，注重改革培训方法，节约资源，提高培训效率；以“案例和情景教学”为手段，建立印象思维模式，增强培训效果，着力推进学员知识与能力教育并重、行为与心理教育并重的素质教育。

1 特点

（1）分阶段教学、分阶段把关。根据计时制培训的要求和驾驶培训阶段性的特点，《教学与考试大纲》实行了“分阶段教学、分阶段把关”的培训模式，将培训过程分为三个教学阶段，明确提出了各阶段的教学项目、教学内容和教学目标。每个教学阶段结束后，培训机构均应对学员本阶段的学习进行考核，阶段考核合格后，进入下一阶段学习；阶段考核不合格的，不能进入下一阶段的学习，而是由考核员确定应增加的复训内容和学时，以此来保证每一阶段的培训质量。

（2）实施目标化教学，在教学内容和学时安排上体现教学的重点和难点。每个阶段都有阶段目标，其中确定了本阶段教学的重点和难点。每一个教学项目所对应的教学内容均有明确的教学目标和学时安排，学时安排上适当增加了教学重点和难点部分的培训学时。

教 学 大 纲

理论知识

教学项目	教学内容	教学目标	学时安排								
			C1	C2	C3	C4/D/E/F	C5	B2	A3	A1/B1	A2
			2	2	2	2	2	2	2	2	2
基础驾驶	基础驾驶操作规范	掌握基础驾驶操作的要求、作用	1	1	1	1	1	1	1	1	1
场地驾驶	场地驾驶操作规范	熟知速度控制、转向控制、空间位置控制对安全行车的影响	1	1	1	1	1	1	1	1	1

理论知识教学大纲

（3）推行素质教育理念，突出安全文明意识的培养。《教学与考试大纲》把良好安全意识和驾驶习惯的养成教育作为每个教学阶段的重点，贯穿于教学全过程，将“安全文明驾驶常识”单列为第三阶段培训的重要内容，且增加了典型事故案例分析，帮助学员从典型事故原因分析中总结违法驾驶行为的危害，促进学员安全意识的养成。

（4）注重理论教学，以理论指导实际操作训练。《教学与考试大纲》按照阶段教学目标的要求，在第二、第三阶段中增加了相应的驾驶理论知识的教学内容，并安排在实际操作训练之前，强调理论知识的重要性及其对实际操作训练的指导作用。将驾驶理论知识和实际操作技能培训紧密地结合在一起，以便学员能够掌握并运用理论知识来指导实际驾驶操作，提高驾驶能力。

（5）增加实用性驾驶知识和技能的培训内容。为满足生活中实际驾驶的需要，《教学与考试大纲》设置了大量实用性驾驶知识和驾驶技能的培训内容，如：“窄路掉头”、“常见交通标志、标线和警察手

势的辨识”、“模拟城市街道”、“跟车速度”、“场地独立驾驶”等，使学员真正掌握安全驾驶知识和驾驶技能，能够尽快适应复杂的道路交通环境，具备独立驾驶的信心和能力。

（6）每个阶段都设置了“综合复习（驾驶）及考核”项目。在每个阶段的最后增加了“综合复习（驾驶）及考核”项目，用于阶段学习结束后，考核学员的理论和实际操作的综合运用能力，并为下一阶段学习提供教学参考。“综合复习（驾驶）及考核”项目中的目标是阶段考核标准的依据，也是培训机构签订审核意见的依据。

（7）按学时制的要求和教学规律规定教学时间。按照学时制的要求，依据驾驶培训的规律和特点，规定了达到每一个教学项目确定的教学目标所需的基本学时，每学时规定为1小时(单人单车的实际学时)，同时规定每个学员理论培训和实际操作培训时间每天均不得超过4个学时，以保证驾驶培训的实际有效学时。

（8）提倡采用先进的教学设备和科学的教学手段。在第一、第三阶段的理论教学中，要求采用多媒体教学，提倡使用网络等形式配合教学，使教学内容更加丰富，教学过程变得生动，从而激发学员的学习热情。在第二阶段的基础驾驶训练，要求采用驾驶模拟器教学，而在第三阶段的实际操作训练中，提倡使用驾驶模拟器组织教学。这样既能够克服驾驶操作教学的局限性，节约资源，又能够激发学员的学习热情和主观能动性，提高培训效率，使学员真正全面掌握所学的理论知识和操作技能，掌握在各种交通环境下的驾驶操作方法。

2 教学目标与内容

1 第一阶段

教学目标：了解机动车基本知识，掌握道路交通安全法律、法规及道路交通信号的规定。

主要教学内容：机动车基本知识（包括车辆结构常识，车辆主要安全装置，驾驶操纵机构，车辆性能，车辆检查和维护，车辆运行材料，客车、公交车制动系统及车门，汽车列车制动系统、连接与分离装置）；道路交通法律、法规及道路交通信号（包括驾驶证申领与使用，道路通行规则，驾驶行为，违法行为处罚，机动车登记，交通事故处理）。

综合复习及考核目标：熟练掌握道路交通安全法律、法规、交通信号等相关知识；考核不合格的，可根据实际情况增加相应的内容和学时。

与考试的关系：本阶段学习结束后，可参加科目一考试。

2 第二阶段

教学目标：掌握基础的驾驶操作要领，具备对车辆控制的基本能力；熟练掌握场地和场内道路驾驶的基本方法，具备合理使用车辆操纵机件、正确控制车辆运动空间位置的能力，能够准确地控制车辆的行驶位置、速度和路线。

主要教学内容：基础驾驶，包括驾驶姿势、操纵装置的规范操作方法、行车前车辆检查与调整；场地驾驶，包括上、下车前的观察，上、下车动作，起步、停车，变速、换挡、倒车，行车位置与路线，小车场地5项驾驶训练科目、大车场地16项驾驶训练科目，模拟城市街道驾驶，跟车速度感知，停靠站台或货台，场地内独立驾驶。

综合驾驶及考核目标：综合运用本阶段的所学内容，熟练完成场地驾驶科目；考核不合格的，可根据实际情况增加相应的内容和学时。

与考试的关系：本阶段学习结束后，可参加科目二考试。

3 第三阶段

教学目标：掌握安全文明驾驶知识，具备对车辆综合控制能力；了解行人、非机动车的动态特点及险情的预测和分析方法；熟练掌握一般道路和夜间驾驶方法，能够根据不同的道路交通状况安全驾驶；形成自觉遵守交通法规、有效处置随机交通状况、无意识合理操纵车辆的能力。

主要教学内容：一般道路驾驶，包括起步、直线行驶、换挡、跟车、变更车道、靠边停车（包括顺位、S形倒车入位、L形倒车入位）、通过路口、通过人行横道、通过学校区域、通过公交站、会车、超车、掉头、夜间驾驶、行驶路线选择、模拟驾驶。

安全文明驾驶知识包括：安全、文明驾驶，常见交通标志、标线和交警手势辨识，雨天、雾天、冰雪道路、大风天气、泥泞道路、涉水、施工道路、铁路道口、山区道路、桥梁、隧道、夜间、高速公路等条件下安全驾驶，险情预测与分析，紧急避险知识，事故处置，危险化学品知识，违法行为综合判断与案例分析。

综合复习及考核目标：掌握安全文明驾驶常识和驾驶行为综合分析与判断方法；在实际道路上熟练地驾驶所学准驾车型车辆；考核不合格的，可根据实际情况增加相应的内容和学时。

与考试的关系：本阶段学习结束后，可以参加科目三道路驾驶技能考试，道路驾驶技能考试合格后，才允许参加安全文明驾驶常识考试。

3 学时安排

按照《教学与考试大纲》的要求，机动车驾驶培训教学的学时安排与分配见表2-1。

机动车驾驶培训教学与考试大纲各培训阶段学时分配 表2-1

车型类别		C1	C2	C3	C4/D/E/F	C5	B2	A3	A1/B1	A2
总学时		78	78	56	48	78	118	120	82	88
第一阶段	理论	12	12	12	10	12	12	14	10	10
第二阶段	理论	2	2	2	2	2	2	2	2	2
	实操	24	24	12	12	24	52	51	34	38
第三阶段	理论	16	16	14	14	16	20	20	16	16
	实操	24	24	16	10	24	32	33	20	22

二 教学日志

教学日志是根据《教学与考试大纲》、《从业资格培训教学大纲》规定的各车型或类别的培训学时、教学项目和教学目标的要求编制而成的，是驾驶员培训教学过程的有效记录，是教学大纲的重要组成部分。

1 分类

根据普通机动车驾驶员12种培训车型和道路客货运输驾驶员从业资格2种培训类别教学项目和学时安排的异同点，本着简明实用的原则，教学日志共分为五类。

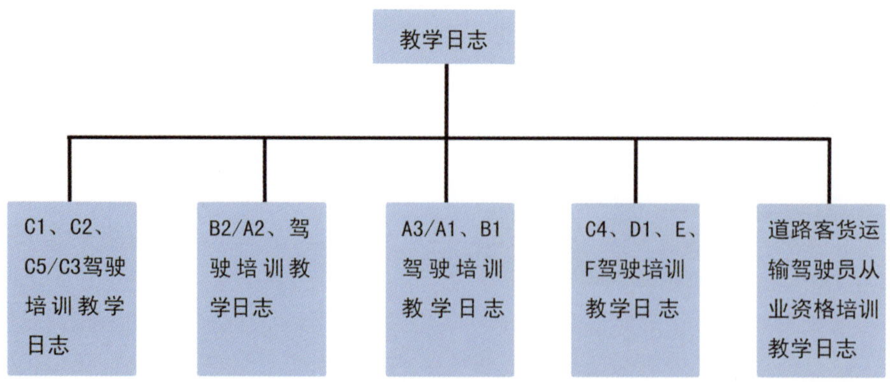

五类教学日志

2 作用

教学日志是加强教学过程管理，规范教学行为，确保《教学与考试大纲》、《从业资格培训教学大纲》落实到位的主要手段和载体，其作用具体体现在驾驶培训过程的四个主要环节中。

（1）学员。学员是培训的对象。通过使用教学日志，学员可以了解每一次教学所要学习的项目、内容和学时，以及应达到的学习目标；通过对教学过程和教学效果进行签字确认，可以借此了解自己实际的学习效果，并监督教练员的教学行为。

（2）教练员。教练员是驾驶培训教学的主体。通过使用教学日志，教练员能够更好地按照教学大纲的规定进行教学，规范自身教学行为，使教学规范化、制度化。

（3）培训机构管理人员。通过使用教学日志，培训机构管理人员能够全面检查教练员的教学过程和教学质量，客观评价教学效果，系统考核教练员的教学工作。

（4）驾培行业管理人员。通过检查教学日志，驾培行业管理人员能够有效地监督、检查培训机构的培训质量，并将其作为签署培训记录和考核培训机构的重要依据。

3 主要内容及填写要求

教学日志主要包括七个方面的内容，使用教学日志的关键是保证所有内容填写的真实性、有效性和及时性。

（1）适用的培训车型和学时。确定了该教学日志适用于哪几种培训车型及每种车型所对应的总学时数，并明确规定每学时为1个小时。

（2）培训机构名称、学员姓名及所要培训的具体车型。记录了培训主体和培训对象的最基本信息，可由培训机构在受理学员报名时填写，也可由教练员在第一次开始教学前填写。

（3）教学要求。列出了《教学与考试大纲》所规定的每一阶段理论知识和实际操作的教学项目和教学目标，以及应该达到的最少学时。

（4）教学记录。记录了每一次教学的日期、教学项目、实际所用学时、学员签字、教练员评价及签字。它是教学日志中最重要的内容，先由教练员负责填写教学日期、教学项目、实际所用学时、教练员评价及签字，再由学员签字确认。

教练员在填写教学记录时应着重注意以下事项：

①次数的确定：每一次教学，是指一天内教练员针对一个学员所进行的一个连续的教学过程。

②所用学时的规定：《教学与考试大纲》规定，每个学员的理论培训时间每天不得超过4个学时，实际操作训练时间每天不得超过4个学时。

③每次教学完成后，应客观真实地评价学员的学习效果，为下一次教学提出建议。

④每次教学完成后，必须经学员本人签字确认。

（5）阶段考核意见。在每一个阶段的理论知识和实际操作教学项目全部完成后，由培训机构指定的“考核人”对学员进行阶段性考核，“考核人”根据考核情况填写考核意见并签字，决定学员是否可以进入下一阶段的学习。

（6）培训机构审核意见。在完成全部教学项目并经阶段考核合格后，培训机构负责人对教学日志所记录的教学情况和培训结果进行审核，签注审核意见并盖章。

（7）特殊标注。对仅作为某种车型的教学项目加以标注，并进行了说明。

同时，要注意道路客货运输驾驶员从业资格培训教学日志在结构设置上与其他类型教学日志有所不同。

4 教学日志的使用与管理

教学日志的使用与管理流程如下：

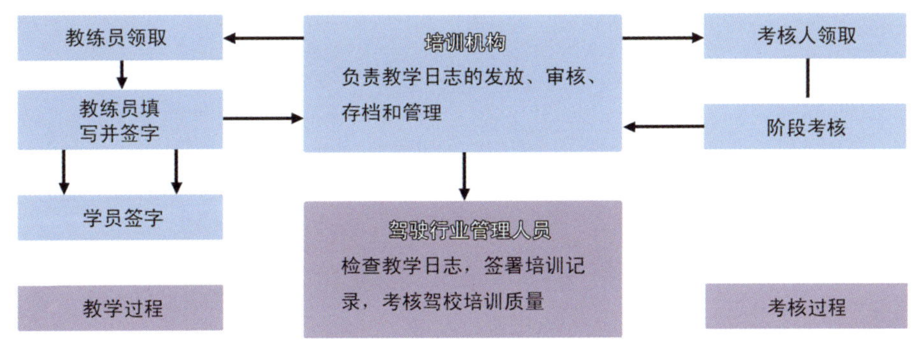

教学日志的使用与管理流程

（1）培训机构。负责教学日志的发放、审核、存档（存档期限不得少于3年）和管理。

（2）教练员。在每一次教学前领取教学日志，在教学过程中如实填写各项内容，并经学员签字确认，本次教学完成后交回教学日志。

（3）考核人。在每个阶段考核前领取教学日志，完成考核后交回教学日志。

（4）驾培行业管理人员。在签署培训记录、考核培训机构的培训质量时，检查教学日志。

第二节 机动车驾驶员培训教学模式

教学模式是按照一定的教学理论、教学原则和教学经验，围绕一定的教学目标而形成的相对稳定的规范化教学程序和操作体系。教学模式实质上就是教练员在

教学实践中，针对不同的教学内容和教学方式，综合教学过程的诸多因素，系统而有步骤地组织和完成教学活动的相对稳定的形式。在教学过程中，教练员按照规范的教学模式教学，是规范化教学的重要组成部分。

一 理论教学模式

理论教学模式的特点是依据学员的认知规律，充分挖掘学员理解和掌握知识的潜能，使学员在单位时间内迅速有效地掌握较多的信息。同时，注重教练员在教学过程中的主导地位和作用，结合现代互动教学的理念，使教练员的讲授与学员学习构成一个相互配合的有机整体。例如，教练员通过运用案例和情景教学，引导学员的主动参与，帮助学员建立印象思维模式，使教与学相互影响和相互作用，从而共同完成教学任务，实现教学目标。

运用理论教学模式时，教练员通过导入新课、讲解内容、总结练习和布置作业等环节进行教学，而学员则通过建立学习动机、理解教学内容、巩固知识和运用知识等环节来获取新的知识。

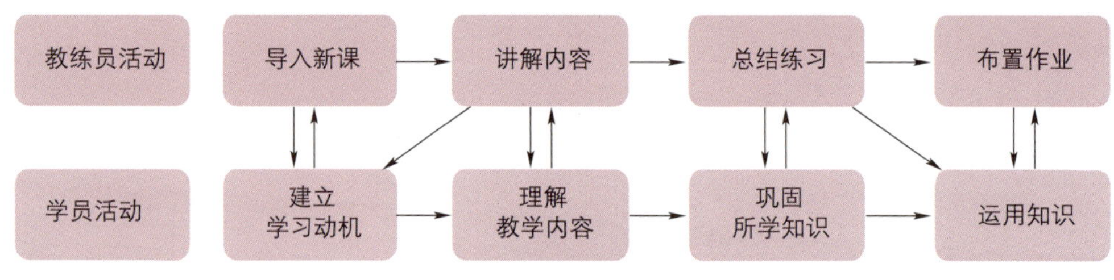

理论教学流程图

1 导入新课

导入新课是为讲解新的教学内容作铺垫，目的是激发学员的学习兴趣，建立学习动机。教练员可以利用与本次课主题相关的生动案例或直观的教学手段为学员提供感性认识，引导学员产生学习新知识的强烈愿望，为后续的教学活动打下良好的基础。

2 讲解内容

讲授新的教学内容是理论教学的主体部分和中心环节，目的是使学员系统地学习安全驾驶知识，能够由感性认识上升到理性认识。教练员讲解内容时要注意以下四个方面：

（1）应当根据学员的认知规律，合理安排教学项目的授课顺序；

（2）在具体讲授教学内容的过程中，应注意知识的内在逻辑关系，层次脉络分明，条理清晰，重点、难点突出；

（3）教学方法得当，教学手段运用合理，能够激发学员的学习主动性，促进师生之间教与学的互动；

（4）语言生动、规范，信息量恰当，时间控制合理。

3 总结练习

总结练习是一节课结束前对当堂课讲授的内容进行归纳总结、练习和巩固，目的是让学员理解、掌握当堂课的内容，并通过实际应用加深记忆，发现不足时，教练员能够在后续教学中及时作相应的调整。总结练习的形式主要有：

（1）教练员对知识结构体系的总结，对重点、难点的点评，帮助学员理清思路，把握重点；

（2）教练员设问，让学员回答，及时了解教学效果，并作为课后填写教学日志的依据。

4 布置作业

布置作业是教练员选择教材中的习题或者自己设计一些与本次课内容相关的习题，让学员去思考和回答，其目的是引导学员学习的自觉性和主动性，使学员通过自学，进

一步理解和巩固所学知识，从而培养学员独立运用知识解决实际问题的能力。

教练员作为教学活动的管理者，在正式上课前需要先稳定学员的情绪，使学员做好上课的准备；在教学过程中，控制好课堂秩序，为学员创造良好的教学情境，如出现学员注意力分散、课堂秩序混乱等情况时，教练员应及时、有效地制止。

二 操作技能训练模式

学员主要通过实际操作训练来熟练掌握驾驶技能，包括基础驾驶技能、各种路况下的规范驾驶技能以及特殊条件下的安全驾驶技能等。在实际操作教学中，教练员主要采用操作技能训练模式组织教学。

操作技能训练模式的特点是教练员利用特定的教学设备和教学场所，通过向学员讲解动作要领、动作示范、指导练习、课后讲评等环节开展教学活动，学员则通过了解动作活动的构成、建立动作的定向印象、进行动作的模仿练习、完成动作整合、形成动作的自动化等环节，使驾驶操作技能与大脑反应之间保持有效的神经联系。

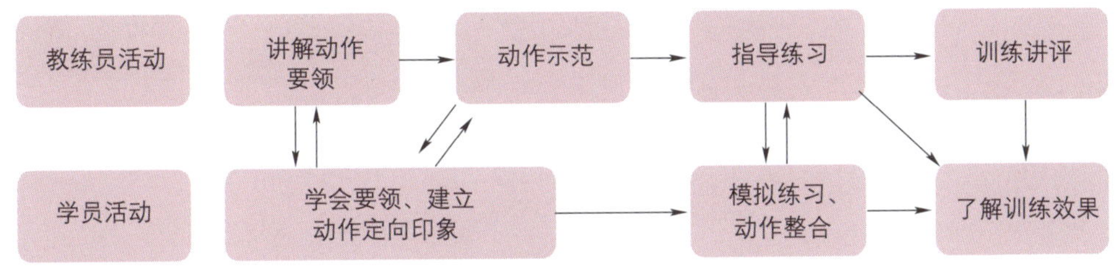

操作技能训练流程图

1 讲解动作要领

在训练开始时，教练员首先需要向学员说明本次训练的项目、内容、基本要求、训练的难点和训练的安排，并对复杂动作进行合理的分解，帮助学员了解本次训练的内容和应达到的目标，领会动作要领，建立正确的操作技术概念。在向学员讲解动作要领时，应介绍动作的名称、作用、基本原理和技术要求等，抓住操作要点和规范，并指出学员操作中易犯的错误。

2 动作示范

在动作要领讲解清楚后，规范、正确地向学员示范动作是培养学员掌握驾驶操作技能的重要环节。因为教练员在讲解动作要领时，往往对一些细微的动作信息解释不清楚。而通过示范则能使这些动作信息直观地表现出来，为学员提供模仿的榜样。

教练员示范动作时应当姿势正确、动作规范，对于一些复杂的动作，应该进行分解动作示范，并做到分解动作示范与整体动作示范相结合，讲解和示范相结合，示范速度的快慢相结合。必要时，教练员可以将正确的动作和错误的动作做比较，便于学员领会，建立动作定向。

3 指导练习

在前面的环节，学员通过听觉和视觉获得了大量的动作信息，可以借此为依据在这个环节开始模仿练习。教练员应随车对学员的练习进行监督指导，帮助学员及时发现错误，并纠正错误，以免养成不良的操作习惯。此外，教练员应对学员做得好的方面和犯的错误进行记录，作为训练讲评的依据。

动作练习是一个单调枯燥的过程，安排练习不合理，学员往往容易产生烦躁情绪和疲劳感，学习的兴趣降低。教练员应当根据学员对动作的掌握程度，通过变换练习方式，调整练习的次数、练习时间和每次练习之间的时间间隔，提高学员训练的积极性和主动性。当学员的操作技能达到一定的熟练程度时，教练员应适当增加动作的难度，进一步提高对动作稳定性和速度的要求；改变教学环境，让学员体会各种实际驾驶中可能出现的交通情况，帮助学员提高驾驶技能。

4 训练讲评

训练讲评是教练员在结束驾驶训练前，对学员训练情况的及时总结和分析，包括学员对动作的掌握情况、训练中存在的问题、需要从哪些方面来加强等，从而帮助学员了解自己训练的效果，及时发现不足，争取在下次的训练中加以改进。课后讲评对学员掌握驾驶技能具有非常重要的意义，是教练员填写教学日志的基本依据。

三 模拟教学模式

模拟教学模式是在具备驾驶模拟器或模拟情景等教学条件的前提下，由教练员指导学员在模拟设备或模拟情景下进行训练。模拟教学的特点是能够弥补客观条件的不足，节约能源，利于环保，提高培训效率，同时允许学员在训练过程中操作失误，增强教学的安全性。

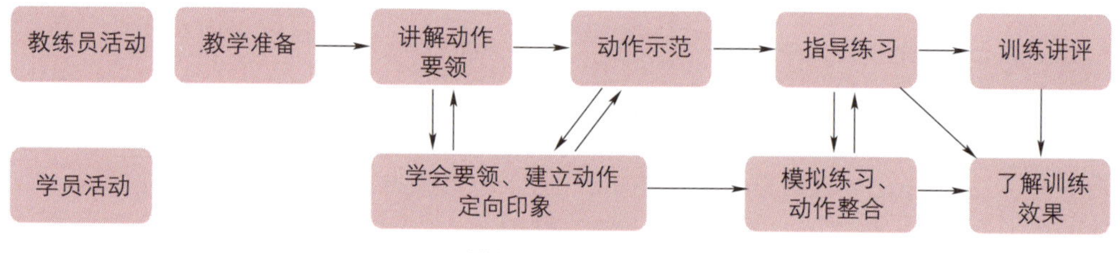

模拟教学流程图

1 教学准备

教练员首先应按照《教学与考试大纲》的要求，从教学目标、教学内容的特点、学员状况等实际出发，确定哪些教学内容适合采用模拟教学，怎样教学。其次，教练员要制订科目教学计划，包括教学目的、实施过程、模拟交通情况、可能出现的问题等，这样才能更好地发挥指导作用。最后，教练员要准备教学设备，并在课前进行预演，以确保教学的正常进行。

2 讲解动作要领

在开始操作前，教练员需要向学员说明设备的使用方法、训练项目和内容，介绍动作的操作要领、操作要点和规范，提醒学员在操作过程中容易犯的错误，使学员建立感性认识。

3 动作示范

教练员正确规范地向学员示范动作，让学员对动作有更深刻的理解和认识，并且为学员树立模仿的榜样。

4 指导练习

在这个环节中，教练员应当从学员的实际情况出发，确定教学模拟程序，并尽量做到和实际操作训练的教学过程相一致。与实车训练不同的是，教练员要注意引导学员端正训练态度，充分调动学员的主观能动性，并根据具体的情况及时指导，纠正学员的错误，避免学员养成不良习惯。

5 训练讲评

训练讲评是教练员在结束驾驶训练前，对学员模拟训练情况的及时总结和分析，包括学员在训练中普遍存在的问题、还需加强哪些方面的练习等，从而帮助学员了解自己训练的效果，及时改进不足。

第三节 教案的编写

教案是教练员为实现教学大纲设定的教学目标而具体细化并精心设计的授课框架，是以学时或教学项目为单位编写的教学具体行动计划或方案，是组织教学的重要依据。俗话说："凡事预则立，不预则废"，教练员在授课前认真编写教案，授课时才可能胸有成竹，才可能有计划、有步骤地上好驾驶培训课。此外，通过编写教案和讲评，教练员还能及时发现并解决教学中存在的问题，不断提高教学水平。

一 教案的编写要素和基本要求

教案是教练员针对具体课程编制的实施方案，解决教什么、如何教的问题。它不是对教材简单的重复或缩写，而是包含教案特定的要素，按照教案系统的编写程序完成的教学蓝本，是教练员对教材的再加工和再创造。

1 教案的编写要素

教案的编写形式灵活多样，教练员可以根据授课内容及自身的教学风格决定。但是，一份完整的教案应当包含表2-2所示的基本要素。

教案的编写要素及其内涵　　表2-2

基本要素	内　涵
教学项目	教学大纲确定的某类知识点的教学名称，分为理论教学项目和实际操作教学项目两种
教学目标	按照教学大纲的要求，学员通过某次课程的学习，需要达到的预期效果(例如学员认知、情感、行为等的变化)
教学内容	教练员通过对教学大纲、教材等资料的研究分析，所确定的教学知识信息的总和及其重点、难点
教学学时	按照教学大纲的要求，某次授课所需的教学时间。驾驶员培训以1小时为1个学时计量单位
教学方法	在教学过程中，教练员为达到教学目标，完成教学任务而采取的教与学相互作用的活动方式的总称，如讲授教学法、示范教学法和模拟教学法等

续上表

基本要素	内　涵
教学手段	在教学过程中，教练员为达到教学目标，完成教学任务而使用的各种教学用具的统称，如多媒体软件、教学磁板、教练车、驾驶模拟器等
教学场所	根据教学内容确定的适宜的教学地点。如理论课通常在教室进行，而实际操作训练通常在场地内或实际道路上进行
教学过程	是整个教案的主体部分，也是教案编写最重要的步骤，把教学活动划分为若干环节或步骤，用以明确教学活动的逻辑程序
教学分析与评价	教练员对教学实际效果的总结与分析，包括对教学重点和难点的把握、教学方法和手段应用的效果、教学过程设计的合理性、学员学习积极性的调动、学员对内容的掌握程度以及改善措施等教学情况的总结与分析

2 教案编写的基本要求

教练员应根据教学内容、授课方式及学员的基本情况，结合实际教学条件、个人的教学经验和教学风格，发挥自己的个性、特点和才华，提前编写出规范、工整、内容完整充实、条理清晰且具有自身特色的教案。教案的编写应符合以下的基本要求：

（1）以教学大纲为依据。教学大纲是教学的指导性文件，是组织教学和进行教学检查的基本依据。教练员首先应钻研教学大纲，了解教学大纲对各阶段教学项目、教学目标、教学内容和教学学时的要求，使编写的教案与教学大纲、教学计划保持一致。如果教学大纲、教学计划有变化，教案也必须按照新教学大纲重新编写。

（2）分单元编写教案。教案编写一般以一次授课为单元，可灵活根据教学项目或者教学学时来划分。例如，以“夜间安全驾驶知识”为专题，编写一份完整的理论教案。

（3）教案的繁简应适当。教案是教练员对教学过程的设想和计划，承载的是教学的组织管理信息，不等同于授课讲稿，因此，不宜过分详细。教案设计的详细与否，因人而异。一般来说，刚从事教学工作的教练员应尽可能编写详细的教案。

（4）以服务教学、指导教学为根本准则。教案主要是能够提纲挈领地反映教学过程的设计思路，处理好应该教什么和学什么、如何教和如何学、教得怎样和学得怎样的关系，提示教练员上课需要强调的重点内容和注意事项，包括如何引导学员学习或练习，使教学真正服务于学员素质的全面提高。

（5）教学内容安排应科学、合理，遵循学员的学习规律。教案编写应符合知识迁移的科学性。教练员要弄清各部分知识的内在联系，充分利用知识迁移规律，对新知识引入、讲解、练习、巩固及学员能力开发等环节，都要作出科学合理的安排，以符合学员知识形成规律和能力发展的渐进性。如在进行加速、减速操作教学前，教练员首先要向学员介绍如何进行正确的挡位操作，再讲解手脚协调操作。

二 教案的编写步骤

教案的编写是教练员按照教学大纲的要求，在充分准备的基础上，围绕教案的组成要素进行教学规划的过程。教案的编写包

括如下步骤：

1 备课

所谓备课，是教练员在授课前所做的全部准备工作。教学过程是一个存在多种矛盾的复杂过程，教练员需要预先考虑好教什么、怎么教、如何调动学员的积极性等。因此，教练员应从三个方面来备课：

1 分析教学对象

教学是一个教与学同时进行的双向活动，因此教学效果的好坏与教练员了解学员情况的程度有关。教练员对学员的情况了解得越透彻，授课就越有针对性，从而能提高教学效率和效果。

首先，教练员可以运用一些方法来分析学员的学习特点。例如，教练员可凭借学员的培训申请表了解学员的性别、年龄和职业背景等情况，并根据个人的教学经验判断学员可能的学习特点；对于已经培训过的学员，教练员可根据学员平时的言谈举止以及在训练中的表现，判断学员的文化修养、性格、气质、学习态度和学习能力等特点。

其次，教练员可以利用教学日志了解学员对相关知识和技能的学习与掌握情况以及目前仍存在的问题。教练员了解了学员目前的学习状况，才可能依据学员的认知规律，有针对性地提出改进措施，因材施教。

2 确定教学内容

教练员首先应根据教学计划，结合对学员情况的分析结果，确定教学项目和教学内容，并通过分析教学大纲和阅读教材，使教学层次分明、教学重点突出、教学难点清晰。

（1）分析教学大纲。教练员准确理解教学大纲的内涵，是合理设计和撰写教案的基础。教练员只有深入钻研教学大纲，才能了解教学目标和学时要求，理解哪些是重点和难点、哪些内容学员不容易理解、哪些内容学员容易混淆以及理解不同知识和技能之间的内在关联，并自觉转化为教学活动的指导思想。

（2）阅读教材。阅读教材包括对教材的通读、精读和多读。教练员理解教材越深越透，教学时越能得心应手。

①通读是指教练员粗略地阅读教材，对教材进行全面系统了解的过程。教练员通过这种阅读方式，能够领会教材的宏观结构以及所包含的知识点，从而对教材内容进行合理的取舍。

②精读是指教练员选择教材中与教学内容相关联的部分，进行仔细推敲、深入剖析和理解的过程。教练员通过这种阅读方式，可以准确把握各知识点的内涵及各知识点之间的逻辑关系。

③多读是指教练员尽可能多读一些与所授课程相关的参考书籍和资料。多读能够帮助教练员开阔思路，丰富知识面，提高教学能力，从而使教练员在讲课时能够深入浅出、轻松自如。

3 选择合适的教学方法和手段

教无定法，贵在得法。教练员结合驾驶教学的特点，在授课中合理应用教学方法和手段，尤其是多媒体教学和模拟教学等先进教学手段，能够丰富教学的形式，激发学员学习的兴趣，提高学员学习的积极性和主动性，增强教学互动，取得良好的教学效果。

教学方法和手段的选择取决于教学内容、学员的特点、教练员的教学风格及教学条件等因素。因此，教练员在选择教学方法与手段时，应考虑教学条件是否允许，是否与教学内容相适应，是否有助于学员理解内容，从而实现教学目标。

2 教学过程设计

设计教学过程是教练员在确定教学内容、对学员情况进行分析以及选择好教学方法和手段的基础上，针对某个教学项目，明确教案要素并进行课堂教学程序设计的过程。

1 理论课教学过程设计

理论课教学过程设计主要考虑以下四个方面：

（1）教学内容的安排。一般来说，每个授课内容涉及的知识点都非常广泛，而教学时间非常有限，因此，教练员需要根据教学目标，确定讲授的知识点，明确知识点的主次关系，并按照知识点之间的内在联系确定内容的先后顺序。

（2）教学时间的分配。教练员首先应按照理论教学模式的规范，对导入新课、讲解内容、总结练习和布置作业四个教学环节有一个总体上的时间分配；然后根据教学内容的轻、重、难、易，合理地规划教学进度。对教学内容的时间分配，原则上教练员不是围绕学员感兴趣的内容，而是应对重点和难点内容给予充足的时间保障。

（3）教学活动设计。教学活动设计是教练员结合所选择的教学方法和手段，围绕四个教学环节，设计相应的“教”与“学”的活动。教练员应在教案中体现出具体的教学指导方法。理论教学活动设计注意事项见表2-3。

理论教学活动设计注意事项 表2-3

教学活动	目标	注意事项
导入新课	激发学员对教学内容的兴趣	应尽量避免平铺直叙
讲解内容	让学员理解和掌握知识	（1）明确哪些内容必须深入讲解，哪些内容可以一带而过，并通过教学时间分配来体现； （2）在教案中列出授课的主线和教学内容的先后顺序； （3）在教案中，针对具体内容标注相应的教学手段和教学方法
总结练习	让学员巩固所学知识	（1）在教案中明确总结练习的形式，是对本次课内容的回顾，还是设问让学员回答； （2）采用回顾的形式，则应以内容逻辑关系为主线，体现教学重点和难点内容；采用设问的形式，应在教案中列出具体的问题
布置作业	让学员灵活运用所学知识	在教案中注明作业的内容

（4）板书设计。板书是需要在教室黑板上或者在多媒体课件中展现的内容。设计并书写出优美的板书，是教练员组织教学的基本功。板书设计应条理清晰，书写工整，突出重点难点，保留或擦除部分层次分明，能够形象地揭示所有授课知识点及其内在的联系。

2 实际操作教学过程设计

实际操作教学过程设计主要考虑以下三个方面：

（1）教学内容的安排。教练员应依照动作技能形成和完善的规律，结合学员的训练情况，确定先让学员巩固哪些所学的动作，再让学员重点学习哪些操作技能。

（2）教学时间的分配。教练员首先应按照操作技能训练模式的规范，总体分配讲解动作要领、示范动作、指导练习、训练讲评四个教学环节的时间；然后根据操作技能的复杂和难易程度，合理地规划教学进度，尤其对学员较难掌握的技能给予充足的练习时间。

（3）教学活动设计。教学活动设计是教练员结合所选择的教学方法和手段，围绕四个教学环节，设计相应的“教”与“学”的活动，是教案编写的核心。教练员应在教案中体现具体的教学指导方法，从而能够有

效指导教练员规范、正确地组织教学。实际操作教学活动设计注意事项见表2-4。

实际操作教学活动设计注意事项　　表2-4

教学活动	目　标	注意事项
讲解动作要领	让学员了解训练的安排，领会要领，并建立动作定向印象	（1）在讲解动作要领前，应先说明本次课的训练内容、应达到的目标和训练的安排； （2）讲解动作要领时，应说明动作的达标要求，并对复杂动作进行分步骤讲解，在教案中应列出具体的动作分解方法
示范动作		（1）应先进行动作要领讲解，再向学员示范动作；示范动作时，可以适当配合一些讲解； （2）示范动作时，可以将正确动作和错误动作进行对比示范，并在教案中列出对比示范的动作
指导练习	让学员模拟练习、熟练掌握动作	（1）在教案中写明学员的练习方式和教练员应如何提供相应的指导； （2）在教案中写明在学员练习时，教练员应重点注意的一些事项，包括应如何保证训练的安全、应向学员强调哪些训练要点等
训练讲评	让学员了解训练效果	在教案中写明将从哪些方面进行讲评，包括学员哪些操作掌握得好，哪些操作还需改进，下一次课将进行什么训练项目

3 课后总结与分析

教练员在课后应对本次课的教学情况进行总结和分析，包括判断学员的学习效果，分析教学环节设计和时间安排的合理性，教学重点和难点的把握情况，教学方法和手段的合理性等，并把分析结果列在教案当中，为后续修改教案和改进教学组织提供参考。教练员只有经常反思教学中存在的问题，才能保证及时改进教学，提高教学水平。

三 教案编写实例

按照教案编写的步骤、考虑教案编写要求、体现教案的基本要素，是教案编写的共性要求，更重要的是学会针对具体的教学项目，设计出体现教学思想、重点突出、层次脉络清晰和个性鲜明的教案。

1 编写理论课教案

理论课主要采取教练员与学员“一对多”的授课形式。在教学过程中，教练员相对而言是主动的，学员则是被动的。因此，为了提高学员学习的主动性，教练员应按照教案编写的基本步骤精心设计，在教学方法和手段的选择上，注重通过情景教学帮助学员掌握理论知识。

下面以第三阶段“安全驾驶知识”为例，介绍理论课教案的具体编写方法。

1 备课

教练员应根据理论课教学的特点，在授课前做好充分的准备：

（1）分析教学对象。学员在此之前已经学习了道路交通安全法律、法规知识，熟练掌握各类道路条件下的通行规则，熟练掌握变更车道、跟车与限制超车、会车规定、避让行人和非机动车、掉头与倒车的规定，并在场地驾驶训练中进行了初步的应用。因此，教练员在授课时重点是进一步巩固学员安全驾驶知识，提升实际道路安全驾驶的能力。

（2）确定教学内容。教练员通过教学大纲可以了解到“安全驾驶知识”的教学目标是：熟练掌握车辆安全检查与调整的方法，熟练掌握起步、汇入车流、跟车行驶、变更车道、会车、超车、让超车、停车、掉头和倒车的安全驾驶方法，熟练掌握通过弯道、路口、人行横道、学校区域、居民小区和公交车站的安全驾驶方法，掌握保护行人（尤其儿童）、非机动车和乘车人的安全要领。因此，教练员可以确定主要从安全操作要领、安全驾驶行为等方面来授课。此外，教练员通过阅读教材，结合个人的经验，确定让学员掌握安全驾驶行为是授课的重点和难点。

（3）选择教学方法和手段。除了讲授教学之外，教练员可以针对某个具体问题采取讨论的方式，增强教学互动，让学员主动参与到教学之中。为了使教学内容直观、易于理解，教练员可以借助多媒体教学手段，给学员演示典型驾驶场景。

2 设计教学过程

教练员可按照理论教学模式包括的教学活动，合理安排教学进度。在内容讲解环节，教练员可以根据教学内容的内在逻辑关系，先向学员简单介绍违法驾驶行为的危害，说明行车风险与安全驾驶的重要性，然后结合典型交通情境讲解车辆安全检查与调整、安全驾驶方法等。教练员在设计内容讲解的同时，还应注明具体的教学指导方法。

3 理论教学示范教案

理论教学示范教案见表2-5。

理论教学示范教案　　表2-5

教学项目	安全驾驶知识	教学阶段	第三阶段	教学学时	2学时
教学目标	熟练掌握车辆安全检查与调整的方法； 熟练掌握起步、汇入车流、跟车行驶、变更车道、会车、超车、让超车、停车、掉头和倒车的安全驾驶方法； 熟练掌握通过弯道、路口、人行横道、学校区域、居民小区和公交车站的安全驾驶方法； 掌握保护行人（尤其儿童）、非机动车和乘车人的安全要领				
教学内容	车辆安全检查与调整；安全驾驶行为；保护行人、非机动车和乘车人的安全要领				
重点难点	安全驾驶行为				
教学方法	讲授、讨论、演示、播放视频				
教学手段	电脑、投影仪、投影幕、多媒体教学软件、视频资料				
教学场所	第____教室				
教学过程设计					
教学活动	内　　容		时间安排	教学指导	
导入新课	播放安全操作或典型道路交通事故的视频		5min	结合多媒体软件、视频进行讲解	
讲课内容（板书设计）	一、车辆安全检查与调整 （1）出车前的安全检查； （2）上车前的安全确认； （3）下车前的安全确认		20min	（1）结合典型交通情境，配合多媒体进行演示、讲解； （2）应向学员强调出车前安全检查、上下车前观察交通情况的重要性，树立安全意识	
	二、安全驾驶行为 1. 起步、停车时的安全驾驶 （1）起步时的安全驾驶与礼让； （2）临时停车时的安全驾驶与礼让； （3）雨天临时停车时的安全驾驶与礼让； （4）雾天临时停车时的安全驾驶与礼让； （5）夜间临时停车时的安全驾驶与礼让； （6）雪天临时停车时的安全驾驶与礼让； （7）安全停放车辆的驾驶与礼让。 2. 交会时的安全驾驶 （1）汇入车流时的安全行车与礼让； （2）会车时的安全行车与礼让； （3）超车时的安全行车与礼让； （4）让超车时的安全行车与礼让；		60min	（1）结合典型交通情境，配合多媒体进行演示、讲解； （2）应向学员强调违法驾驶行为的风险； （3）结合几个典型的交通情境，组织学员讨论，再做总结发言； （4）结合考试题库、道路驾驶考试评分标准进行讲解	

续上表

教学活动	内　　容	时间安排	教学指导
讲课内容（板书设计）	（5）超越障碍物时的安全行车。 3. 变更车道时的安全驾驶 （1）绕过障碍物时安全变更车道； （2）行车中安全变更车道； （3）在交叉路口安全变更车道。 4. 倒车、掉头时的安全驾驶 （1）倒车时的安全驾驶与礼让； （2）掉头时的安全驾驶与礼让。 5. 通过弯道时安全驾驶 （1）弯道的安全驾驶； （2）山区弯道的安全驾驶。 6. 通过路口的安全驾驶 （1）通过交叉路口时的安全驾驶； （2）通过铁路道口时的安全驾驶； （3）通过环岛时的安全驾驶。 7. 通过学校、居民小区、公交车站的安全驾驶 （1）通过学校的安全行车与礼让； （2）通过居民小区的安全行车与礼让； （3）通过公交车站的安全行车与礼让。 8. 遇异常行驶车辆的安全行车与礼让 （1）遇特种车辆的安全行车与礼让； （2）遇其他异常行驶机动车的安全行车与礼让	60min	（1）结合典型交通情境，配合多媒体进行演示、讲解； （2）应向学员强调违法驾驶行为的风险； （3）结合几个典型的交通情境，组织学员讨论，再做总结发言； （4）结合考试题库、道路驾驶考试评分标准进行讲解
	三、保护行人、非机动车和乘车人的安全要领 1. 行车中对行人的安全行车与礼让 （1）行车中对异常行人的安全行车与礼让； （2）遇儿童时的安全行车与礼让； （3）遇老年人时的安全行车与礼让； （4）遇残疾人时的安全行车与礼让； （5）遇赶牲畜人时的安全行车与礼让； （6）通过人行横道线时的安全行车与礼让； （7）雨天遇行人的安全行车与礼让。 2. 行车中遇非机动车时的安全驾驶 （1）遇自行车时的安全行车与礼让； （2）遇人力车时的安全行车与礼让； （3）遇畜力车时的安全行车与礼让。 3. 保护乘车人的安全行车	25min	（1）结合典型交通情境，配合多媒体进行演示、讲解； （2）结合几个典型的交通情境，组织学员讨论，再做总结发言； （3）结合考试题库进行讲解
课堂练习	从考试题库中选择两种题型中的部分试题进行练习	10min	教练员结合试题提问，学员作答
课后作业	要求学员熟记与教学内容相关的试题库中的试题		—

2 编写实际操作训练教案

按照计时制的要求，实际操作训练主要采取教练员与学员“一对一”的授课形式。在教学过程中，以学员自主练习和训练为主，教练员进行动作讲解、示范、指导或训练总结，注重对学员实际操作技能的培养。

下面以第二阶段“倒车入库”为例，示范编写实际操作训练教案。

1 备课

教练员应根据实际操作训练的特点，在授课前做好充分的准备：

（1）分析教学对象。学员在此之前已经掌握了车辆基本操控能力，因此，教练员在授课时主要是根据学员的学习特性，合理安排训练，引导学员灵活应用所学技能完成

教学任务。

（2）确定教学内容。教练员通过教学大纲可以了解到“停车入库”的教学目标是：在运动中操纵车辆从两侧正确倒入车库。教练员可以明确主要让学员练习倒车路线调整、速度控制和安全停车的规范操作。此外，教练员结合个人的经验，确定训练中的重点和难点是选取合适的倒车参照物、正确调整倒车路线。

（3）选择教学方法和手段。教练员的示范讲解，是学员掌握技能的前提。除此之外，教练员还可加强学员的练习，并在学员练习过程中，采取多种方式，增强学员的主动性。

2 设计教学过程

首先，教练员要向学员明确倒车入库训练的内容、基本要求和对训练的安排；其次，教练员要采用边示范、边讲解的方法，向学员讲解示范操作要领、步骤方法和注意事项，并结合教学经验，讲解在操作中容易出现的错误以及如何避免这些错误；让学员练习倒车入库，教练员随车对训练进行监督指导；最后教练员要对学员的训练情况进行讲评，指出学员存在的问题和改进措施。

3 实际操作训练示范教案

实际操作训练示范教案见表2-6。

实际操作训练示范教案 表2-6

<table>
<tr><th>教学项目</th><th>倒车入库</th><th>教学阶段</th><th>第二阶段</th><th>教学学时</th><th>4学时</th></tr>
<tr><td>教学目标</td><td colspan="5">在运动中操纵车辆从两侧正确倒入车库</td></tr>
<tr><td>教学内容</td><td colspan="5">从右侧倒入车库；从左侧倒入车库</td></tr>
<tr><td>重点难点</td><td colspan="5">倒车时参照物的确定；倒车时行驶路线的调整</td></tr>
<tr><td>教学方法</td><td colspan="5">教练员讲解、示范、随车指导，学员练习</td></tr>
<tr><td>教学手段</td><td colspan="5">实车操作（教学车辆必须与学员申请的准驾车型相符）</td></tr>
<tr><td>教学场所</td><td colspan="5">教练场内第2号库位</td></tr>
<tr><td colspan="6">教学过程设计</td></tr>
<tr><td>教学活动</td><td colspan="2">内　　容</td><td>时间安排</td><td colspan="2">教 学 指 导</td></tr>
<tr><td>讲解动作要领</td><td colspan="2">1. 向学员说明本次训练的内容、训练目标和训练安排
2. 介绍倒车入库场地式样和尺寸
车道宽
控制线
控制线
车位长
库宽
3. 介绍训练操作要求
（1）从道路一端控制线（车身压控制线，下同）倒入车库停车，再前进出库向另一端驶过控制线后倒入车库停车，最后前进驶出车库；
（2）或者，起点终点设于库中，从库中驶出向右车头超过控制线后倒车入库，再驶出向左车头超过控制线后倒车入库；
（3）中途不得停车，运行时间不得超过4min</td><td>30min</td><td colspan="2">在教练场，教练员可结合教材中的示意图进行讲解</td></tr>
</table>

续上表

教学活动	内　　容	时间安排	教 学 指 导
示范动作	一、动作整体示范 教练员进行一个完整的操作示范。 二、动作分解示范 （1）将车辆与边缘保持1.20～1.50m间距在起点停正； （2）调整好倒车的驾驶姿势，挂倒挡从起点直线倒车； 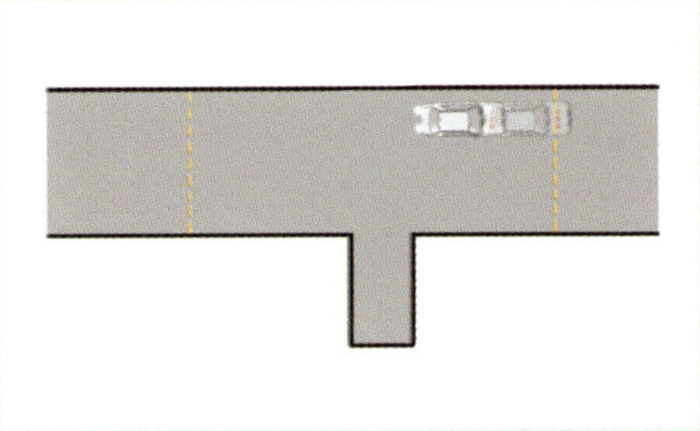	30min	（1）教练员在示范动作时，学员应随车观察； （2）教练员边示范、边讲解，根据学员的理解程度，必要时重复讲解、示范，直至学员完全理解； （3）教练员先整体示范，再分步骤进行示范；车辆到达预定的参照点时，换学员在驾驶座或下车观察参照点与车辆位置之间的关系
指导练习	（3）当车头后端与车库右侧边线平行时，将转向盘向右打到底； 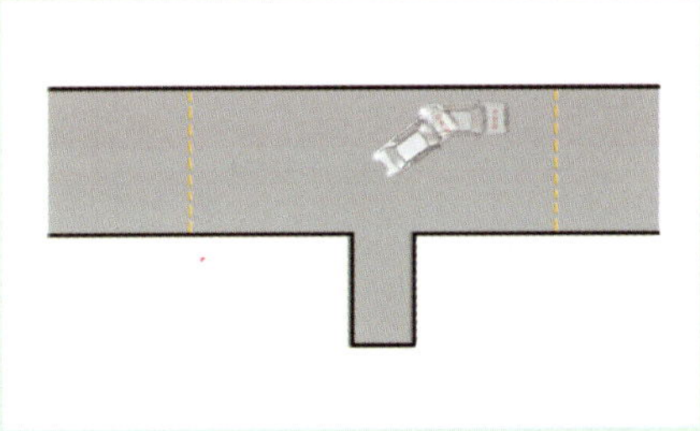 （4）从右后视镜观察车尾与左侧边线的距离，当车左后角进入车库后，将转向盘向左回一圈； （5）从左后视镜或后视窗中看到车身即将摆正时，回正转向盘，保持车身直线倒车进车库； （6）当车前端进入车库后，迅速停车； 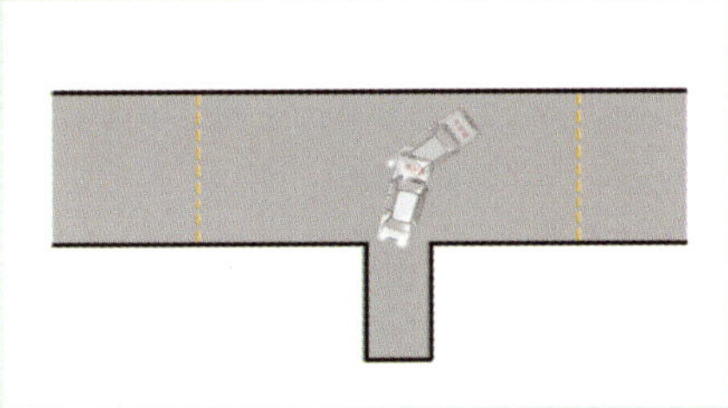 （7）从车库内起步，保持直线行驶，当车中心出库后，迅速向右将转向盘打到底； 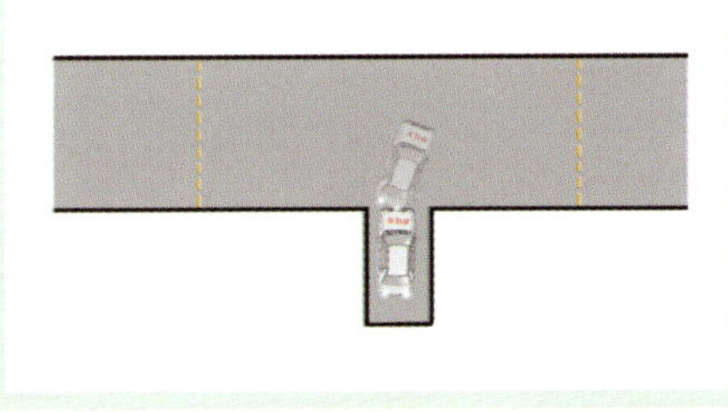	160min	（1）学员在训练时，教练员随车指导，及时纠正学员的错误动作； （2）学员练习时，适当让其安全停车并下车查看、体会； （3）教练员对学员出现的错误做好记录

续上表

教学活动	内　　容	时间安排	教 学 指 导
指导练习	（8）当车身与车库边线平行，车头超过控制线后时，摆正转向盘后停车； 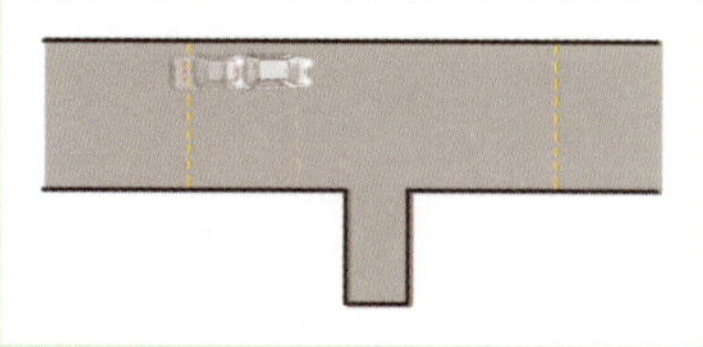 （9）挂倒挡起步后将车与边线保持1.20～1.50m间距行驶； （10）当车后端与车库左侧边线平行时，将转向盘向左打到底； 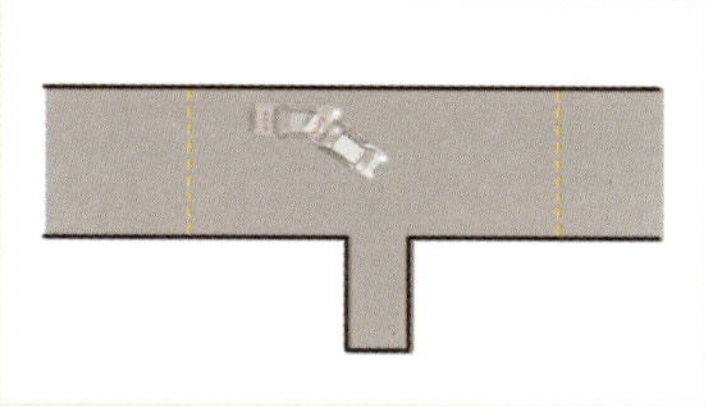 （11）从右后视镜观察与右侧边线的距离，当车后右角进入车库后，将转向盘向右回一圈； 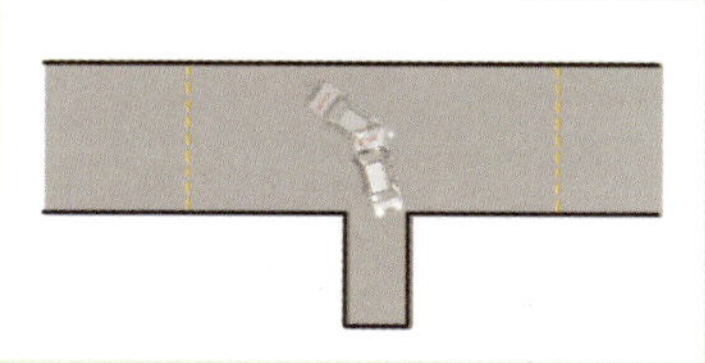 （12）从两侧后视镜或后视窗中看到车身即将摆正时，回正转向盘，保持车身直线倒车进车库； （13）当车前端进入车库后，迅速停车。 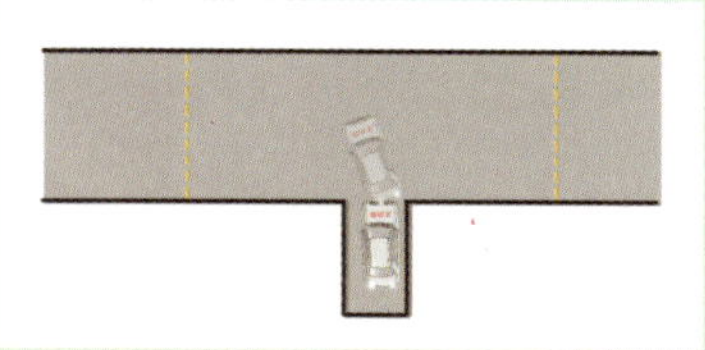 三、训练要点 （1）学员逐步进行操作，并确认车身目标与位移规律； （2）训练的关键在于加强学员的目测能力，掌握操作要领。 四、学员易犯的错误 （1）车身与目标找不准确； （2）不能相对固定目标，每次位置都有变化； （3）停车时不回正转向盘或熄火	160min	（1）学员在训练时，教练员随车指导，及时纠正学员的错误动作； （2）学员练习时，适当让其安全停车并下车查看、体会； （3）教练员对学员出现的错误做好记录
训练讲评	（1）询问学员的训练体会，说明学员动作完成的基本情况，有哪些方面的进步； （2）说明学员在训练中存在哪些问题，下一步训练的侧重点； （3）说明下次课将进行哪个项目的训练	5min×4	教练员结合错误记录进行讲评，注意适当给予鼓励

第四节 规范化教学指导

规范化教学是驾驶员培训教学中一个重要的环节，教练员应严格按照规范化教学的要求实施教学，以确保教学质量。教授规范的驾驶操作方法和运用规范教学手势与口令，是规范化教学的基本要求。

一 教学原则

1 遵循教学的阶段性，有计划、有步骤进行

教练员对训练没有任何计划，今天想教什么就教什么，想怎么教就怎么教，会导致学员出现“吃不饱”或者“消化不良”的问题，不利于学员掌握驾驶技能。

新颁布的《教学与考试大纲》将教学大纲和教学计划融为一体，并与学员技能形成的阶段性特征相吻合，把驾驶培训分为三个教学阶段，各阶段之间彼此联系；同时，遵循了学员认识活动的规律，使学员的技能形成实现由低级向高级、由简单向复杂的过渡。教练员应按照教学大纲的要求，遵循循序渐进的原则，针对学员的实际情况，有计划、有步骤地进行训练。这样有利于教练员发现学员训练中存在的问题，及时纠正；有利于教练员阶段性地检查和了解学员训练的效果，决定是否可以进行新的训练项目；有利于学员系统学习，全面掌握驾驶技能。

2 理论联系实际，理论培训与实操训练相结合

驾驶活动是一项比较复杂的活动，必须以掌握相关的理论知识为前提，尤其对于综合性的、复杂的驾驶操作，更要熟练掌握必要的专业理论知识。教练员没有一定理论知识作支撑，仅凭所谓的感性认识和经验进行驾驶技能教学，很难保证教学效果。一方面，学员很难对驾驶技能有深刻的认识；另一方面，学员很难掌握创造性的驾驶方法，难以应付交通中出现的各种复杂情况及突发事件，尤其是遇到自己没有处理过的情况，更难以用学过的知识技能去组织和调节自己的驾驶行为。所以，教练员必须刻苦钻研业务，运用丰富的专业知识，在指导学员“怎么做”的同时，解释“为什么要这样做”。

3 规范讲解要领，准确示范动作

学员主要通过模仿练习来学习和掌握驾驶操作技能，如果没有教练员的指导而盲目尝试，就不会有好的学习效果。教练员在教学中，首先通过简练的讲解，使学员理解正确的练习方法，同时通过整体动作示范和分解动作示范，使学员获得关于练习方法和实际动作的清晰知觉表象。学员有了模仿的样本，就可以通过自己的练习，达到事半功倍的效果。当然，教练员的讲解和示范必须规范、正确和严谨，否则会适得其反。

4 合理安排训练的次数和时间，训练的方式多样化

教练员根据教学内容的难易程度和学员对技能的掌握情况，科学合理地安排训练的次数和时间是保证学员掌握驾驶技能的基本前提。

在对某一项目的实际训练过程中，教练员通常采用两种训练方法：集中训练法和

分散训练法。集中训练是让学员在一定时间内连续地练习完毕整套动作，中间不穿插其他的训练内容；分散训练则是让学员分成多次练习，每次之间有一定的时间间隔。一般来说，分散训练与集中训练有效结合，比过度的集中训练更能提高训练的效率和效果。

训练的次数和时间太少，难以达到训练的目标和要求。训练的次数和时间也不是越多越好，如果某个内容训练的次数太多，训练的时间相对过长，学员容易产生疲劳和消极情绪，学习的兴趣减退。在初始训练阶段可进行较频繁的练习，每次练习的时间不宜过长，各次练习之间的时间间隔也可以相对短一些，以强化学员对动作的记忆。随着学员对技能的掌握，每次练习的时间和每次练习的间隔时间均可适当延长。

5 正确掌握训练的进度和质量要求

驾驶教学过程中，如果没有明确训练的目标和要求，只是盲目地机械重复，学员的驾驶技能水平很难提高，而让学员明确了每一阶段、每一个教学项目甚至每一个动作的训练目标和要求，学员就会形成训练的内在动力，会自觉地练习，这样对驾驶技能的培养有明显的积极作用。

在初始训练阶段，教练员必须严格要求学员练好基本功，以保证学员动作的准确性为目的，适当放慢训练的进度；当学员准确掌握动作之后，再要求其动作的熟练程度。随着训练的进行，教练员也应注意根据学员的掌握情况，有节奏地调节训练的进度，以便进一步训练学员把基本动作组合成完整、协调的动作系统的能力，以适应复杂交通情况的需求。

6 充分发挥教练员的监督和检查作用

从心理学的角度分析，学员对初次训练的印象最为深刻，如果在该阶段的错误动作没有得到及时纠正，就会形成一种错误的习惯，日后更难以改正。在训练的初期，学员基本上不具备察觉自身动作错误或动作不规范的能力，因此，需要教练员及时帮助诊断，发现错误及时纠正，以便学员从一开始就能够养成良好的习惯。

7 让学员知道每次训练的结果

训练的结果对于技能的掌握具有反馈作用。在每次训练结束后，教练员对学员的训练情况进行讲评，填写好教学日志，并让学员签字确认，这样能使学员及时知道自己训练的情况，检查自己哪些方面有进步、哪些方面还存在不足，对自己作出正确的评估，帮助学员保留规范的、符合要求的动作，舍弃多余的、不符合要求的动作，及时巩固正确的动作、纠正错误的动作，从而提高训练的效率和质量。

二 驾驶操作的规范化教学

1 规范化教学步骤

驾驶操作应加强基本功的训练，对学员的操作动作，要严格按照规范动作、要求、顺序进行教学，让学员养成规范操作的行为习惯。

规范化教学顺序：

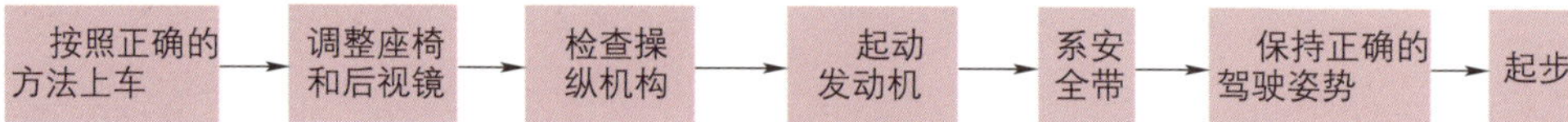

规范化教学步骤图

（1）上车动作。当天训练第一次上车前，教练员应让学员按照逆时针方向绕车一周进行一次安全检查，检查车辆外表、轮胎及周围有无影响起步的障碍物；绕至左车门前，持立正姿势向教练员“报告”；教练员允许后，按规范动作上车。

（2）调整座椅和后视镜。按自己的身高调整座椅，双脚踩踏板到底后，膝盖微弯曲；外后视镜调整至能看到的车体占镜面纵向的1/4，车外物体占镜面纵向的3/4，且使地平线位于上下方的中间；内后视镜调至能看到后视窗外的场景。

（3）检查操纵机构。检查变速器操纵杆在空挡或者P挡（适用于自动变速器汽车）位置；转向盘的自由行程符合要求，无松旷现象；驻车制动器操纵装置处于制动状态；加速踏板、离合器踏板、制动踏板的间隙和回位灵活、有效。

（4）起动发动机。车型不同，起动发动机的操作方法也不同。发动机起动后应先保持怠速运转，注意观察有无报警信号，听察发动机有无异常声响。

（5）系好安全带。调整安全带的高度，右手缓慢将安全带向下拉，使安全带位于肩和颈根之间，并通过胸部的适当位置，再将搭扣插头插入带扣锁。

（6）保持正确的驾驶姿势。身体对正转向盘，上身正直，两眼平视前方，后背轻靠在座椅靠背上，头部轻靠在头枕上；双手握持转向盘的左右两侧，两手肘部保持舒适自然的微弯曲；双脚轻松自如地摆放在踏板处。

（7）起步。开启左转向灯，观察周边交通情况；左脚完全踩下离合器踏板，将变速器操纵杆置于起步挡；确认安全后，松开驻车制动器操纵杆，操控离合器踏板和加速踏板，平稳起步。

（8）下车动作。通过后视镜或从左侧车窗回头观察车辆左后侧，确认安全后，按规范动作沿左侧下车，并关好车门。

2 学员对操纵装置的规范化操作

（1）转向盘操作规范。左手和右手同时握转向盘，两手的拇指在盘缘自然伸直，其他四指由外向内握住盘缘；修正方向时，以左手为主，右手为辅，平缓地推动和拉动

转向盘；转弯时应两手交替转动转向盘。训练过程中，教练员应禁止学员双手同时离开转向盘驾驶。

（2）变速器操纵杆操作。用手掌心轻贴在球头上，五指向下握住，以手腕和肘关节力量为主、肩关节为辅操纵变速器操纵杆。为了保证车辆获得足够的行驶动力，教练员应提醒学员注意挡位与车速相匹配，即高速时使用较高挡位、低速时使用较低的挡位。应要求学员逐级加减挡，但如果车速突然大幅下降时，可以酌情越级降挡。行车中，教练员应禁止学员利用空挡滑行；换挡时，禁止学员低头看挡。

（3）离合器踏板操作规范。左脚前脚掌踏在离合器踏板上，通过膝关节和踝关节的伸屈踏下或放松踏板，操作时，脚跟部不要靠在驾驶室底板上。踩踏离合器踏板，做到一踩到底，动作果断、迅速；松抬离合器踏板时，先稍快松抬离合器踏板，待离合器处于半联动位置时（传动机件稍有振抖、发动机声音略有变化）稍作停顿，右脚轻踩加速踏板，同时左脚再缓抬离合器踏板，做到"快—慢—停—慢—快"；不操作离合器踏板时，教练员应要求学员脚放在离合器踏板左下方的驾驶室底板上。

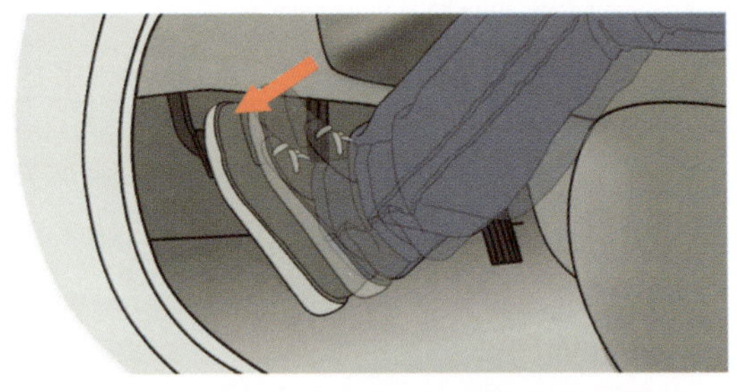

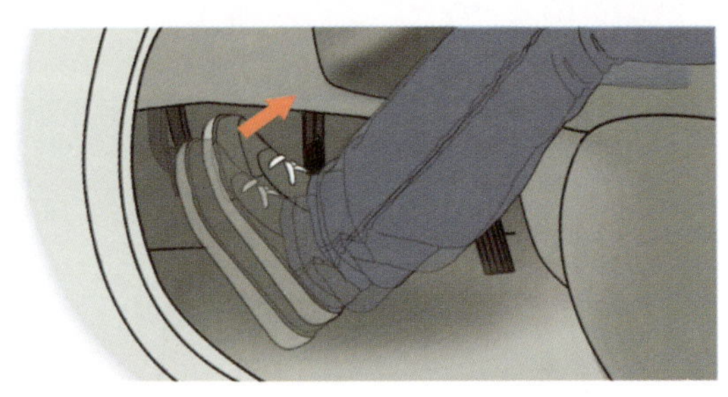

（4）加速踏板操作规范。右脚掌轻踏在加速踏板上，右脚脚跟部置于驾驶室底板上，以脚跟为支点，通过踝关节的伸屈踏下或放松加速踏板，操作加速踏板应做到"轻踏、缓抬"。

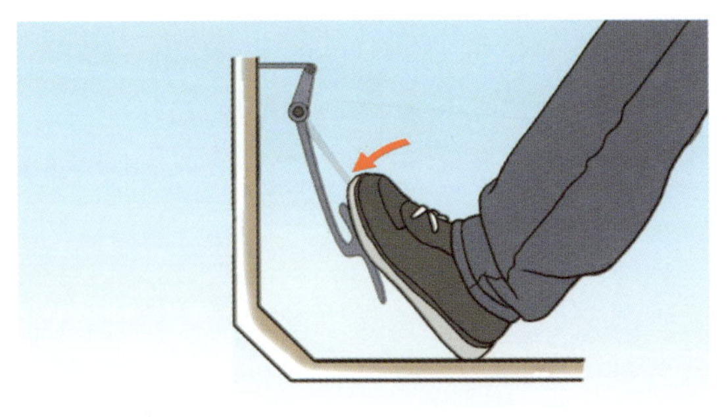

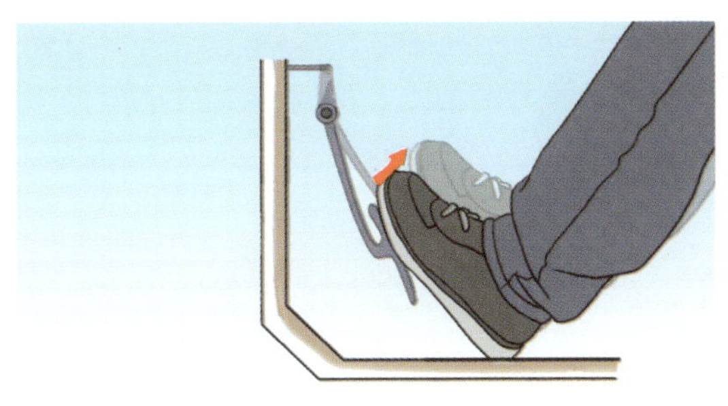

（5）制动踏板操作规范。对于吊悬式制动踏板，右脚前脚掌踏在制动踏板上，通过膝关节和踝关节的伸屈踏下或放松制动踏板，脚跟部不应靠在驾驶室底板上；对于地板式制动踏板，右脚掌踏在制动踏板上，右脚脚跟部置于驾驶室底板上，以脚跟为支点，通过踝关节的伸屈踏下或放松制动踏板。

（6）驻车制动器操纵杆规范操作。右手四指并拢，虎口向上，拇指虚按在操纵杆按钮上，拉起操纵杆即可制动；放松时，应先向后拉操纵杆，将按钮按下后向下放松。为了避免溜车，在练习坡道起步时，教练员应要求学员松驻车制动器操纵杆要与油离配合动作协调；停车后，应要求学员先拉紧驻车制动器操纵杆，再松抬制动踏板。

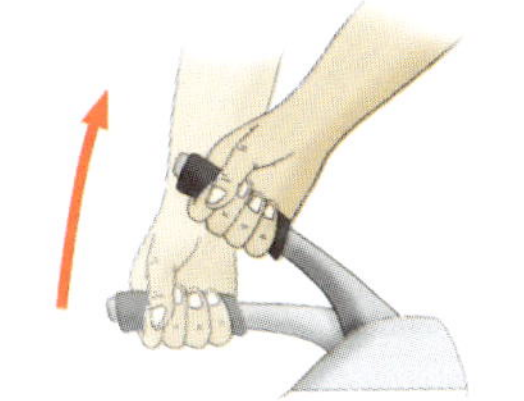

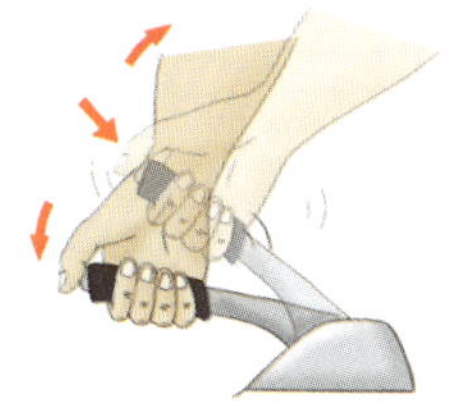

三 教学安全保护规范

教学安全保护，是指教练员指导学员驾驶训练遇到危险情况时，教练员通过适时提示学员完成或亲自完成一系列操纵动作，保障教学安全的行为。指导学员训练时，教练员担负着保障教学安全的重要责任。安全保护过多不利于学员独立练习，影响训练效果，但如果安全保护不及时，又会影响汽车行驶安全，因此，适时、恰当地实施安全保护对保证教学工作圆满顺利地完成至关重要。

1 教学安全保护方式

根据教练员采取措施的不同，教学安全保护主要包括两种形式：

（1）教练员通过口令或手势指导学员修正操作错误或者应对险情，这种安全保护方式通常在学员已具备基本的车辆操控能力和道路交通情况比较简单的情形下使用。

（2）教练员直接干预汽车的操控，确保汽车行驶安全。这种安全保护方式通常是在学员出现严重操作错误和处置突发紧急情况时使用。

教练员直接干预过多，会使学员感到不知所措，甚至手忙脚乱，影响其技能的发挥和提高。而适时使用口令或手势提示，可使学员内心感觉自己仍然是驾驶的主体，需要靠自己的及时调整来应对情况，有利于学员快速提高技术。

2 教学安全保护要领

1 保持正确的教学姿势

教练员正确的驾驶姿势：端坐于副驾驶座位中间的位置，上身保持正直，系好安全带；两眼目视前方，适时通过后视镜观察周边的交通情况，用余光注视学员的动作；右手握于车门扶手，左手放于变速器操纵杆后方（即学员与教练员之间的座位上）；右脚放在副制动踏板下方，做好随时应付紧急情况的准备。

2 教练员对辅助安全装置的操作方法

根据《机动车驾驶员培训机构资格条件》（GB/T 30340—2013）的要求，教练车应装有副后视镜、副制动踏板、车载计时计程终端、灭火器及其他安全防护装置。因此，在驾驶训练中，教练员主要是通过操控转向盘、副制动踏板来控制教练车的行驶方向和速度。由于教练员的位置偏于正常驾驶位置，操纵装置的操作方法不同于自己驾驶时的操作方法，见表2-7所示。

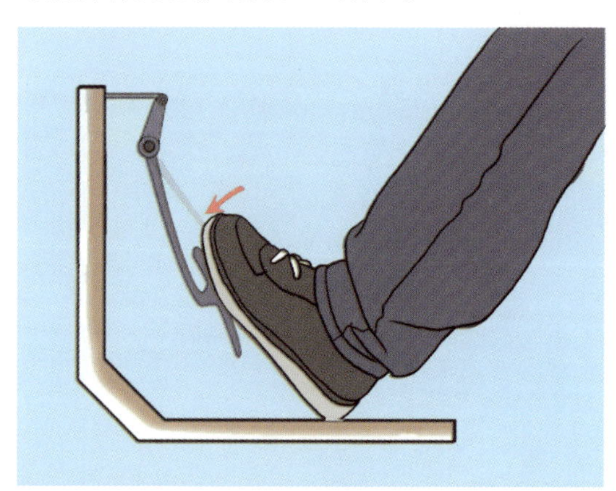

教练车辅助安全操纵装置的操作方法　　表2-7

操纵装置	操作方法	实施安全保护的时机
转向盘	（1）由左手操纵，以推拉转向盘的方式为主； （2）推拉时，握于转向盘上方； （3）扶握转向盘时，握于转向盘右侧中间	（1）训练初期，以扶握转向盘协助学员保持行驶方向为主； （2）训练中期，应尽量利用语言或手势指导学员操控转向盘，体会控制行驶方向的方法； （3）遇到紧急情况时，可通过减速、推拉转向盘，协助学员控制行驶方向
副制动踏板	（1）由右脚操纵，以强制踩踏、松抬制动踏板的方式为主； （2）强制制动时，用右脚前脚掌下踏；强制放松时，用脚面上撬制动踏板	（1）遇有紧急情况时，教练员可根据情况强制踩踏制动踏板加强制动，同时，应注意扶握转向盘，控制行驶方向； （2）如果学员制动力过大，教练员可用脚面上撬制动踏板，减小制动

教练员实施安全保护的一般原则是：先减速或适当制动，后推拉转向盘；强制减速时，握持转向盘，保持行驶方向。

3 教学注意事项

（1）在开展驾驶训练前，教练员应当告知学员必要的训练安全注意事项。教

学中，要求学员将车速和跟车距离控制在自己有把握的安全保护范围内，并且保持汽车沿着正确的行驶路线前进。如果汽车行驶方向、速度和跟车距离控制不当，且超过教练员实施安全保护所能控制的范围，应果断地采取有效措施，以防意外。

（2）训练初期，学员因技术生疏、操纵失误，容易出现打错方向、错把加速踏板当制动踏板等现象，教练员应针对实际情况采取相应的预防措施；在训练后期，尤其是进步快的学员容易出现麻痹、骄傲心理，训练车速快，教练员也容易高估学员独立驾驶的能力，因此需要始终保持谦虚、谨慎和细致的教学态度。

（3）教练员平时应多加练习，比如在副驾驶员位置上反复演练紧急制动和推拉、扶握转向盘的动作，做到熟练准确、运用自如，提高动作的敏捷程度和安全保护效果。

四 教学口令与手势

教练员在驾驶训练过程中，主要靠规范的手势和简明的口令指导学员。使用规范、统一的手势和口令，有助于学员正确理解教练员的意图，提高教学质量。

1 起步

左手曲臂向前平伸，五指并拢，手指向下，掌心向后，向前缓缓挥动1～2次，同时发出“起步！”口令。用于学员检查仪表完毕向教练员汇报并请示起步时，教练员确认学员操作无误后。

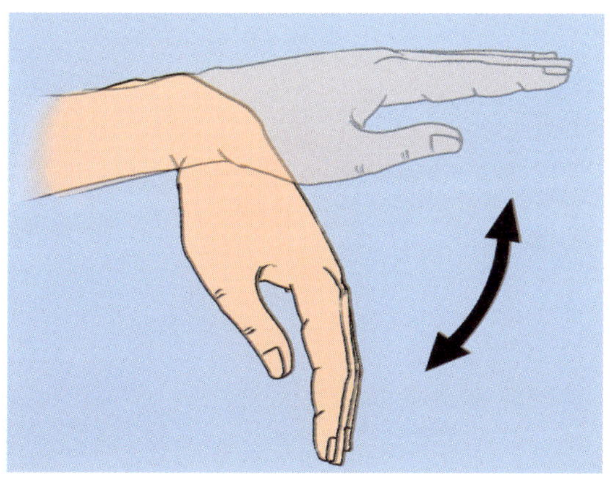

2 加速

左手曲臂向前平伸，五指并拢，掌心向下，向前上方急挥2～3次，同时发出“加速！”口令。用于视线良好、路面宽阔平坦，教练员确认可以提高行驶速度的路段。

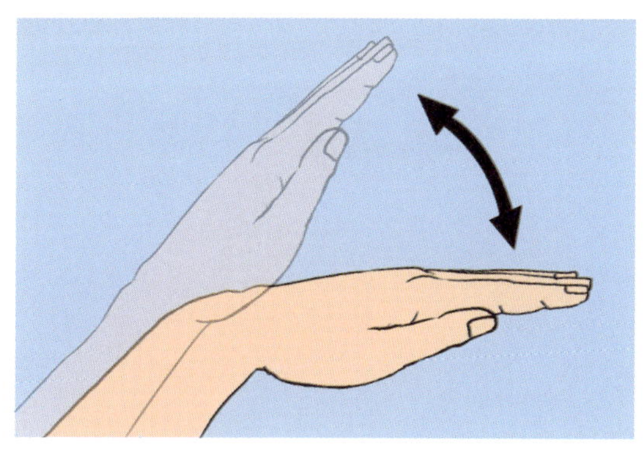

3 慢行

左手手臂向前平伸，五指并拢，掌心向下，上下缓缓浮动数次，同时发出“慢！”口令。用于前方视线不清、情况不明，确需减速慢行，而学员无减速意识的情况。

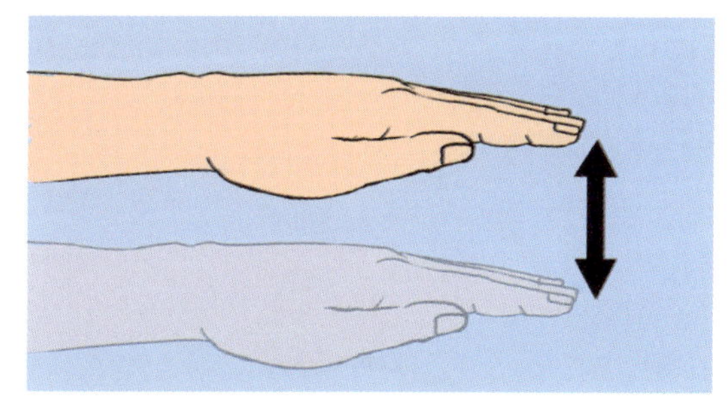

4 靠右行

左手曲臂向前竖伸，五指并拢，掌心向右，向右摆动数次，同时发出“靠右！”口令。用于前方道路情况需靠右行驶或变更车道，而学员无向右行的意识，需教练员提醒的情况。

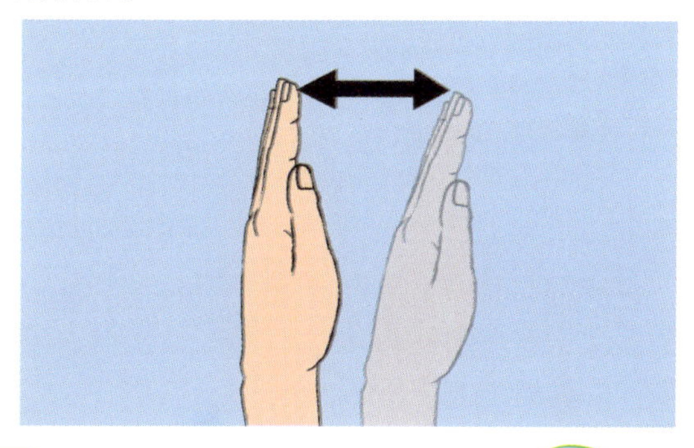

⑤ 靠左行

左手翻手曲臂向前竖伸，五指并拢，拇指向下，掌心向左，向左摆动数次，同时发出“靠左！”口令。用于前方道路情况需靠左行驶或变更车道，而学员无向左行的意识，需教练员提醒的情况。

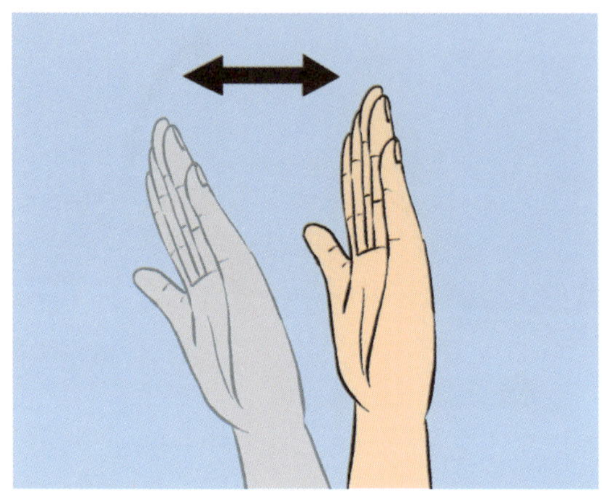

⑥ 向左转弯

左手曲臂向前，用食指指向左侧，由小臂带动手指沿着向左方向进行圆弧划动，指示车辆向左转弯，同时发出“左转弯！”口令。用于在各种路口教练员指示学员向左转弯，开启相应的转向灯。

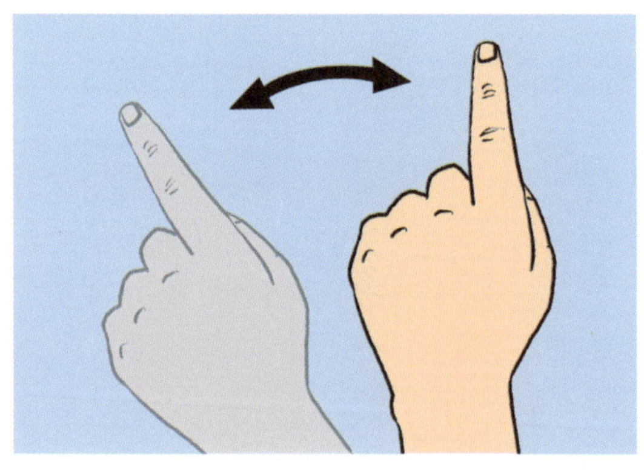

⑦ 向右转弯

左手曲臂向前，用食指指向右侧，由小臂带动手指沿着向右方向进行圆弧划动，指示车辆向右转弯，同时发出“右转弯！”口令。用于在各种路口教练员指示学员向右转弯，开启相应的转向灯。

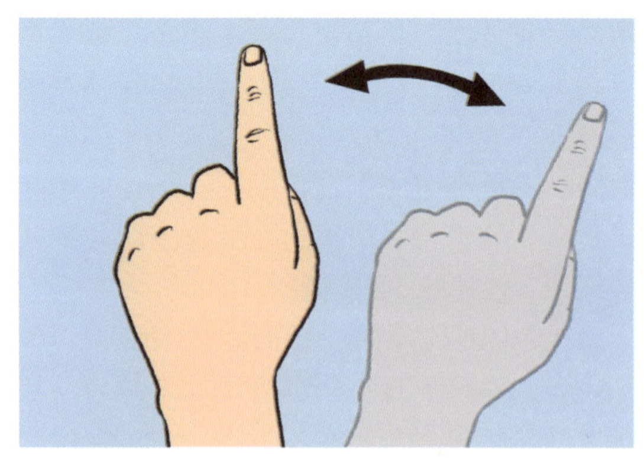

⑧ 按喇叭

左手曲臂向前，手心向右握拳，大拇指翘起，拇指上下按动2～3次，同时发出“按喇叭！”口令。用于教练员提醒学员鸣喇叭。

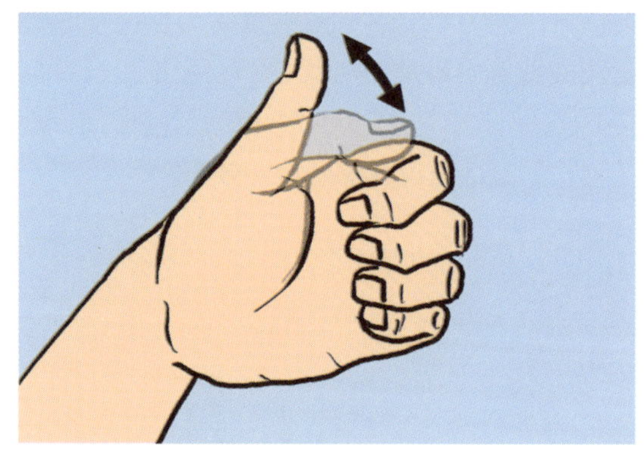

⑨ 注意

左手食指指向障碍物，以示警告，同时发出“注意！注意左边！注意右边！”口令。用于教练员提醒学员注意前方障碍，做好随时采取相应措施的准备。

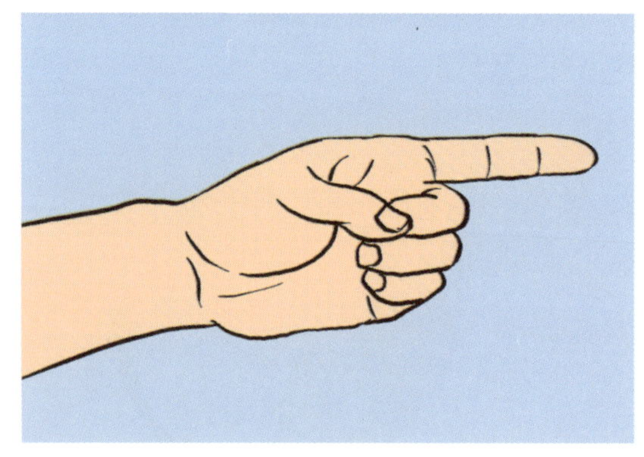

⑩ 打开转向灯

右手五指尖向上并拢，一张一捏2～3

次，同时发出“转向灯！”口令。用于教练员提醒学员在变更车道和转弯前打开转向灯。

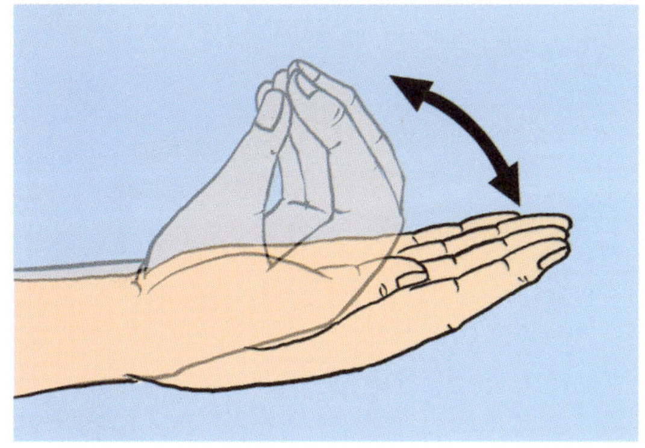

11 关闭转向灯

左手五指尖向下并拢，一张一捏2～3次，同时发出“转向灯！”口令。用于教练员提醒学员在变更车道和转弯后关闭转向灯。

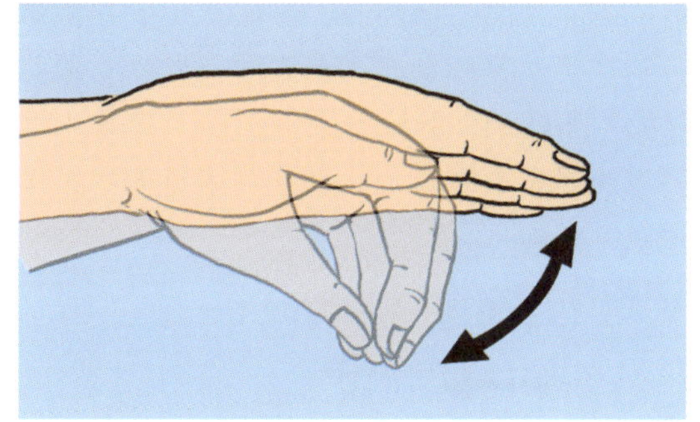

12 减速向右停车

左手曲臂向前平伸，五指并拢，掌心向下，上下摆动2～3次以示减速；然后立即将手臂竖伸，手掌向右摆动1次，再变掌心向下摆动1次，并停顿片刻，以示停车，同时发出“减速停车！”口令。用于教练员指示学员向右侧减速停车。

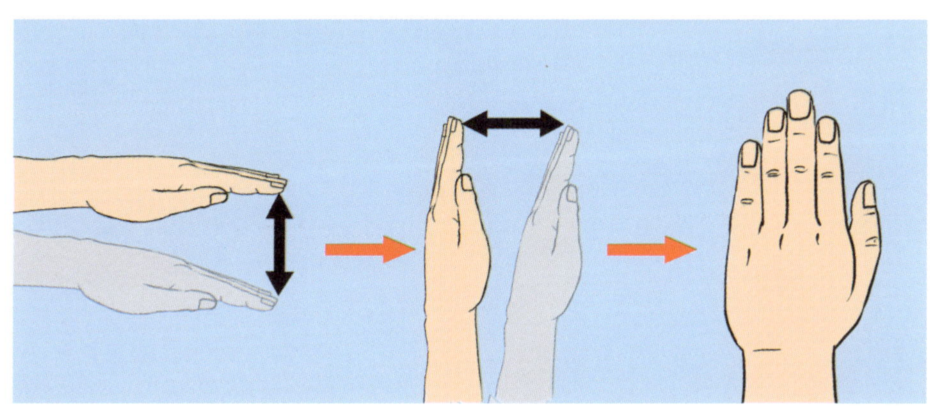

13 选择地点停车

左手食指指向右侧固定目标，以示定点停车位置；然后立即变掌心向右摆动1次，再变掌心向下摆动1次，并停顿片刻，以示停车；同时发出“在××位置停车！”口令。用于教练员指示学员在指定位置定点停车（客车应以中门为参照）。

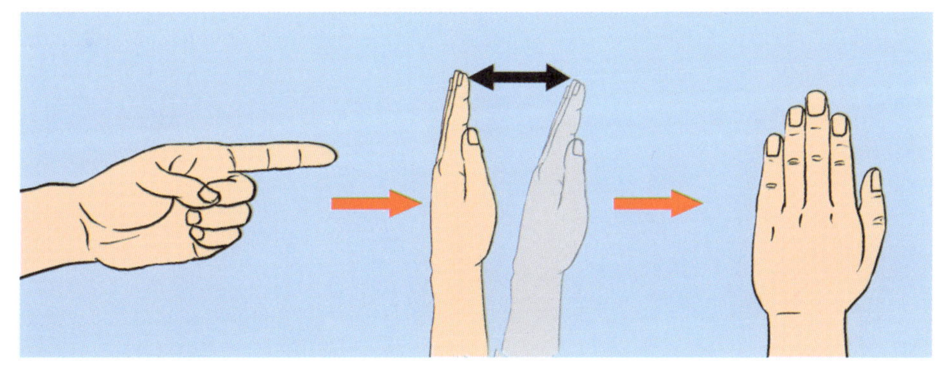

14 靠边停车

左手曲臂向前竖伸，五指并拢，先将掌心向右摆动2～3次，以示靠边；然后立即变掌心向下摆动，并停顿片刻，以示停车；同时发出“靠边停车！”口令。用于教练员指示学员靠边停车。

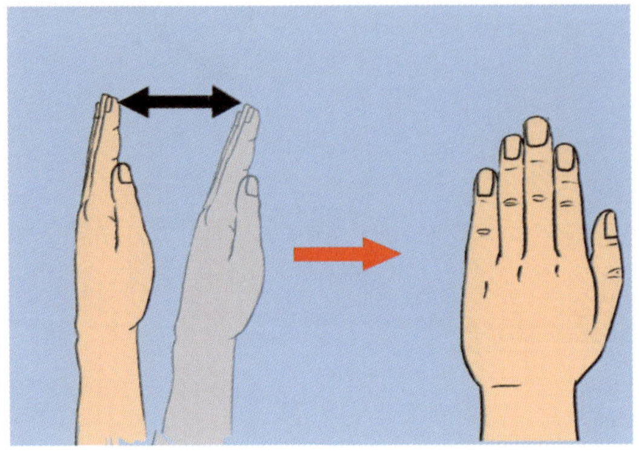

15 停车

左手曲臂向前平伸，五指并拢，掌心向下，上下快速浮动数次，同时发出“停！、快停！”口令。用于定点停车或者前方遇有情况时，教练员提醒学员立即采取停车措施。

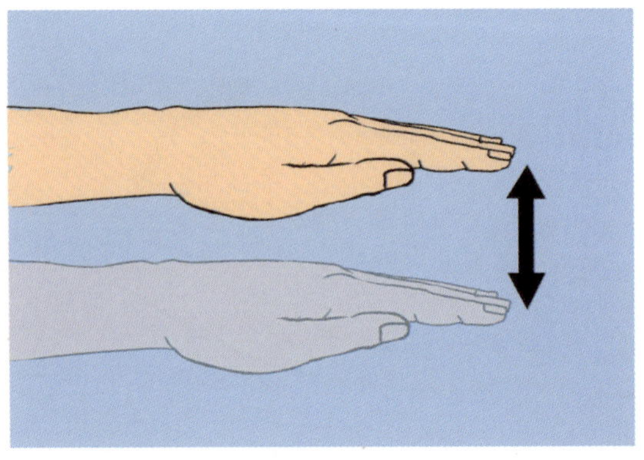

除上述口令和手势外，教练员常常还使用一些单纯的口令，比如“加挡！”、“减挡！”、“挂挡！”、“跟上！”、“拉开距离！”、“有超车！”、“超车！”、“不能超！”等。

第三章 教学方法和教学手段

教练员从事的是一项具有特殊性要求的教学工作，通过掌握学员的心理特点和行为特点，掌握教育心理学的基本知识，按照教育学规律，遵循教学原则，在教学过程中恰当地运用不同的教学方法和教学手段，能够提高培训效率，取得好的培训效果。本章重点介绍了学员心理和行为特点、理论知识和驾驶技能形成规律等教育心理学应用常识，介绍了驾驶员培训中常用的教学方法和教学手段。

第一节 教育心理学应用常识

教育心理学是研究教学环境中，教与学的基本心理规律的科学，是应用心理学的分支，是心理学与教育学的交叉科学。教育心理学研究受教育者在教学过程中的心理活动及其规律，受教育者的个性心理差异，受教育者道德品质的形成和培养，受教育者技能的形成及其规律，受教育者掌握知识或技能过程中的心理特点等，其研究目的是为了揭示影响教学效果的心理因素、师生关系和学员集体的关系以及成人教育的心理特点等。

驾驶技能形成和发展的快慢虽然受很多因素的影响，如学员的素质、教练员的教学方法等，但是仍有其内在的规律。因此，教练员学习和运用教育心理学知识，分析学员的心理特点和行为特点，掌握驾驶技能形成的内在规律，可以指导教学实践，达到良好的教学效果。

一 学员的心理特点和行为特点

学员的心理和行为特点主要是指学员身上经常地、稳定地表现出来的心理和行为方式，如性格、气质、能力等，这些因素往往决定学员对驾驶学习、规范操作和文明行车的态度，影响学员掌握驾驶知识和驾驶技能的效果。因此，教练员要能够运用心理学方面的知识，更好地分析和掌握不同学员的心理和行为特点，根据不同教学阶段学员的学习进度、学习效果，因材施教，保证每位学员的培训质量。

1 学员的心理特点

1 性格和气质

学员的性格是在社会实践中形成的，是对客观现实稳固的态度以及与之相适应的习惯性行为方式的心理特征。根据其倾向的不同，性格可分为内向型和外向型两种。气质表现在学员的心理活动的强度、速度和灵活性方面，具有典型性和稳定性的特点。

性格和气质本身不决定学习效率的高低，也没有好坏之分。但是，不同性格和气质的学员，在训练中的表现会有不同：

（1）优柔寡断型：训练中容易出现紧张心理，教练员批评过多，还容易产生自卑心理，导致厌学情绪。因此，教练员需要有耐心、多给予鼓励，加强复杂路况判断和处理的练习，鼓励大胆操作。

（2）注意力易分散型：教练员应注意对其驾驶态度和责任感的培养，在训练中督促其集中注意力。

（3）冒险、急躁、冲动型：教练员应注意对其情绪调节能力的培养，在训练中严厉制止其抢行、随意变更车道、开斗气车等危险驾驶行为。

小知识

学员的典型不良学驾心理及原因分析

1. 紧张心理

在上车训练初期，有些胆小、内向的学员会表现出过分紧张的心理，出现动作无序、慌乱、变形，甚至紧张发抖等现象，教练员越是纠正，学员越是害怕，致使教学无法继续进行。在训练后期面临测试、预考时，这类学员更是出现惧怕心理，表现得过分紧张，已经掌握的动作也偏偏做不好。学员产生紧张心理的原因：一是对技能学习规律不了解，对自己要求过高，想一步到位；二是对驾驶理论知识不熟悉，对动作要领没有完全领会；三是教练员过于严厉，动作讲解示范不够生动、具体，或者没有突出重点、难点，学员不懂又不敢问。

2. 厌学心理

在上车训练初期，有些接受能力强、反应快的学员不愿意重复做好每一个基础动作，虽然基础动作并不十分正确，但他们并不在乎。其原因主要是学员不了解技能学习的规律，不了解基础动作的重要性。

3. 自卑心理

在训练的过程中，有些学习能力差的学员虽然努力，但总也掌握不了某项驾驶技能，开始出现消极情绪和自卑的心理，轻者对驾驶学习缺乏兴趣，丧失信心；重者一上车就开始紧张。其原因一是学员经过一段时间的技能学习，学习兴趣下降，而操作难度逐渐增大，学习进度变慢；二是教练员追求训练效果，给予学员过多的批评。

4. 盲目自信心理

在训练末期，有些学员对自己的驾驶技术有了几分把握，对于重复练习相同的内容，出现盲目自信的心理，开始追求快速行驶带来的成就感，处理较为复杂情况时往往也是采取急转方向的措施。其原因主要是学员缺乏安全意识。

② 能力

能力是指学员能够顺利完成某项活动所必备的个性心理特征。能力可分为一般能力和特殊能力。一般能力(又称智力)是指观察力、记忆力、想象力和思维能力等；特殊能力是指从事某种专业活动所必须具备的能力。一般能力是特殊能力的基础，特殊能力是一般能力在具体专业活动中的特殊表现。

领悟力强的学员，学习主动性强，学习效率高，但其中有些学员容易过于自信和骄傲，喜欢表现自己，尤其是曾经有过驾驶经历的学员，往往不注意教练示范动作的要领，而是想当然地按照自己的一些“经验”去做。对于这类学员，教练员一方面应示范正确动作，细致地指导和纠正他们不规范的动作，说明不良操作动作可能导致的严重后果，引导其树立良好的安全意识。还可以让操作规范的学员演示操作动作，组织其他学员观摩，使这部分学员积极、乐观的学习精神感染其他学员；另一方面部分学员自尊心很强，教练员不要用生硬的语言批评学员，而是在肯定的同时提出建设性的意见，引导学员更自觉地改正不足。

对操作动作领悟力相对较差的学员，教练员应有耐心，初期加强基础动作训练，并在训练后期加强复杂交通情况的判断和应急处理能力的训练；关注他们的进步，随时给予表扬和鼓励。

2 学员的行为特点

学员的驾驶行为，是由一系列特定的动作方式构成的动作系统，需要身体各个部位的相互配合与协调。动作的及时性和准确性，是正确地完成系列操作动作的重要前提。掌握学员的行为特点，能有效指导学员进行动作的协调训练，将驾驶基本动作很好地组合起来。

① 动作的控制与协调性

学员在驾驶操作技能的训练中，往往表现出对动作的控制与协调性较差。教练员应有意识地提醒学员注意动作、速度和力量的准确性，并及时纠正错误动作，有效地提高学员对动作的控制和调节能力。

学员根据对外界环境的感知进行操作，操作动作的效果体现为车辆状态的变化，而后者又给学员新的知觉刺激，于是学员根据新的刺激信号和前面动作的知觉信号调整下一步的动作，如此往复循环，便可使操作动作形成一个动作系统。

② 动作的反应时间

操作动作的反应时间，是指从刺激物出现到作出动作所需要的最短时间。

（1）动作熟练，反应时间短；动作生疏，反应时间长。

（2）简单的动作，反应时间短；复杂的动作，反应时间长。

（3）强的刺激物，反应时间短；弱的刺激物，反应时间长。

在训练初期，不同学员的反应时间不同。有些学员动作反应比较迟缓，而有些学员动作反应比较迅速，尤其是面对复杂的动作或复杂的交通情况，表现出较大的差异。

③ 动作的准确性

动作的准确性是安全驾驶的基础，主要表现在动作的方向、幅度、速度和力量的把握四个方面，见表3-1。

学员操作动作准确性的评价指标分析　　表3-1

评价指标	内　　涵	规范的操作	举　　例
动作的方向	为达到目的，肢体移动的轨迹	动作方向准确无误	从一挡变换到二挡时，对变速器操纵杆的操纵方向准确
动作的幅度	肢体移动距离的长短或范围的大小	根据需要，幅度恰当	弯道行驶时，对转向盘的操纵适当
动作的速度	肢体在单位时间内移动的距离	与动作的目的和情况的需要相结合	一般情况下，均匀踩制动踏板；紧急情况下，快速踩制动踏板
动作的力量	肢体运动克服操纵机构阻力所表现出来的力量	动作柔和、平稳速度不会急剧地变化	踩加速踏板时做到轻踏、缓抬

在驾驶训练的初期，学员对动作的理解不深刻，动作不熟练，容易会出现错误动作或者多余的动作。通过练习，学员的动作准确性会逐步提高。

3 不同类型学员的教学方案

不同年龄学员的教学方案见表3-2。

不同年龄学员的教学方案　　表3-2

年龄类型	优　　点	缺　　点	教学方案
年轻学员	反应敏捷，接受能力强	（1）喜欢凭兴趣，往往满足于一知半解，学会动作后无耐心巩固； （2）思想不成熟，喜欢表现、逞能与冒险，易忽视交通法规	（1）严格要求，经常进行安全教育，引导树立良好的安全意识； （2）明确学习目的，激发训练兴趣，培养安全行车的方法和经验
年龄较大学员	（1）社会经验丰富，尊师爱友，学习目的明确，学习态度端正； （2）善于观察、判断和总结	反应较慢，接受能力差，掌握技能比较缓慢	（1）尊重学员，指导有耐心、细心； （2）适当增加初期训练的时间，加强基础动作训练

不同性格学员的教学方案见表3-3。

不同性格学员的教学方案　　表3-3

性格类型	优　　点	缺　　点	教学方案
性格内向学员	内在体验深刻、办事谨慎、力求稳妥	不善交流、缺乏果断、更容易出现紧张心理	（1）主动加强交流，教学有耐心，加强学员复杂交通情况的判断和应急处理能力的练习； （2）多鼓励，少指责，增强其自信心
性格外向学员	性格开朗、自信心强、动手能力相对较好	好冲动、喜欢冒险、胆大心不细、情绪波动大	（1）引导并帮助其养成安全、文明和礼让的驾驶习惯； （2）表扬要适当，批评要严厉，但不能伤害其自尊心； （3）加强基础动作的训练，培养其耐心和情绪调节能力，提高驾驶技能的稳定性

不同性别学员的教学方案见表3-4。

不同性别学员的教学方案 表3-4

性别类型	优　点	缺　点	教学方案
男性学员	反应敏捷，能果断决策，接受能力强，能迅速掌握动作	缺乏耐心，对于教练员的指导经常保持独立见解，易于忽视交通法规	（1）加强安全教育，引导其树立良好的安全意识和培养遵守交通安全法规的自觉性； （2）反复严格地督促其练习基础动作，培养耐性
女性学员	温和心细，遵章守法，学习有耐心，动作柔和，行车谨慎	自信心稍弱，接受能力稍差，掌握动作较慢，处理情况犹豫不决，反应能力稍差	（1）多给予鼓励，增强其学习自信心； （2）有意识地到复杂的道路交通情境中去培养； （3）要顾及生理的特殊性，妥善安排训练的内容和时间

二 理论知识的形成规律

无论是对新知识进行学习，还是对旧知识进行巩固，都需要记忆的参与，理论知识的学习离不开记忆。记忆是包括“记”和“忆”的完成过程，所谓“记”是指识记和保持，这是记忆的前提和关键；所谓“忆”是再认和回忆，这是记忆要达到的目的，也是检验记忆的指标。

学员对知识记忆的过程总是伴随着对知识的遗忘。遗忘是指对识记过的事物不能或者错误地再认和重现。遗忘是在学习之后立即开始，且遗忘的过程并不是均匀的。最初遗忘速度很快，以后逐渐缓慢，最终基本稳定在一个水平上。可见，学习理论知识后，学员应当经常进行温习，这样便于知识的记忆。

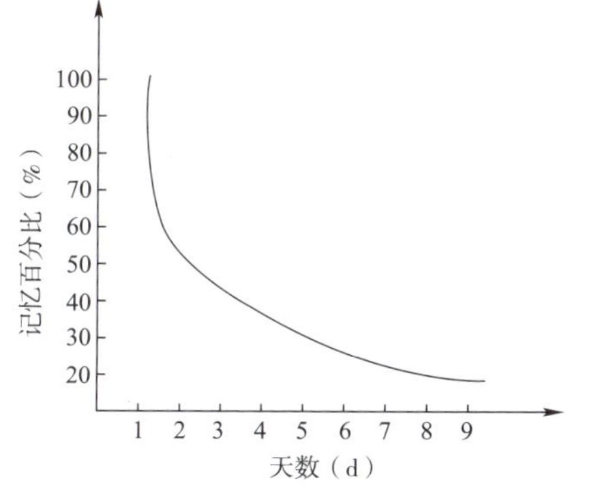

记忆遗忘曲线

相关研究结果表明，形象记忆比文字记忆更为容易，且记忆的时间更长久，即通过运用图片、动画或录像将枯燥的文字转化成形象的情境，这样有利于学员理解和长久记忆，并能更好地运用。

对于道路交通安全法律法规知识、车辆构造知识等理论性强、较为抽象的理论知识，学员由于理解困难而难以形成长时记忆。对于安全驾驶操作、车辆安全检视、伤员急救等实操性强、与情境结合紧密的知识，则学员容易形成长时记忆。

在培训过程中，教练员应尽可能地将抽象、枯燥的理论知识与实际驾驶情境相结合，教学内容贴近驾驶学员的生活，使教学内容形象化、趣味化，便于学员理解并形成长时记忆。比如，对于法律法规知识，可以运用多媒体技术建立不同的交通场景来向学员进行讲述；对于车辆构造知识，可以利用图像、模型等教学工具组织授课。另外，教练员还应当将理论知识学习与实操训练有机结合，提高学员对知识的运用能力，巩固记忆。

三 驾驶技能的内涵与形成过程

1 驾驶技能的内涵

在汽车驾驶过程中，首先，驾驶员通过视觉、听觉和触觉等获取道路交通系统中有关人、车、路和环境等多源交通态势刺激信息；其次，驾驶员根据已经掌握的通行规

则、驾驶经验或驾驶意愿等制定车辆跟驶、车道变换等驾驶决策；最后，驾驶员通过加速、减速或转向等操作来调整车辆运行状态。相应的，驾驶技能是驾驶员根据已经掌握的专业理论知识和安全行车经验，通过对交通环境的观察、分析和判断，采取恰当的措施，控制车辆安全行驶的能力。

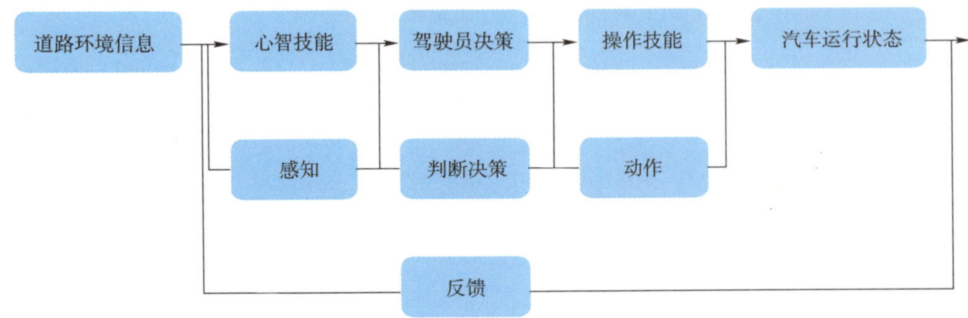

汽车驾驶过程示意图

驾驶技能包括操作技能和心智技能两个方面。操作技能是指驾驶员在驾驶过程中将一系列控制车辆运行的基本动作组合起来，协调而顺利地进行操作的能力；心智技能是驾驶员的内心认知能力，主要是指驾驶员判断和分析各种交通情况时，内部心理按照合理的、合乎逻辑的方式所进行的一系列心理活动。

2 驾驶技能形成的过程

驾驶技能训练包含着一个复杂的心理、行为动作的演变过程，是学员从操作技能到心智技能全面发展的过程。操作技能训练主要是告诉学员先做什么，后做什么，步骤非常明晰。心智技能训练主要是培养学员在一定速度条件下对交通环境的观察、判断、分析和决策能力，尤其是让学员形成安全第一的思维定式，将安全意识寓于驾驶操作之中，指导驾驶操作。

驾驶技能训练过程具有阶段性的特点，各阶段之间彼此联系，前一阶段制约后一阶段的发展。教练员掌握驾驶技能形成的基本规律，了解学员在各阶段不同的心理特征和动作特征，有助于科学合理地安排教学，达到良好的教学效果。驾驶技能的形成一般经过如下阶段：

1 掌握规范操作要领阶段

学员在初次接触驾驶技能培训时，虽然学习热情高、求知欲强，但缺乏对汽车驾驶的感性认识，往往表现得兴奋而紧张，因此这个阶段首先对学员开展机动车基本知识、道路交通安全法律法规等理论知识教学非常重要，使学员对所要驾驭的工具——汽车形成感性认识，使学员树立良好的法律意识、安全意识和社会责任感，有效缓解学员对驾驶训练的紧张感。

训练初期，学员缺少良好的心理素质，表现得异常紧张，注意范围小，不善于分配和转移注意力，顾此失彼、手忙脚乱，动作僵硬、呆板，多余动作、错误动作多。例如，学员初学驾驶时常紧握转向盘，肌肉紧

张，全身用力；起步时注意松抬离合器踏板却忘了踏下加速踏板；练习换挡动作时，因对挡位的位置不熟悉，边看变速器操纵杆边操作。

训练初期，学员对动作的内在技术规律并不完全了解，不能察觉自己动作的全部情况，难以发现缺点和错误。此外，学员在生活中形成的许多习惯动作与驾驶操作动作的方式不相符时，会干扰正确动作的形成。

该阶段对学员技能训练的要求基本为动作技能训练，心智技能训练要求较少。教练员可将比较复杂的驾驶操作分解成单一的操作动作，从基本动作练起，逐步达到熟练程度。督促学员掌握规范的操作方法，形成初级动作定势，逐步消除一些不协调和多余的动作。

2 基本驾驶技能的形成阶段

经过前一阶段的训练，学员已经掌握了基础动作，并在一定程度上形成了动作定势，动作准确性有所提高。学员能将一系列局部动作联结起来，但各动作还结合得不紧密，动作转换时常出现短暂的停顿，或者遇到新异刺激时，多余动作和错误动作可能会重新出现。例如，制动减速后不能及时减挡，造成拖挡行驶；加减挡操作的同时不能控制好方向，出现曲线行驶。

这一阶段，动作技能的培养与心智技能的培养趋于平衡。教练员可在环境相对简单的教练场地组织训练，包括倒车入库、坡道定点停车和起步、侧方停车、曲线行驶、直角转弯等专项训练以及场内道路训练。这些训练，一方面，加强学员各个动作之间的衔接，达到动作的协同；另一方面，融合心智技能的培训，提高学员对车体空间位置、车辆控制、行驶速度、距离、道路情况等的感知能力，促进动作技能的学习掌握。

已建立的动作定势并不是一成不变的，如果不再进行练习，动作定势还会消退，而且技术越复杂、难度越大，消退得也越快。因此，在训练中，对于复杂、难度大的操作技能，教练员应督促学员进行持续的练习和适当增加练习次数，使动作定势更加完善和巩固。

教练员不应过分强调教学进度，而应要求学员先在低速下训练，待学员的紧张程度有所缓解，能够随着情况的变化相对熟练自然地运用动作技术时，再逐步提高训练的车速。此外，教练员应注意结合训练培养学员行车前进行安全检查的习惯；培养学员车体感知、速度感知和车辆控制感知等方面的能力，观察、判断路况，正确进行处置的能力。

3 驾驶技能的熟练和完善阶段

通过场地驾驶训练，学员驾驶动作基本协调完善，动作自如、迅速，各操作动作连接成为一个有机的整体并逐渐巩固。学员处理简单的情况能够比较自然，随着道路交通情况的变化，能依照已形成的习惯，迅速、准确、熟练地进行操作。但是，学员对交通环境的分析、辨识还不完全到位，尤其是对于较复杂的交通情况，依然会表现出紧张。因此，这一阶段的关键是通过实际道路训练培养学员掌握一般道路条件下和夜间条件下的安全驾驶方法。

本阶段，对学员心智技能的培养比动作技能的培养更多，包括培养学员胆大心细、沉着果断的心理素质，对简单路况的心理适应能力和应急反应能力。

教练员应首先让学员学习处理交通情况的理论知识，尤其是险情预测、文明礼让行车等知识，并将安全意识培养贯穿始终。教练员应结合本阶段的训练，从观察能力、注意力、感知能力和情绪控制能力等方面入手，逐步培养学员的心智技能，帮助其积累安全驾驶经验。

实际道路训练相对比较危险，学员在开始训练时，还是会出现不适应，如学员在场地道路训练中已经熟练掌握的技能，可能在本阶段训练时又会出现错误。教练员应注意营造宽松的训练氛围，采取措施随时保证教学的安全。

4 综合训练和技能巩固阶段

学员通过前三个阶段的训练，一般道路驾驶训练科目已基本完成，操作动作熟练、自然，对道路的情况判断比较准确，随着道路情况的变化，能正确地处理一般情况；观察能力、注意力、感知能力、情绪控制能力不断提高，基本具备一般道路条件下的安全驾驶能力。但是，学员对各种特殊道路交通环境下的安全行车方法没有理性认识，应急驾驶水平较差。因此，本阶段主要训练学员自行设计行驶路线和特殊环境条件下模拟安全驾驶的能力，教授学员道路交通事故的预防、恶劣条件下的驾驶、高速公路驾驶及车辆常见故障处置等安全驾驶的理论知识。

在实际操作训练中，通过模拟教学的方式，使学员掌握高速公路、山区道路及恶劣条件下的驾驶方法。使操作技能和心智技能有机结合，进一步强化安全意识，操作更加熟练。同时注意对前段学习成果的巩固训练，强化驾驶应变能力的培养，注重考试科目的综合复习，在满足技能考试要求的基础上，使安全驾驶技能得到进一步的巩固。

四 学员操作技能的培养

1 操作动作形成的阶段特征

学员对操作动作的形成包括操作动作的定向、模仿、整合以及熟练四个阶段：

（1）学员从教练员的动作示范中首先是了解做什么、怎么做，对动作的结构和步骤建立定向印象。准确的定向印象可以有效地调节实际的操作活动，而缺乏定向印象的操作活动经常是盲目尝试，学习效率较低。

（2）建立动作印象后，学员通过模仿练习，将头脑中形成的定向印象以外显的实际动作表现出来，强化对动作的动觉感受，调节、控制动作的进行，使动作定向印象更完善，并得到巩固。

（3）对动作进行整合，使各动作相互结合，成为定型的、一体化的动作。通过动作整合，一方面动作结构趋于合理、协调，动作完成水平得以提高；另一方面，学员对动作的有效控制逐步增强。

（4）通过进一步训练，使所形成的动作对各种环境变化具有高度的适应性，动作的执行达到高度的自动化，动作熟练。动作的熟练是操作动作形成的高级阶段。

操作动作的行成，与教练员的示范讲解、学员的练习有密切的关系。教练员准确的示范与讲解有利于学员形成准确的定向印象和准确的练习模范，这是影响操作动作学习的直接决定因素。练习是各种操作动作形成所不可缺少的关键环节。在练习过程中，要注意根据学员的特点合理安排练习的量与练习的方式。

2 操作技能掌握速度呈现“先快后慢”的特点

学员训练初期成绩提高较快，而随着训练的进行，技能提高的速度逐渐减慢，最后趋于平稳，主要原因是：

训练初期，学员兴趣浓厚、好奇心强，学习的积极性非常高，接受新事物的速度较快。但是随着训练的深入，学员开始感到枯燥，甚至产生厌倦的情绪，不愿意接受新的挑战，学习效率下降。此外，教练员在训练初期把复杂的动作分解为一些比较简单的动作进行练习，学员易于掌握，进步较快。但是，逐渐地进行动作组合、动态下的协调训练时，学员只能通过大量的练习才能达到要求，因此，掌握的速度下降。

3 操作技能的掌握会出现波动，甚至倒退现象

训练过程中， 学员的技能出现时而进步快，时而进步慢的现象，甚至有时出现本来学得不错的动作，一段时间后会犯很多的错误。究其原因，主要有以下几个方面：

（1）与学员的个人素质、性格特征等有关。有的学员运动能力强而不善于观察、思考，场地训练进步快，而实际道路驾驶进步迟缓；有的学员驾驶比较谨慎，不敢提高车速，高速驾驶能力进步慢。因而， 有必要对学员因材施教，解决学员因“个性的局限性”而带来的训练难题。

（2）随着训练的进行，对学员提出新的要求，促使学员改进旧的动作模式，这种要求往往使学员的技能出现波动，甚至倒退。例如，学员初期掌握的慢节奏换挡方法，在进行快速换挡训练时，往往容易出现手忙脚乱的现象，甚至根本换不进挡。对此，教练员应热情鼓励，讲清动作要领，强化训练，促使学员熟练掌握技能。

（3）已建立的动作定势不反复练习，动作定式有可能消退，出现学员技能倒退的现象。此外，驾驶培训采取学时制的方法，虽然使得驾驶训练变得灵活，如果训练时间安排不合理，学员掌握的动作没得到巩固，可能出现前一次掌握的动作，下一次训练时又忘记的现象。对此，教练员应当制定合理的训练计划，保证学员训练的连续性，并强调学员课后的自我练习。

4 学员紧张状态和多余动作逐渐消失

学员在掌握基本动作阶段，表现出紧张，并且出现多余动作。这主要是因为学员在开始阶段对汽车驾驶没有理性的认识，对新知识往往表现出新奇而又畏惧的心理。随着系统的理论培训和实操训练，学员的动作逐渐形成定式，并通过感知觉控制自动完成，因而错误和多余动作逐渐减少。同时，学员控制安全驾驶的能力逐渐增强，对驾驶越来越有信心，因而紧张情绪得到缓解。

5 视觉控制作用减弱，感知觉控制作用增强

驾驶训练的初期，学员通过视觉观察教练员的示范动作，记住动作的顺序和轨迹，形成动作的视觉记忆，并借助视觉来指导操作。此时，学员肌肉运动感知能力较差，出现抓不到变速器操纵杆，找不准挡位等情况。随着系统的训练逐步深入，学员肌肉运动感知能力逐渐加强，形成有关动作的习惯性和连贯性，并替代视觉来指导操作，最后达到“放松自如”的操作。

五 学员心智技能的培养

学员是否具有良好的安全意识和驾驶技能，能否安全地驾驶车辆，不仅取决于学员良好的驾驶操作技能，还有赖于对学员良好的心理素质（情绪控制、观察、分析、判断和处理交通情况等能力）的培养。

1 培养学员的情绪控制力

情绪是人们对客观事物所持态度的外在表现，对安全行车有很大的影响。与安全行车有关的不良情绪通常表现为恐惧、紧张、急躁、骄傲自满和犹豫不决等。

① 克服恐惧、紧张的情绪

在训练的初期或紧急情况下，学员会出现恐惧和紧张的心理，它不仅是造成事故的重要原因，而且是驾驶技能形成和发展的严重障碍。因此，在训练初期，教练员对学员要求不能过高，可适当放慢训练的进度以缓解紧张情绪，并让学员在成功中树立自信，克服恐惧心理。如：教练员不能因学员操作错误而加以指责，而要对学员耐心辅导，训练中使用“慢慢来、不要紧”、“没关系、再来一次”等文明用语，努力营造宽松和谐的学习氛围，缓解学员紧张情绪和畏难的心理。

② 克服急躁情绪

有些学员因屡学不会而产生急躁情绪，反而出现操作失误越来越多的现象。教练员可以在学员每次完成动作后，通过语言沟通等方式让学员放松，并帮助学员分析错误的原因，加强学员对动作的认识，或者停止当时的训练科目，选择其他难度低一些的科目进行训练，转移学员的注意力，在学员的情绪得到放松之后，再找机会帮助分析原因，寻求解决的办法。

③ 克服犹豫不决的情绪

学员遇到新情况时会不知所措，表现出犹豫不决，尤其是性格内向的学员。例如，在驾驶训练过程中，有些学员在条件允许的情况下，会出现想超车而又不敢超车的情况。教练员可先要求学员操作要规范，并在

此基础上引导学员加强复杂交通情况下的训练，提高准确观察和判断交通情况的能力，鼓励学员大胆操作，积累安全行车的经验。

4 克服骄傲自满的情绪

有些学员进步比别人快，往往内心会产生骄傲自满的情绪，觉得自己的驾驶技能掌握得很好了。此时，学员很难发现自己存在的问题，也听不进别人的批评和意见，这种情况会造成学员的训练成绩出现停顿。教练员对于这种类型的学员，可以加大训练的难度，要求其发挥在群体中的示范作用，对所犯的错误可以适当给予批评。

2 培养学员坚强的意志

意志是指自觉地确定目的，支配行动，克服困难的心理过程。驾驶员在长时间单调的驾驶训练中，往往会处于注意力分散或疲劳等不安全的状态。驾驶员如果没有坚强的意志，克服生理和心理上的各种障碍，很难保持良好的安全行车状态。因此，教练员有必要在训练中加强对学员意志品质的培养。

教练员在培养学员坚强意志的同时，应当遵守以下几方面的原则：

（1）使学员明确学习训练目标。学员有了明确的训练目标，会增强训练的自觉性，会主动积极地创造条件去实现目标。

（2）训练遵循先简单后复杂的原则，让学员在成功中树立战胜困难的自信心。

（3）针对不同类型的学员，采取相应的教学措施。

3 培养学员的注意力和观察力

注意力是人的心理活动对一定事物的指向和集中。驾驶员的注意力，是指驾驶员在训练中，心理活动有选择地指向和集中于一定的道路交通信息上，直接影响驾驶技能和安全行车。例如心绪烦乱、过度紧张和思维不敏捷等均会影响学员的注意力。教练员可从以下几方面入手，培养学员良好的注意力：

1 引导学员扩大注意的范围

注意范围是指驾驶员同一时间内感知对象的数量。丰富的驾驶知识和经验，善于对各种信息的特征进行分析，是扩大注意范围的基础。相对男性学员或外向性格的学员来说，女性学员或内向性格的学员往往更易于集中注意力，但是注意的范围可能会相对小些。教练员可以有意识地引导女性学员和内向性格的学员拓宽视野，把握全局，从而扩大自身的注意范围。

2 培养学员正确观察的能力

学员在初学驾驶时，观察能力很差，随着训练的进行，将会逐渐增强。比较典型的观察错误表现为：学员长期观察交通情况

的次要细节，而不注意观察影响安全驾驶的危险目标。教练员首先可以通过理论讲解行车过程中需要观察的内容。例如，道路的条件、路面其他车辆或行人的状况、道路两旁的标志等，分析交通情况的危险程度以及应对方法，并在实际训练中引导学员主动运用理论知识去指导观察和分析，形成预见性驾驶的习惯。

③ 培养学员注意力集中的习惯

注意力集中是指驾驶员把全部精力集中到驾驶活动中，对其他事物的干扰有抵抗能力。男性学员、年轻学员或外向性格的学员喜欢新事物，比较情绪化，在驾驶过程中，难以长时间集中注意力。在每次训练的过程中，学员一进入驾驶室，教练员就应要求学员抛开一切与训练无关的事情。当感觉学员注意力不集中时，教练员可以适当提醒学员把注意力转移到驾驶训练中。

④ 培养学员分配注意力的能力

注意力分配是指学员在同一时间内，把注意力分配到两个或两个以上的目标上。如果不善于分配注意力，往往容易顾此失彼，尤其在复杂的交通情况下，易于发生事故。熟练的操作是分配注意力的基础，因此，教练员要加强学员的基本动作和动作协调性训练，提高学员动作的熟练程度，从而可以促使学员把注意力集中于应付道路交通状况上。

⑤ 提高学员注意力转移的速度

注意力转移是指有目的、及时地把注意力从一个对象转移到另一个对象，同时控制操纵动作的相应转换。注意力过于集中或过于紧张，往往会加大转移的难度，因此教练员可以为学员营造一个宽松、和谐的驾驶环境。女性学员或年龄较大的学员，注意力转移的能力相对较差，教练员对于这类学员，可以适当加强训练。

4 培养学员的感知能力

（1）对车体的感知能力是指驾驶员对所驾车辆的空间外形特征，如车辆的长、宽、高、离地间隙、前后轮距、轴距和轮胎位置等，有非常准确地把握。只有具备这种感知能力，才能保证车辆行驶时，与外部障碍物、交会车辆保持适当的横向安全间距，并准确地控制车辆位置，正确选择安全通过的空间，达到安全行车的目的。

教练员可以首先在静态训练项目中培养学员对车辆的空间外形做到心中有数，然后结合场地驾驶训练和实际道路训练的特定项目训练。例如，在“停车入位”、“窄路驾驶”等项目训练时，先低速后中、高速，帮助学员逐步形成精确的车感。

（2）对车速的感知能力是指驾驶员能判断所驾车辆和其他车辆的行驶速度的能力。正确感知车速，是选择合适的挡位、掌

握会车和超车的时机与地点的基础。遇到险情时，根据车速感知来预测安全距离，并采取相应的应急措施，避免事故的发生。

教练员在驾驶训练的过程中，让学员通过观察车速表来控制好车速，然后体验在不同条件下各种车速的视觉、听觉感受，适当选取观察目标，体会目标物往后移动的速度。可让学员先根据自身视觉、听觉来判断车速，然后观察车速表的时速，找出误差的原因，反复练习。引导学员运用已有的车速感，对迎面来车等运动物体的速度进行判断，预测交会地点，并反复练习。

（3）对道路的感知能力是指驾驶员驾车在各种道路上行驶时，道路情况对安全行车影响的感知能力，如前方道路的宽度能否保证两车的安全交会，涵洞、隧道的净高度能否保证车辆通过，坡顶后面的道路情况将会怎样等。驾驶员除了要注意观察道路两侧外，还要善于分析道路上其他车辆留下的痕迹特征，借以判断道路的情况。

教练员可以先让学员学习一些与道路有关的知识，例如行车过程中道路线形的变化、不同路面的附着能力等，并结合实际驾驶训练，在具有代表性的路段、路面上停车，仔细观察道路的特征、路面轮胎碾压痕迹与道路路面的变形情况等，讲解各种情况下的驾驶技巧。

（4）对车辆控制的感知能力是指驾驶员在驾驶车辆过程中，手和脚不断变换操纵车辆时，对身体肌肉活动的感知能力。如手转动转向盘的快慢和幅度，脚踩踏制动踏板力量的轻重缓急等。这种感知能力有助于驾驶员正确地控制车速、行驶方向和车体的位置，尤其是在紧急情况下，实现操作动作的准确、自动化。

教练员在训练初期的静态训练过程中，可以让学员反复练习基本操作动作，掌握动作的细节、规律和动作之间的协调性，体验肌肉知觉感受；在训练后期的实际驾驶训练过程中，引导学员利用肌肉感知觉指挥操作，检验感知觉指挥操作的正确程度。

（5）对危险的感知能力是指驾驶员对于周边交通环境的主观判断，正确判断所存危险的能力，尤其是对潜在危险的正确判断。例如，感知路边临时停靠的车辆的潜在危险。

学员对危险的感知能力与交通复杂程度、学员的安全意识、观察能力、注意力集中程度、车体感知能力、车速感知能力、道路感知能力、预见性驾驶知识和驾驶经验等有关。在理论教学中，学员具备了基本的驾驶知识后，教练员即可讲解道路通行的规定、各种交通参与者的交通特性等，并利用多媒体教学手段，直观地介绍不同交通情况下可能出现的险情，提高学员的预见性驾驶能力。

在实际操作训练中，教练员应首先培养学员的车体感知能力、车速感知能力和道路感知能力等，并结合跟车行驶、会车、超车、各种道路条件下的实际安全驾驶训练项目，以及通过模拟器进行的恶劣天气条件下的训练项目，逐渐培养学员对危险的感知能

力。此外，教练员应当让学员树立良好的安全驾驶意识、文明驾驶和礼让行车的意识。

（6）应急反应能力是指驾驶员对紧急情况的处理能力。行车过程中，紧急、突发事件比较多，需要驾驶员迅速作出决策，例如前方停止车辆前面突然出现小孩横穿马路、在高速公路行驶过程中轮胎突然爆裂等。如果驾驶员缺乏处理紧急情况的知识和经验，不知如何应付，往往表现出紧张、不知所措或误操作，导致交通事故的发生。因此，教学过程中有必要对学员进行相应训练。

对于初学驾驶的学员来说，由于没有驾驶经验，实际的应急反应训练往往比较危险，教练员可在学员已经掌握了一定的安全驾驶能力后，在理论课上向学员介绍各种可能的紧急情况，说明基本的应急措施和预防措施。条件允许的情况下，采用驾驶模拟器进行应急驾驶训练。

第二节 常用教学方法

教学方法是指以完成教学任务、实现教学目标为目的，教练员与学员共同完成教学活动的程序、方法与措施，包括教练员“教”的方式方法与学员“学”的方式方法。常用的教学方法有讲授教学法、演示教学法、示范练习教学法、模拟教学法等。教练员根据教学项目、教学内容、教学目标、学员特点和教学条件等因素，灵活地、创造性地选择和使用教学方法，并通过观察了解学员的学习情况，对教学方法进行适当的调整，可以有效提高教学效果和教学质量。

一 讲授教学法

讲授教学法是指教练员用讲解、述说等形式向学员系统地传授知识的教学方法，属于教练员和学员之间“传授—接受”式的教学方法。运用讲授教学方法，教练员可以按照培训教材的逻辑顺序，通过合乎逻辑的分析、生动形象的描述、启发诱导式的设置疑问，使学员在短时间内获得较全面、系统的知识。

1 讲授教学法的方式

讲授教学法主要有讲解、述说两种方式：

讲解是指教练员针对某个主题，向学员作解释。在讲解过程中，教练员要注意表述条理清晰，语言的表达通俗易懂且用语文明。此外，教练员在讲解之前，应说明所讲解内容的教学目的。例如学习“道路交通安全法”、“节能驾驶方法”的意义等。

述说是指教练员讲述亲身经历、见闻或现实生活中发生的事情，例如与自己熟识的驾驶员的经历，某次轮胎爆裂时的驾驶经历等。教练员在述说前应先告诉学员准备讲述故事。在讲述过程中，学员会产生身临其境的情景，并将该主题铭记在心。此外，讲述的目的必须明确，最好设置一个悬念，一般在故事的结尾揭开悬念。

在讲解和述说的同时，教练员往往会根据内容的需要，穿插运用多媒体动画、录像、图片、实物和模型模具等对所述内容进行演示。

2 讲授教学法的特点

讲授教学法在教学活动中是最为重要的教学方式之一，主要特点有以下五个方面：

（1）教学效率高。教练员能够在短时间内，直接、系统地传授驾驶教学中的专题知识和技术原理，为后续实际操作训练打下基础。

（2）教学的主动性强。教练员比较容易控制教学内容和教学时间，有利于教练员充分发挥教学的主导作用。

（3）具有较强的适应性和灵活性。教练员能够根据学员的反应，及时调整授课进度，吸引学员的注意力。

（4）讲授过程中穿插演示教学，有助于培养学员的观察能力和思维能力，激发学员学习的兴趣，调动学员学习的积极性。

（5）这种方法的实施效果，很大程度上取决于教练员个人的语言表达能力，不同的教练员实施此方法时，效果会有很大的差异。在教学过程中，如果教练员把握不当，容易造成学员在教学过程中处于被动思维和被动学习的状态，影响学员学习的效果。

3 讲授教学法的应用

讲授教学法的应用相当广泛，可以应用于理论教学的各个教学项目，特别是对于内在逻辑性强或需要做总体概况介绍、关联分析和说明的教学内容，采用讲授教学方法进行教学非常有效。如在介绍道路交通安全法律、法规制定背景和法律体系的框架结构时，宜采用讲授教学方法。

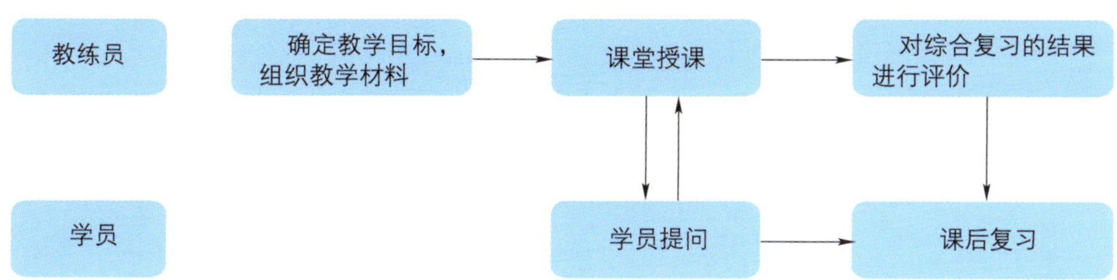

讲授教学法示意图

讲授中穿插的演示教学是以直观感知为主的教学方法，适合于抽象内容的教学。例如，驾驶培训教学大纲中第一阶段的“车辆结构常识”、“车辆性能”，教练员可以采用直观教学模型或多媒体动画来教学；第三阶段的“文明礼让”，可以采用教学磁板设置各种场景来完成。

讲授教学法应用时的注意事项：

（1）教练员应当在讲课前应认真备课，熟练掌握教学大纲和教材中重点、难点，熟知学员必须掌握的基础知识、重点内容及难点。

（2）在讲授时，先让学员对教学项目形成基本的认识，在学习过程中做到心中有数。

（3）在讲授时，要抓住教学重点和难点，突出主题，语言流畅、生动有趣，条理清楚，层次分明，时间控制合理。

（4）在讲授时，教练员讲述的内容富有启发性，并适当运用直观的教学手段，如多媒体课件教学，使教学内容深入浅出，便于学员理解，还能够激发学员兴趣，使学员的思维活跃，引导学员产生学习的内在动力。

（5）教练员要围绕教学目标选取课后复习的内容，同时考虑到教学内容的难易程

度、学员现有的知识结构和学习能力。

在运用演示教学时，教练员还需要注意以下事项：

（1）教练员应当根据教学内容和教学目的选取合适的演示工具，并在课前预演一次。

（2）教练员可以先讲解内容再进行演示，也可以先演示再进行讲解，还可以边演示、边讲解。演示时，应尽量让学员都能看清楚演示的过程。

（3）在演示前，教练员要提出明确的观察要求，让学员带着问题观察，引导学员把注意力集中于演示内容的主要方面。

（4）每次演示的时间不宜过长，否则容易造成学员的注意力不集中。

二 示范教学法

示范教学法是按照学员操作技能的形成规律，遵循由易到难、由简到繁、循序渐进的原则，通过对训练科目动作的分析，将其分解为若干相互衔接的简单基本动作，向学员进行讲解、示范；同时，让学员通过模仿练习，掌握基本动作并整合形成连贯动作，最后熟练掌握动作，并形成动作定势的教学方法。

1 示范教学法的特点

（1）培养学员的感性认识，建立动作定向印象。教练员通过自己的示范和讲解，使学员对动作获得感性的认识。

（2）便于学员理解和模仿。示范教学法强调学员的观察能力和领悟能力。在实施过程中，教练员先给学员示范动作要领，学员在旁边观察、理解并加以模仿，通过反复练习掌握该动作。

2 示范教学法的应用

示范教学法是教练员在实操教学中常用的方法之一，尤其是在学员学习基础驾驶阶段，如教学大纲第二阶段的“操纵装置的操作”和“场地驾驶”等。

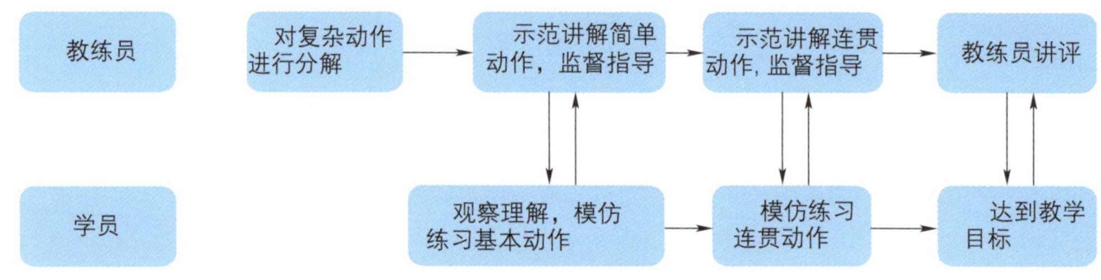

示范教学法示意图

示范教学法应用时的注意事项：

（1）教练员对训练科目的动作本身要有深刻的认识，能够对复杂动作进行合理的分解。

（2）训练开始时，教练员先介绍与本次训练相关的基本知识，让学员明确练习的目的和要求。

（3）教练员在进行动作示范前，先对动作进行简单的讲解，再准确、规范地进行示范（也可以适当夸张地示范某个动作过程，便于学员看清来龙去脉），在学员练习过程中，要随车指导，及时纠正错误动作。

（4）教练员指导学员练习，要循序渐进，先求动作的准确，再求动作的迅速；每次练习的时间不宜过长，次数不宜过多，避免重复性练习使学员对学习过程感到枯燥乏味。

（5）教练员应利用训练中间的休息时间或在当天训练结束前，对学员练习的效果进行讲评，使学员了解训练的结果，包括训

练中的进步和不足，明确今后训练的重点，保持练车的积极性和热情。

三 模拟教学法

模拟教学法是在教练员的指导下，通过创设一种情景和条件，让学员在这种情景和条件下反复练习，进而获得驾驶知识和驾驶技能的方法。模拟教学法包括模拟设备教学和模拟情景教学。

模拟设备教学以硬件模拟设备或多媒体动画模拟软件作为教学的支撑，如采用驾驶模拟器进行冰雪天、雨天等特殊天气下的驾驶模拟训练。模拟情景教学是指模拟某一驾驶活动，如模拟车辆突然发生故障需要临时停车，让学员模拟现场处置；在教练场内道路设置障碍，让学员模拟通过障碍物路段的训练等。

1 模拟教学法的特点

（1）模拟教学法是一种行为引导型教学模式，学员通过模拟角色、模拟操作程序等，达到理论与实际操作的统一。

（2）模拟教学法有助于学员获得感性认识、建立动作定向印象，提高学员上车训练的心理适应性，帮助学员更牢固地掌握知识和技能。

（3）模拟设备教学具有很好的安全性，可以避免学员因操作失误而产生不安全的后果，学员一旦失误可重新再进行操作。

2 模拟教学法的应用

模拟教学法可用于学员的基本动作训练、恶劣条件下的驾驶等教学项目。例如，教学大纲第二阶段实际操作部分的“操纵装置的操作”、“模拟紧急情况处置”等。

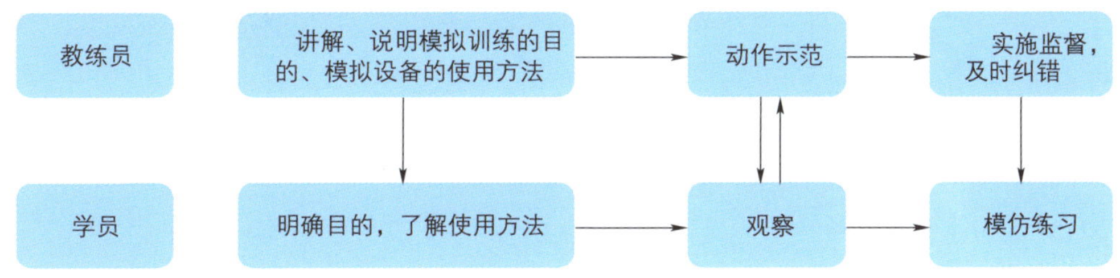

模拟教学法示意图

模拟教学法应用时的注意事项：

（1）在开展模拟训练的过程中，教练员应当对学员的训练进行监督，发现错误及时纠正，对学员的训练效果进行评价，及时调整训练。

（2）教练员要注意培养学员良好的安全意识，引导学员在训练过程中形成严肃、认真的训练态度，避免不良习惯的养成。

（3）模拟情境训练中，教练员要注意保障教学安全。

四 训练与复习教学法

训练与复习教学法是通过综合训练，让学员综合运用和检验所学的知识和技能，尽可能地使学员的技能掌握程度达到培训要求的教学方法。

1 训练与复习教学法的特点

（1）训练与复习教学法是对学员训练效果的一种阶段性总结。学员训练完成一个阶段后，教练员应当及时对学员进行考核，以便了解学员上一个阶段的训练效果，确定能否转入下一个阶段的训练，或者确定在下一个阶段的重点训练内容。教练员在训练过程中，对自己的教学还需要做哪些改进，从而实现教学阶段的协调性与持续性。

（2）提高训练的针对性。学员通过阶段性的综合训练，可以认识到自己存在的不足，以便在后续阶段提高训练的针对性，做到有的放矢。

（3）巩固所学的知识。学员通过阶段性的综合训练、复习已经学过的科目，巩固所掌握的知识并在大脑中形成深刻记忆，将学过的东西长期储存到大脑中并由此将机械动作转变成下意识的动作。

2 训练与复习教学法的应用

教学大纲把学员的驾驶培训分为三个阶段，并在每个阶段规定了一定学时的综合复习及考核。教练员可以根据教学大纲的安排，在每个阶段结束或者更为灵活地在每个训练科目结束时，结合先进的教学手段，采用训练与复习教学法。例如，教练员采用教学磁板或多媒体动画模拟软件考核学员对“文明礼让”知识的掌握程度。

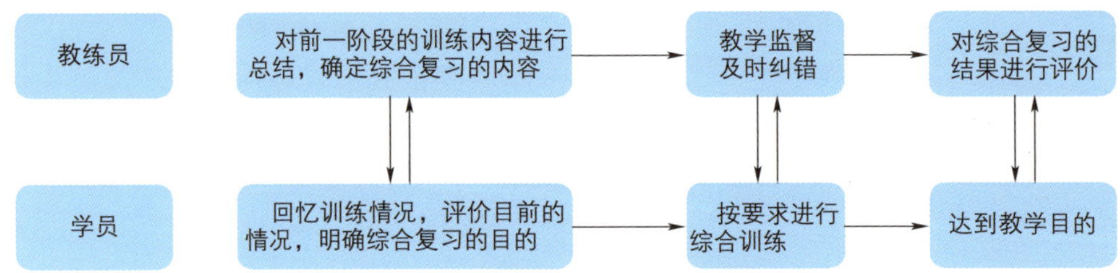

训练与复习教学法示意图

训练与复习教学法应用时的注意事项：

（1）教练员选择综合复习的时间要适当。

（2）每次综合复习完成之后，要进行分析，以便在下一阶段中能有针对性地进行训练。

（3）综合复习的内容要与学员培训的目的和要求相吻合。

如何选择教学方法

教练员可以按照以下原则选择合适的教学方法。

1. 根据驾驶培训教学项目的特点进行选择

驾驶培训的教学目的和教学任务要通过具体内容和教学项目的教学得以完成，教学方法要满足具体训练项目内容的需要。例如，理论教学适宜选用讲授、演示和自学辅导的方法，而实操训练需要通过实际动作训练才能达到目的。

教练员应根据各阶段目标组织实施教学，并结合整体目标，正确地把握所承担的具体教学项目以及每个课时所要达到的教学目标和教学任务，科学地选择教学方法。

2. 根据学员的学习特点进行选择

学员的知识储备、生理和心理等诸方面的存在差异，影响其对驾驶技能的学习能力，例如，有的学员动作掌握得快，而有的学员动作掌握得慢。教练员应当以人为本，在了解学员的生理和心理特点、学习的自觉性和学习态度、对各种教学方法的接受程度等基础上，选择合适的教学方法。如果学员学习能力强，学习进步快，可以多采用讲授、练习等方法；如果学员学习基础较差，学习进步慢，则可以多采用演示、示范等更为直观的方法。

3. 根据教练员自身的条件进行选择

选择教学方法要符合教练员自身的特点，包括教练员对教学方法及其运用范围的了解程度、运用教学方法的能力、教学风格和习惯等。教练员要注意扬长避短，选择自己擅长的教学方法。例如，口头表达能力强的教练员，运用讲授教学法效果较好；擅长操作教学的教练员，运用示范教学法、模拟教学法等教学效果较好。

4. 根据教学项目的时间安排及教学设备等条件进行选择

各种教学方法实施的步骤不同，要求的教学时间会有差异。教学条件的不同，也会对教学方法的选择有限制作用。因此，一方面，应当按照相关要求选购教学设备，规范设计教练场地，为教练员组织教学创造良好的条件；另一方面，教练员应当根据教学大纲以及教学安排，科学选择教学方法，并在限定的时间内完成教学任务。

第三节 常用教学手段

教学手段是指教练员在教学活动中，为达到预期的教学目标，用来与学员相互传递信息的工具、媒体或设备。常用的教学手段包括多媒体、教学磁板、教练车、驾驶模拟器、教学模具等。多媒体、教学磁板和驾驶模拟器等现代化教学手段的应用为教练员提供了直观表述教学内容的基础，使教学变得更加直观、灵活和互动。直观的教学手段使学员更容易理解和接受，互动的教学手段能够充分调动学员学习的兴趣和主动性，使他们经过自己的独立思考，融会贯通地掌握知识，提高分析问题和解决问题的能力。

在教学活动中，教学手段的选择只是教练员实现教学目标的工具，它服务和从属于教学内容与教学目标。因此，教练员在优先选择现代化教学手段的同时，不能一味追求新奇，违背教学项目训练的基本原理和实际需求，而应当注意传统教学手段和现代化教学手段的有机结合。

一 多媒体教学

多媒体是综合计算机、图像处理、教育学等众多学科与技术的一门综合性技术，集文字、图形、图像、声音和动画等多种信息于一体，能充分调动学员的视觉和听觉感官。多媒体教学指在驾驶培训过程中，教练员根据教学目标和教学内容，通过教学设计，合理选择和运用现代化的教学设备，并与传统的教学手段有机结合，共同参与教学的全过程，以多种媒体信息作用于学员，形成合理的教学过程结构，达到最优化的教学效果。

1 录像教学

录像是指根据教学内容和教学目标的需要设置某些场景，利用摄像设备录制下来，并配以相应的解说，从而形成兼具视觉信息和听觉信息的教学素材。教学过程中，教练员通过影视播放设备和投影幕等，向学员展现符合本次教学项目的录像，帮助学员理解和掌握该部分知识。例如，在讲授道路交通安全知识的同时，播放相关的事故案例教学录像，促进学员安全意识的培养。

1 录像教学的特点

录像教学能够直观、真实地向学员解读某个教学主题，具有如下特点：

（1）教学内容具有真实性。录像通常反映真实的场景，不包含夸张的成分，学员在观看教学片的过程中，会有一种身临其境的感觉，从而激发学员的学习兴趣，提高他们的理解力。

（2）教学的风格统一。录像的教学场景、解说语气和速度等在制作过程就已经确定，在教学过程中始终保持统一，从而完全可以克服因教练员教学风格、教学能力的差异所带来的不同教学效果的问题。

（3）教学具有重复性。录像能够被重复使用，因此，学员不易理解的地方，教练员可以有针对性地重复播放。

2 录像教学在驾驶培训中的应用

录像教学主要用来警示学员树立遵章守法的意识，或者根据某个教学主题，讲授安全驾驶的理论知识。例如，《教学与考试大纲》第一阶段理论部分的“法律、法规及道路交通信号”、“机动车基本知识”以及第三阶段“安全、文明驾驶”。

教练员运用录像教学时，有以下几方面的注意事项：

（1）教练员要根据教学内容和教学目标的需要选择录像素材。

（2）选择播放录像的合适时机。对某个问题带有探讨性和设问性的录像片段，适宜在刚开始上课就给学员播放，引出本次教学的主题；对某种现象带有解释性的录像片段，则适宜在教练员对该问题有一定的分析后再播放，让学员更容易理解；对教学内容带有总结性的录像片段，则适宜在本次课即将结束时播放，以加深学员的印象。

（3）录像片断的连续播放时间不宜过长。通常来说，人专注于某一事物的时间比较短，几分钟之后，人的眼睛会开始寻求新的目标。因此，录像片断的连续播放时间过长，学员容易注意力不集中。

（4）对录像作适当的讲评。虽然很多录像配有专业的解说，但是，需要突出的地方，教练员还是应当作适当的讲解，以突出教学的重点、难点。播放结束后，尤其是较长的录像片段播放结束后，教练员应当作简单的总结，以加深学员的印象。

2 动画模拟教学

动画模拟教学是指在教学过程中，利用动画模拟软件来表现某个主题或者解释某种现象。例如，模拟真实的交通场景或者模拟汽车某总成的工作原理等。它能够增强教学的生动性、趣味性，提高学员学习的兴趣，从而达到良好的教学效果。

1 动画模拟教学的特点

动画模拟应用于教学具有以下几方面的特点：

（1）教学内容直观。动画模拟软件不仅可以模仿简单的交通场景，还能够将比较复杂、通常难以捕捉的交通状况非常直观、形象地表现出来。

（2）教学过程生动、有趣。动画中的元素表现形式灵活多样，整体风格比较活泼，视觉效果好，容易吸引学员的注意力，从而可以调节严肃的课堂气氛，使教学变得更加生动有趣。

（3）教学更具互动性。动画模拟软件能够提供对交通参与者行为正确或错误的自动判断功能。教练员可以让学员参与到模拟过程中，检验学员对教学内容的理解和应用程度，并通过互动教学的方式，强化学员的印象，增强学员对教学内容的理解和掌握。

（4）教学更为灵活。动画模拟软件可以非常方便地提供大量的典型交通场景案例，如交叉路口交通冲突的解决、通过环岛的正确驾驶等，而且在案例中可以从不同交通参与者的角度来观察目前的交通状况，培养学员观察、分析和解决问题的能力。

2 动画模拟教学在驾驶培训中的应用

动画模拟教学主要用来将比较复杂、通常难以捕捉的交通场景，直观、形象地表现出来，如第一阶段的“车辆结构常识”，第三阶段理论部分的“文明礼让”等教学项目。

动画模拟教学可以使教学变得更加生动有趣，但是教练员需要注意以下几方面的问题：

（1）模拟演示的时间分配不宜过多，能说明主题即可。动画模拟交通场景时，往往忽略了很多次要的因素，从而与现实情况之间存在着差异。适当的演示可以提高教学的直观性、生动性，提高学员学习的效率。但是，过多的动画演示又会使教学偏离实际，难以达到教学目标。

（2）针对演示的内容及时作出解释。动画的表现生动活泼，有时还略带夸张，因此，需要教练员对演示的内容及时作出解释。一方面，突出教学的重点、难点；另一方面，加强学员对知识的理解。

（3）增强学员的参与意识。动画模拟教学可以提高学员学习的兴趣，但更重要的是培养学员学习的主动性，提高教学互动性。因此，教练员要提醒学员不仅是观看，更多的是要参与到教学活动中来。

3 多媒体课件教学

多媒体课件是以计算机、多媒体等技术为基础，以学员为中心的计算机辅助教学工具。

1 多媒体课件教学的特点

多媒体课件教学具有以下几方面的特点：

（1）课件中只需体现纲要性的内容。多媒体课件在制作过程中，要根据教学内容和教学目标，明确教学主线，把教学的重点、难点体现出来。在教学过程中，需教练员熟悉教学内容，能根据提纲进行内容的扩展，教学主题和层次性非常清晰。

（2）不受听课人数的限制。利用投影仪把多媒体课件投放至投影幕上，即使是在学员众多的情况下，教练员的授课效果也不会受到影响。

（3）信息资源广泛。多媒体课件能够集成文字、图形、图像、动画和视频等多种媒体信息，具有强烈的视觉效果，使学员的抽象思维与形象思维有机地结合起来，增强学员学习的兴趣。丰富的信息资源在扩大教

学知识信息量的同时，还能明显地提高教学效率，产生良好的教学效果。

2 多媒体课件教学在驾驶培训中的应用

在理论授课中，课堂演示型多媒体课件教学应用非常广泛，教学大纲三个阶段的理论教学项目均可运用该种方法。

教练员在制作课件、选择课件和运用课件教学时，有以下几方面的注意事项：

（1）教学课件应当围绕教学内容和教学目标。教学课件是教练员授课的提纲和导向，如果与教学内容和教学目标有偏差，往往易使教练员偏离方向。

（2）课件应当有明确的主线。课件内容由表及里，便于学员对知识体系进行归类，使学员自如地掌握纵横线索，增强学员的问题意识，提高解决问题的能力，培养学员善于思考、善于设计以及高度概括的能力。

（3）适当插入图形、图像和动画等媒体信息，使授课形式新颖、活泼和形象。例如，教练员在讲授道路交通安全法规时，可以在教学课件中插入利用数码相机等工具采集的真实道路交通事故图片，或插入预先录制的一段录像。

小知识

网络远程教学的特点

网络远程教学是利用计算机技术和互联网技术对学员实行远程教育的教学模式。与现场多媒体教学模式相比，网络远程教学具有以下优点：

（1）除继承了图文并茂、形象直观、表现力丰富等特点外，还可以使学员在不同的计算机终端上随时随地学习，不受空间、时间等因素约束；

（2）可以使学员在按要求完成学习任务的情况下，结合自己的兴趣和疑问点自由在线选择学习内容；

（3）可以为学员提供更丰富的安全驾驶知识信息，提供模拟测试、在线交流等学习功能；

（4）可以自动对学员身份进行判定，记录学员的学时、学习内容等信息，实施远程自动监管。

二 教学磁板教学

教学磁板是一种集道路交通背景、交通参与者、交通标志标线、交通信号灯和警察等各种交通元素于一体，可根据教练员教学的需要，灵活组建各种具体交通场景的软件。教学磁板可以通过各种交通元素的灵活组合，搭建出教学需要的交通场景，从而使驾驶培训教学更加直观、灵活和互动。

1 教学磁板的特点

教学磁板教学属模拟教学的范畴，通过情景融合、交通元素的灵活组合以及教练员与学员之间的互动，来帮助学员建立印象模式，主要有以下几方面的特点：

1 交通元素全面、场景组建灵活

道路交通场景不外乎由人、车、路和环境四要素组成，而教学磁板内设了各种典型的交通参与者、符合国家标准的全部道路交通标志标线以及各种道路交通背景，因此，教练员可以利用磁板软件所包含的交通元素灵活地组建交通场景。

2 教练员与学员间的互动性强

教学过程中，教练员配置好交通场景

后，可以针对该场景设置各种问题，和学员共同探讨正确的驾驶行为方式，并通过交通元素位置的灵活变化，模拟出各种交通行为的后果，增强学员对知识的理解能力和知识的应用能力，提高学员学习的主动性，克服“灌输式”教学导致的枯燥感。

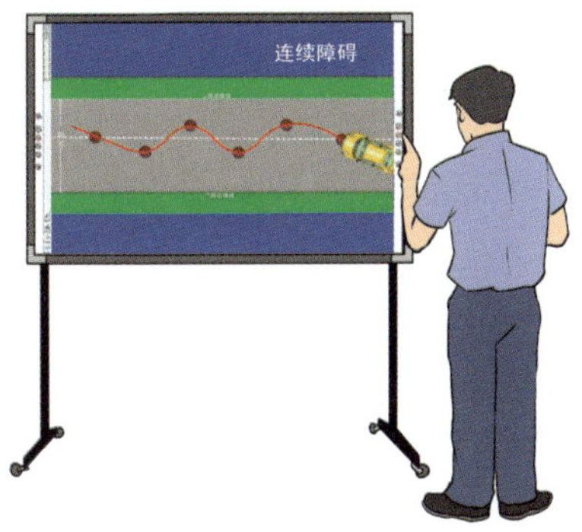

3 教学内容直观、生动

交通场景，尤其是复杂的城市交通场景，教练员很难单纯地用语言解释清楚。因此，教练员可以借助画面演示等直观、逼真的方式，帮助学员加深理解。例如，教练员进行“弯道和曲线驾驶”教学时，可以借助教学磁板给学员分析车辆在弯道的受力情况、弯道行驶时的潜在危险和提前减速行驶的必要性等。

4 教学素材多样

教学磁板除了能利用已有的交通元素灵活地组建各种交通场景外，还有助于教练员对教学素材的拓展。教学磁板能够保存教练员自行收集的教学背景图片，以增强教学磁板的地区适应性和教学的灵活性。

5 操作简便

教学磁板的界面整洁，教练员操作时，更多的是采用点击或拖拽图标的方式，针对相对难以理解的功能有详尽的操作指导，因此，能否很好地利用教学磁板来组织教学，关键在于教练员对驾驶培训专业知识的掌握程度和教练员组织的教学场景与教学内容的专业性是否贴近实际，而在电脑技术方面对教练员没有特殊的要求。

2 教学磁板的使用方法

1 组建交通场景

组建交通场景是教练员利用教学磁板实施教学的基础。教学磁板根据《教学与考试大纲》的要求，设置了许多典型的交通场景，教练员可以通过调用交通场景元素来直接组建。但是，教练员有必要掌握如何自行组建交通场景，以增加教学的灵活性。组建交通场景通常分为以下几个步骤:

（1）根据教学主题选择交通背景。教练员每次上课均有一个教学主题和教学目标，教学内容应当围绕该主题和目标服务，因此教练员选择交通背景时，要考虑是否能够满足教学主题和教学目标的需要。例如，在准备进行“文明礼让”授课时，教练员可以选择十字交叉路口或环形交叉路口的交通背景。

（2）正确添加交通信号灯和交通标志标线。交通信号灯和交通标志标线是道路交通规则的重要载体，给交通参与者科学地分配通行权，使他们有秩序地顺利通行。但是，不是所有区域都必须有交通信号灯和交通标志标线。因此，教练员有必要根据教学的需要，为所选择的交通背景正确地布置交通信号灯和交通标志标线。

（3）添加合适的交通参与者。交通参与者是道路交通的主体，包括行人、非机动车和机动车。教学磁板包括了各种典型的交通参与者。教练员添加交通参与者时，应当根据教学的需要来考虑选用交通参与者的类型、数量、位置和他们的交通行为等。

（4）标识交通参与者的交通行为。交通事故的发生往往源于交通冲突的存在，因此，教练员需要培训学员具有正确判断和处理交通冲突的能力。交通冲突通常是由于交通参与者之间交通行为的交错引起的，在对交通场景进行分析时，教练员可以利用教学磁板的绘画和书写功能标识出有关交通参与者的交通行为。

2 更换交通场景

交通场景组建好后，教练员就可以开始对交通场景进行分析。但是在教学过程中，常常因模拟交通参与者的交通行为的结果或者根据学员的设问变换新的交通场景等，需要对交通场景进行调整。

（1）交通场景的局部调整方法。教学过程中，教练员往往需要添加新的交通参与者或者去除某些交通标志等。对于添加新的交通元素，教练员可以按照组建交通场景的方法进行。而对于去除某些交通元素，教练员则可以利用教学磁板提供的“垃圾箱”功能。

（2）交通场景的整体变更。教练员常常为某一教学主题准备了多个交通场景，解释完一个交通场景后，需要及时地变换到下一个交通场景去，这就存在对交通场景更新的问题。对此，教练员可以利用教学磁板提供的“文件下载”功能。

3 扩展教学素材

教学素材的可扩展性为教学磁板教学增添了“新的生机”，使得教学磁板的应用不受地域的限制，应用更加广泛。当然，要实现这项功能，需要驾驶培训机构或教练员备有数码照相机或摄像机。

4 与其他设备的组合

现代化教学手段更多地强调多种设备之间的组合运用，以达到更好的效果，对于教学磁板来说，也是一样。教学磁板在计算机中运行，并通过投影仪投放到互动白板上，教练员可以用手的操作替代鼠标的操作，使教学变得更加简单而有趣。

3 教学磁板教学在驾驶培训中的应用

教学磁板起到“教学平台”的作用，可以方便教练员再现学员培训场景，便于讲评和学员的理解，主要用于讲解交通场景的教学项目。在教学过程中，教练员需要注意以下几方面的问题：

1 精心准备教学场景

组建教学场景应当为教学内容和教学目标服务，恰当的教学场景可以帮助教练员取得非常好的教学效果，因此在上课前，教练员应当围绕教学主题设计好场景，以期在较短的时间内完全教学任务，达到教学目标。

2 提前设计教学场景的变换程序

为了详细地说明某个问题，教练员需要围绕教学主题设计各种问题，从而牵涉到教学场景的变更。教练员需要根据各种问题，合理地安排教学场景中各元素的变换方法和变换的顺序，从而可以很好地控制教学的过程。

3 让学员积极参与，增强教学的互动

让学员主动参与教学，而不是被动地接受，可以产生良好的教学效果。因此，教练员应当充分利用教学磁板，增强教练员与学员之间的互动性。

三 驾驶模拟器教学

驾驶模拟器教学能够弥补客观条件的不足，增强教学的安全性，节约能源和提高培训的效率。因此，教练员有必要掌握驾驶模拟器教学的方法。

1 驾驶模拟器的基本常识

驾驶模拟器是一种具有汽车驾驶操作功能的教学仿真装置，一般由驾驶模拟座舱和视景系统组成。驾驶模拟座舱由汽车驾驶操纵机件、仪表、座椅、后视镜、安全带等实物或仿真件组成，具有与所模拟的汽车驾驶室驾驶操作工位相似的空间，供学员学习和训练。视景系统由视景软件、播放器及显示部件组成，具有模拟汽车驾驶场景的功能。

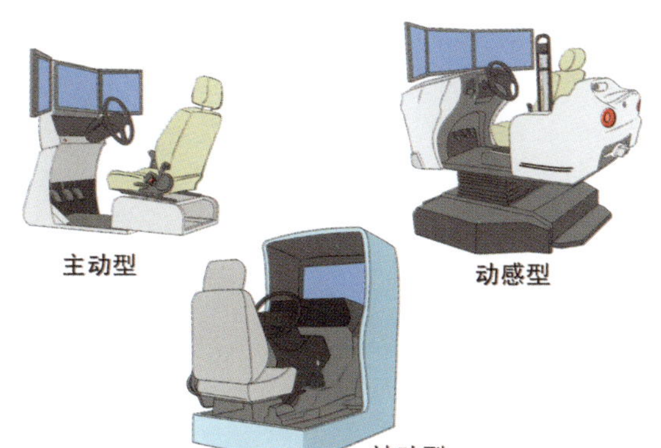

驾驶模拟器按照视景系统呈现方式的不同，可分为互动和非互动两种类型，分别具有不同的特点。驾驶模拟器的分类见表3-5。

2 驾驶模拟器教学的特点

驾驶模拟器教学通过模拟各种道路场景，在视觉、听觉和操作感觉上为学员提供一种实际操作训练的仿真环境，能够训练和提高学员基本的驾驶操作技能和心智技能，具有以下几方面的特点。

驾驶模拟器的分类　　表3-5

分　类	视景系统的呈现方式	基本特点
非互动型	视景显示不随模拟驾驶操作变动	（1）具有座舱和独立显示用于引导汽车驾驶操作的视景系统； （2）有受离合器踏板控制的挡位锁止机构； （3）操纵机件的相对位置与所模拟的汽车一致，操纵机件的操纵力度接近所模拟的汽车
互动型	视景显示跟随模拟驾驶操作变动	（1）具有座舱和互动的视景系统； （2）具有错误驾驶操作记录和提示功能，能再现学员的操作过程，以利于分析学员的操作情况； （3）操纵机件的相对位置与所模拟的汽车一致，操纵机件的操纵力度接近所模拟的汽车或与所模拟的汽车一致

1 克服了实际操作训练的局限性

由于地域、培训时间、培训场地等客观原因，对于“雨天驾驶”、“山区道路驾驶”等特殊交通环境下的教学项目，教练员很难在实际训练中进行组织，因而，可以采用驾驶模拟器来对学员进行模拟训练，克服实际训练存在的局限性，达到教学目标。

2 节约能源，降低培训的成本

学员在进行规范操作训练时，如果采用实车反复练习，对车的磨损大，而且消耗燃料，驾驶模拟器训练则可克服这些问题。《教学与考试大纲》要求有7个学时实施驾驶模拟器教学，若按使用教练车训练，每小时行驶30km，平均百公里油耗12L计算（以小车为例）。如果使用驾驶模拟器教学，平均每位学员完成学习可节约燃油25L，如2012年某省培训近150万驾驶学员，可节约3750万升燃油，将带来非常可观的社会经济效益。

3 提高培训的效率

培训初期利用实车进行静态下的规范操作训练，学员会有紧张感，错误操作多，心理适应能力差，从而降低训练的效率。采用驾驶模拟器训练，学员心情比较放松，学习动作快，因此采取驾驶模拟器训练与实际操作训练相结合的培训模式，能提高学员培训的效率。

4 提高教学的安全性

驾驶培训过程中，因学员的驾驶操作技

能还不熟练，而且缺乏安全驾驶经验，教学存在很大的风险。在实际道路上进行驾驶训练时，路况较复杂，学员常常比较紧张易发生操作失误，可能会导致严重的后果，甚至造成重大交通事故。驾驶模拟器允许学员操作失误，一旦出现事故，可以重新开始驾驶操作。

3 驾驶模拟器教学在驾驶培训中的应用

根据《教学与考试大纲》的规定，驾驶模拟器教学主要包括两个方面：

（1）第二阶段基础驾驶训练项目，包括驾驶姿势、操纵装置的操作、行车前车辆检查与调整等，共3个学时；

（2）第三阶段实际操作训练项目，包括对常见驾驶陋习和违法行为进行综合分析与判断，雨天、雾天、冰雪路面、泥泞道路、涉水等恶劣条件下安全驾驶的要领和方法，山区道路、高速公路安全驾驶的要领和方法等，共4个学时。

教练员在利用驾驶模拟器教学时，需要注意以下几方面的问题：

1 分阶段运用模拟器训练

驾驶培训是一个从掌握基本操作动作到驾驶技能的熟练和巩固的过程，教练员需要根据《教学与考试大纲》的要求分阶段、有针对性地运用驾驶模拟器进行教学。

2 引导学员端正训练态度

驾驶模拟器教学是一种模拟性训练，学员在训练过程中出现操作失误也不会发生危险，因而学员在思想上会比较放松，甚至有的学员完全把训练当成游戏，而忽视训练的目的。因此，教练员需要引导学员在训练过程中端正训练态度，认真对待。尤其是对于互动型驾驶模拟器，学员要能够根据反馈的结果，及时调整自己的驾驶行为。

3 及时纠正学员的错误

学员能够及时了解和纠正出现的错误，驾驶技能训练的进步会很快。非互动型驾驶模拟器不能为学员提供操作的错误提示，因此教练员需要了解学员的训练情况，并对学员所犯的错误进行及时的纠正。互动型驾驶模拟器虽然能够提供错误操作提示和操作记录，但是学员并不一定能马上认识和纠正，还需要教练员及时指导。

4 对训练结果讲评

每次训练结束后，教练员应当向学员做训练情况的讲评，让学员了解训练的难点和容易出现的错误等，激发学员改正错误的内在动力。非互动型驾驶模拟器不能提供错误操作记录，教练员需要在教学过程中对学员容易出现的错误驾驶行为进行统计，作为讲评的依据。

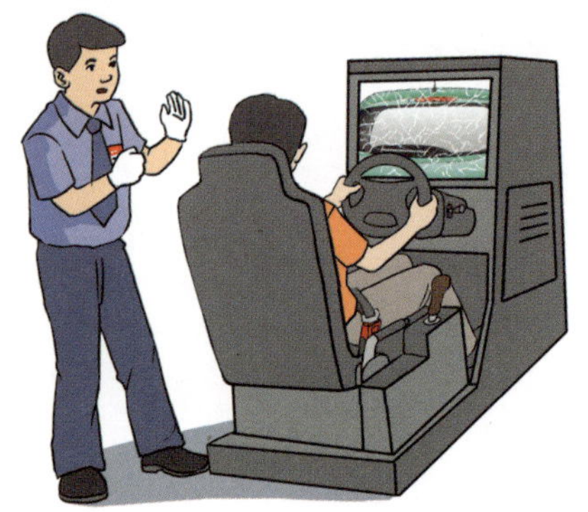

四 实车教学

实车教学是培养学员全面掌握汽车驾驶技能的根本途径。

1 实车教学的特点

学员参加驾驶培训的目的是学习安全驾驶车辆的技能，通过相关的考试，并能够独

立驾驶车辆。实车教学是学员利用真实的驾驶体验，学习和掌握汽车驾驶技能，也是驾驶培训过程中必不可少的一个环节。实车教学通常有以下几方面的特点：

（1）训练真实。实车教学是学员学习驾驶的一种真实的体验。学员在实车教学过程中，直接面对真实的交通场景，学员的驾驶行为与周边的交通状况紧密联系，相互影响。

（2）学员的操作结果反馈及时。学员根据周边的交通情况采取某种操作后，车辆的状态能够迅速地发生相应的变化，从而对学员刚才所采取的操作动作起到反馈的作用，作为学员采取下一步操作的信号。

（3）充分反映学员对汽车的操控能力。实车教学过程中，为了行车的安全，学员必须对各种交通情况及时采取正确的措施，此时的驾驶行为能够充分反映学员对汽车的操控能力。

（4）教学过程存在一定的风险。实车教学使学员面对真实的交通场景。因学员的驾驶操作技能还不熟练，缺乏安全驾驶经验，常常比较紧张，容易发生操作失误而导致交通事故，因此教学过程存在一定的风险。

2 实车教学在驾驶培训中的应用

实车训练可以应用于整个培训的实际操作训练项目，在实车教学过程中，教练员需要注意以下几方面的问题：

（1）教练车必须具备良好的安全性能，满足教学的要求。根据《机动车驾驶员培训机构资格条件》(GB/T 30340—2013)标准的要求，教练车技术状况应符合《机动车运行安全技术条件》（GB 7258—2012）的要求和《运营车辆技术等级划分和评定要求》（JT/T 198—2004）所规定的二级车以上技术条件，并装有副后视镜、副制动踏板、灭火器及其他安全防护装置。

（2）及时纠正学员的错误。训练过程中，学员出现错误操作时，教练员应当及时给予纠正，保证学员动作的准确性，让学员养成良好的驾驶习惯。

（3）确保教学的安全。实车教学过程存在一定的风险，因此教练员不仅要督促学员仔细观察、集中注意力，而且还应当要求自己抱着认真的教学态度，充分利用副后视镜、副制动踏板，在紧急情况下采取必要的措施，防止交通事故的发生。

（4）训练结束后及时讲评。每次训练结束后，教练员应当对学员训练的情况进行讲评，指出学员所取得的进步和仍然存在的问题，帮助学员正确地评估自己。

五 教学模具教学

教学模具包括按照比例模仿实物结构的模型以及按照比例模拟实物工作原理的示教板。模型侧重于真实反映实物的基本结构，而示教板侧重于真实反映系统的工作原理。

1 教学模具教学的特点

教学模具教学具有如下特点：

（1）教学直观形象。汽车许多零部件的结构比较复杂，教练员难以通过简单的语言描述或利用车辆零部件实物阐述清楚，例如，变速器的组成、制动系统的工作原理等。教学模型能够以剖面和透明的方式展现出实物的基本结构，使复杂的事物变得直观形象，使单一的教学模式变得多样化，便于学员理解和掌握。

（2）教学内容比较真实。教学模型是对实物或系统的真实反映，尽可能模仿实物或系统的原貌，因而在学员学习时，能增加真实感。

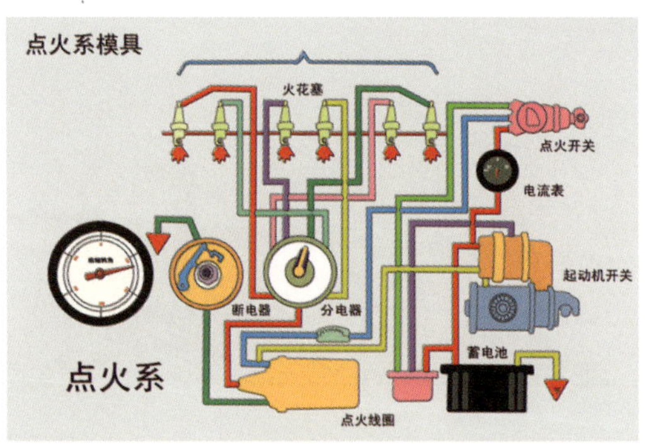

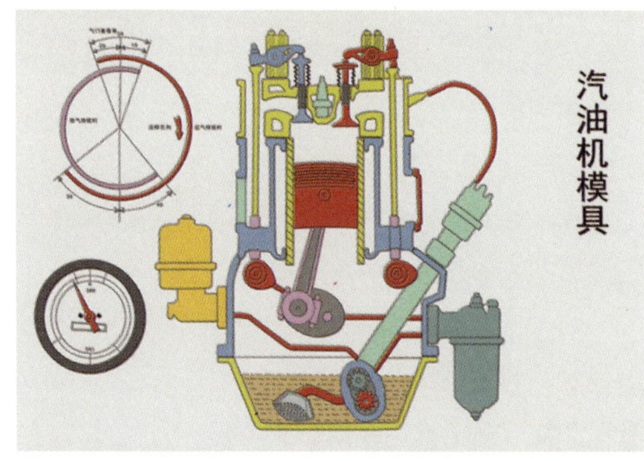

2 教学模具教学在驾驶培训中的应用

教学模具主要用于直观地展示车辆总成的基本结构和工作原理，例如《教学与考试大纲》第一阶段的“车辆结构常识”等教学项目。教练员在教学过程中需要注意以下几方面的问题：

（1）让学员带着问题观看教学模具。教学模具所模仿的实物的结构相对比较复杂，因此，教练员需要根据教学内容和教学目标，向学员提出明确的观察要求，让学员带着问题观察，增强学习的针对性。

（2）进行适当的解说。结构的复杂性增加了学员理解的难度。教学过程中，学员很难通过自己的观察为存在的问题找到满意的答案。因此，教练员需要有针对性地进行讲解，以在短时间内完成教学任务，达到预期的教学目标。

（3）注意正确的解说顺序。教练员针对模型的解说应当有合适的先后顺序，或者根据结构，由表及里；或者按照工作流程，按组成部位进行讲解。总之，解说过程中需要突出一条主线，便于学员理解和接受。

六 计时培训系统

计时培训系统是利用信息技术对驾驶培训全过程的学习实时进行记录和管理的系统，包括计时培训企业平台、计时终端、学时记录卡等。该系统的应用能够及时、准确地掌握教学过程和学员培训信息，规范驾驶员培训教学过程，保障培训质量。2013年8月，交通运输部发布了《机动车驾驶员计时培训系统 平台技术规范》、《机动车驾驶员计时培训系统 计时终端技术规范》两项规范性文件（交通运输部公告2013年第49号），对计时培训系统的技术性能做了进一步的规范。

1 计时培训系统的功能要求

1 计时培训企业平台

计时培训企业平台是指部署在驾校，对学员计时培训全过程进行管理和服务，并为相关管理机构提供信息的平台，主要具有以下功能：

（1）身份信息采集功能，能够采集学员、教练员身份信息。

（2）图像采集功能，能在教学过程中对学员、教练员身份信息进行确认和记录，存储和显示车载计时计程终端采集的图像信息。

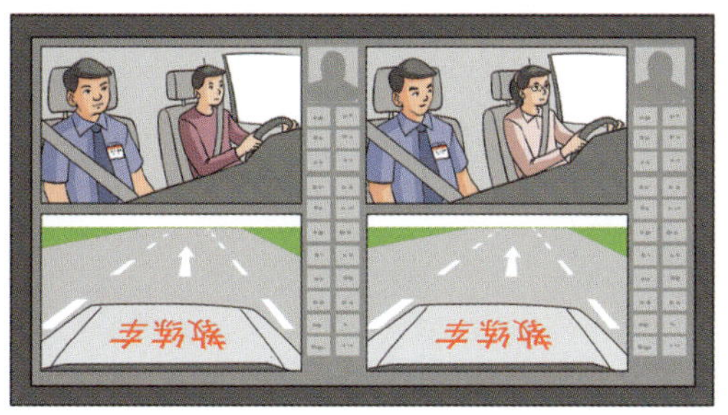

（3）计时功能，一是记录教学培训过程中学员理论学习（含课堂学习和远程网络学习）和模拟驾驶阶段学习信息；二是能实时接收车载计时计程终端上传的动态信息，记录教学培训过程中学员实际驾驶操作训练信息，在电子地图中显示教练车的位置，回放指定时间内的车辆行驶轨迹；三是，能自动生成培训记录及教学日志；四是对学员道路训练或场地训练超出预设的电子围栏范围、培训学时不符合规定情况等进行报警提示。

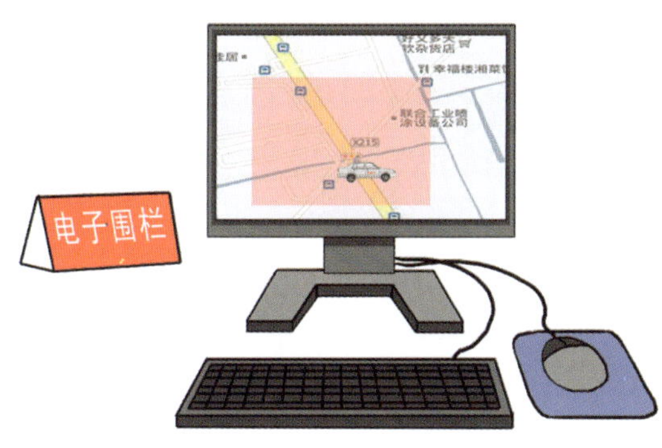

（4）培训信息查询功能，能查询机动车驾驶员培训机构、学员、教练员、教练车及培训记录审核等信息，查询培训学时记录、场地和道路驾驶行驶轨迹记录以及场地和道路驾驶培训过程中采集的图像等信息。

（5）数据传输、存储和备份功能。

（6）统计分析功能，能对学员学时审核情况、学习状态、教练员准教情况、教练车类型等信息进行统计分析。

（7）违规处理及信息查询功能，能对教练员违规教学进行处理，并记录处理情况；能查询教练员违规教学时间、地点、原因及处理措施等信息。

2 计时终端

计时终端是指采集、记录和传输学员的培训类型、培训阶段、培训起止时间、教练员教学等信息的终端设备，包括车载计时计程终端、理论（模拟）计时终端。主要具有以下功能：

（1）能采集并记录培训基本信息，实现学员、教练员签到、签退，并对学员、教练员的身份进行验证。

（2）能记录从学员签到开始，到学员签退之间的累计培训时间，并能实现中途抽查点名。

（3）能实时显示当前时间、培训时长等信息，存储学员的培训记录。

（4）能通过无线通信网络实时上传学员的培训学时、卫星定位、报警、图片等信息。

（5）能查询最后一次采集的学员培训记录信息，以及存储的所有学员培训记录信息。

（6）车载计时计程终端能够记录车辆的行驶速度，通过卫星定位信息实时获取车辆位置信息；能够对培训过程的图像进行抓拍，对车辆超速、车辆偏离预定线路或超出训练场区域等自动向企业平台报警。

2 计时培训系统的应用

计时培训系统主要用于监督和管理学员参加驾驶培训的情况，下面以车载计时计程终端的使用为例，说明在每次培训过程中的操作步骤：

（1）插入教练员IC卡，进行身份验证，通过后，开启车载计时计程终端的键盘，准备本次课程训练。

（2）插入学员IC卡，进行身份验证，通过后，学员根据自己的训练情况，按照《教学与考试大纲》的训练要求，选择具体的教学项目和学时，开始本次课程训练。

（3）训练过程中，车载计时计程终端自动记录学员训练的时间、里程、行驶速度、车辆位置、培训过程图片等信息。

（4）训练结束后，学员输入对教练员的满意度信息，并插入学员IC卡，结束本次训练。

第四章 道路交通法律法规知识

道路交通安全法律、法规是规范交通参与者的行为，维护道路交通秩序，构建安全与和谐交通社会的前提。道路运输法律、法规是规范道路运输经营，建立和完善道路运输市场机制，促进道路运输市场健康发展的基础。本章重点介绍了道路交通安全法律法规知识、机动车驾驶员培训管理法规知识以及教练员从业资格管理法规知识。教练员不仅应深刻理解和熟练掌握这些法律、法规知识，更重要的是能够知法、守法。

第一节 道路交通安全法律法规知识

《中华人民共和国道路交通安全法》(以下简称《道路交通安全法》)以及配套的《中华人民共和国道路交通安全法实施条例》(以下简称《实施条例》)，以规范道路交通参与者的行为，维护道路交通秩序，预防和减少道路交通事故，保护居民出行安全，保障公民、法人和其他组织的财产安全及其他合法权益，提高道路通行效率为目的，是与广大人民群众切身利益息息相关的重要法律、法规。我国境内的机动车驾驶员、行人、乘车人以及与道路交通活动有关的单位和个人都必须遵守。

一 机动车

机动车的使用与管理的相关规定，主要包括机动车的登记、牌证使用、安全技术检验和报废等几个方面。

1 机动车登记

我国对机动车实行登记制度，即机动车经公安机关交通管理部门登记、核发机动车号牌后，方可上道路行驶。尚未登记的机动车，需要临时上道路行驶的，应当取得临时通行牌证。

2 机动车牌证使用

驾驶机动车上道路行驶，应当按以下要求使用车辆牌证：

(1)应随车携带机动车行驶证，并在机动车前窗右上角放置检验合格标志、保险标志和环保标志。

(2)在车前、车后指定位置悬挂机动车号牌，并保持号牌的清晰、完整，不得故意遮挡、污损。重型、中型载货汽车及其挂

车的车身或者车厢后部应当喷涂放大的牌号，字样应当端正并保持清晰。

（3）机动车喷涂标识或者车身广告时，不得影响安全驾驶。

3 机动车安全技术检验

机动车安全技术检验制度是防止“带病”机动车上路，减少道路交通安全隐患，确保机动车安全行驶的重要举措。机动车安全技术检验主要包括注册登记检验和定期检验。

（1）注册登记安全技术检验。机动车申请注册登记时，应当接受安全技术检验，但是经国家机动车产品主管部门依据机动车国家安全技术标准认定的企业生产的机动车车型，该车型的新车在出厂时经检验已符合机动车国家安全技术标准，获得检验合格证的，可免予安全技术检验。

（2）机动车定期安全技术检验。对登记后上道路行驶的机动车，应当依照法律法规的规定，根据车辆用途、载客（货）数量、使用年限等情况，定期进行安全技术检验。机动车进行安全技术检验时，机动车行驶证记载的登记内容与该机动车的有关情况不符，或者未按照规定提供机动车第三者责任强制保险凭证的，不予通过检验，具体检验标准见表4-1。

机动车定期安全技术检验标准 表4-1

车型	每2年检验1次	每年检验1次	每6个月检验1次
小型、微型非营运载客汽车	—	超过6年	超过15年
营运载客汽车	—	5年以内	超过5年
载货汽车和大型、中型非营运载客汽车	—	10年以内	超过10年
摩托车	4年以内	超过4年	—
专用校车	—	—	自注册登记之日起
非专用校车	—	—	自取得校车标牌后
其他机动车	—	自注册登记之日起	—

4 机动车报废

国家实行机动车强制报废制度，根据机动车的安全技术状况和不同用途，规定不同的报废标准。达到报废标准的机动车不得上道路行驶。

根据2012年商务部、发改委、公安部、环境保护部共同发布的《机动车强制报废标准规定》的规定，已注册机动车有下列情形之一的应当强制报废，其所有人应当将机动车交售给报废机动车回收拆解企业，由报废机动车回收拆解企业按规定进行登记、拆解、销毁等处理，并将报废的机动车登记证书、号牌、行驶证交公安机关交通管理部门注销：

（1）达到规定的使用年限的，比如小型教练载客汽车使用10年，中型教练载客汽车使用12年，大型教练载客汽车使用15年；

（2）经修理和调整仍不符合国家机动车安全技术标准的在用机动车有关要求的；

（3）经修理和调整或者采用控制技术后，向大气排放污染物或者噪声仍不符合国家标准对在用车有关要求的；

（4）在检验有效期届满后连续3个机动车安全技术检验周期内未取得机动车检验合格标志的。

国家对达到一定行驶里程的机动车实施引导报废，比如小型和中型教练载客汽车行驶50万km以上的，大型教练载客汽车行驶60万km以上的，建议机动车所有人申请报废。

二 机动车驾驶员

机动车驾驶员的规定主要包括驾驶证申领与培训、驾驶证考试、驾驶证使用、驾驶员的行为要求等几个方面。

1 驾驶证申领与考试

申请机动车驾驶证，应当符合公安部门规定的驾驶许可条件，比如年龄条件、身体条件（包括身高、视力、辨色力、听力、上下肢体）等。

公安机关交通管理部门对申请机动车驾驶证的人员进行考试，经考试合格后，核发与申请准驾车型相应类别的机动车驾驶证。

机动车驾驶人考试内容分为道路交通安全法律、法规和相关知识考试科目（以下简称“科目一”）、场地驾驶技能考试科目（以下简称“科目二”）、道路驾驶技能和安全文明驾驶常识考试科目（以下简称“科目三”）。

科目一考试内容包括：道路通行、交通信号、交通安全违法行为和交通事故处理、机动车驾驶证申领和使用、机动车登记等规定以及其他道路交通安全法律、法规和规章。

科目二考试内容包括：

（1）大型客车、牵引车、城市公交车、中型客车、大型货车考试内容有：桩考、坡道定点停车和起步、侧方停车、通过单边桥、曲线行驶、直角转弯、通过限宽门、通过连续障碍、起伏路行驶、窄路掉头，以及模拟高速公路、连续急弯山区路、隧道、雨（雾）天、湿滑路、紧急情况处置；

（2）小型汽车、小型自动挡汽车、残疾人专用小型自动挡载客汽车和低速载货汽车考试内容有：倒车入库、坡道定点停车和起步、侧方停车、曲线行驶、直角转弯；

（3）三轮汽车、普通三轮摩托车、普通二轮摩托车和轻便摩托车考试内容有：桩考、坡道定点停车和起步、通过单边桥；

（4）轮式自行机械车、无轨电车、有轨电车的考试内容由省级公安机关交通管理部门确定。

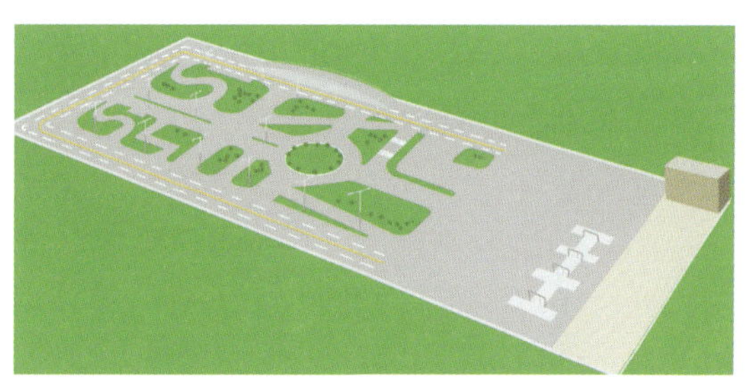

科目三道路驾驶技能考试内容包括：大型客车、牵引车、城市公交车、中型客车、大型货车、小型汽车、小型自动挡汽车、低速载货汽车和残疾人专用小型自动挡载客汽车考试内容有：上车准备、起步、直线行驶、加减挡位操作、变更车道、靠边停车、直行通过路口、路口左转弯、路口右转弯、通过人行横道线、通过学校区域、通过公共汽车站、会车、超车、掉头、夜间行驶；其他准驾车型的考试内容，由省级公安机关交通管理部门确定。

大型客车、中型客车考试里程不少于20km，其中白天考试里程不少于10km，夜间考试里程不少于5km。牵引车、城市公交

车、大型货车考试里程不少于10km，其中白天考试里程不少于5km，夜间考试里程不少于3km。小型汽车、小型自动挡汽车、低速载货汽车、残疾人专用小型自动挡载客汽车考试里程不少于3km，并抽取应考学员不少于20%进行夜间考试；不进行夜间考试的，应当进行模拟夜间灯光使用考试。

科目三安全文明驾驶常识考试内容包括：安全文明驾驶操作要求、恶劣气象和复杂道路条件下的安全驾驶知识、爆胎等紧急情况下的临危处置方法以及发生交通事故后的处置知识等。

考试顺序按照科目一、科目二、科目三依次进行，前一科目考试合格后，方准参加后一科目的考试。科目三道路驾驶技能考试合格后，方准参加安全文明驾驶常识考试。

各科目考试的合格标准为：

（1）科目一考试满分为100分，成绩达到90分及以上为合格；

（2）科目二考试满分为100分，大型客车、牵引车、城市公交车、中型客车、大型货车准驾车型的考试成绩均需达到90分及以上为合格，其他准驾车型的考试成绩达到80分及以上为合格；

（3）科目三道路驾驶技能和安全文明驾驶常识考试满分均为100分，考试成绩均需达到90分及以上为合格。

2 驾驶证使用

（1）记分制度。公安机关交通管理部门对机动车驾驶员违反道路交通安全法律、法规的行为，除依法给予行政处罚外，实行累积记分制度，记分周期为12个月，满分为12分。依据道路交通安全违法行为的严重程度，一次记分的分值为：12分、6分、3分、2分、1分共5种。

机动车驾驶员在一个记分周期内记分未达到12分，所处罚款已经缴纳的，记分予以清除；记分虽未达到12分，但尚有罚款未缴纳的，记分转入下一个记分周期。

对在一个记分周期内累积记分达到12分的，由公安机关交通管理部门扣留其机动车驾驶证，该机动车驾驶员应当按照规定参加道路交通安全法律、法规和相关知识的学习并接受考试。考试合格的，记分予以清除，发还机动车驾驶证；考试不合格的，继续参加学习和考试。机动车驾驶员拒不参加学习，也不接受考试的，由公安机关交通管理部门公告其机动车驾驶证停止使用。

机动车驾驶员在一个记分周期内有两次以上达到12分或者累积记分达到24分以上的，除扣留机动车驾驶证，参加道路交通安全法律、法规和相关知识的学习和考试外，还应当接受道路驾驶技能考试。

（2）驾驶实习期。机动车驾驶员初次申请机动车驾驶证和增驾准驾车型后的12个月为驾驶实习期。在实习期内驾驶机动车的，应当在车身后部黏贴或者悬挂统一式样的实习标志。

机动车驾驶员在实习期内不得驾驶公共汽车、营运客车或者执行任务的警车、消

防车、救护车、工程救险车以及载有爆炸物品、易燃易爆化学物品、剧毒或者放射性等危险物品的机动车，驾驶的机动车不得牵引挂车。

驾驶员在实习期内驾驶机动车上高速公路行驶，应当由持相应或者更高准驾车型驾驶证3年以上的驾驶员陪同。其中，驾驶残疾人专用小型自动挡载客汽车的，可以由持有小型自动挡载客汽车以上准驾车型驾驶证的驾驶员陪同。

（3）驾驶证的有效期。机动车驾驶证上注有驾驶证的有效期，分为6年、10年和长期有效3种。在6年有效期内，每个记分周期均未达到12分的，换发10年有效期的机动车驾驶证；在机动车驾驶证的10年有效期内，每个记分周期均未达到12分的，换发长期有效的机动车驾驶证。

机动车驾驶员应当在驾驶证的有效期内驾驶机动车。机动车驾驶员在驾驶证的有效期满前90日内，需申请换证，并提交有关身体条件的证明。

3 安全驾驶要求

（1）驾驶员应当按照驾驶证载明的准驾车型驾驶机动车并在驾车时随身携带机动车驾驶证。

（2）机动车驾驶员在机动车驾驶证丢失、损毁、超过有效期、被依法扣留、暂扣期间以及记分达到12分的，不得驾驶机动车。

（3）饮酒、服用国家管制的精神药品或者麻醉药品，患有妨碍安全驾驶机动车的疾病，过度疲劳影响安全驾驶的，均不得驾驶机动车。

（4）驾驶员驾驶机动车上道路行驶前，应当对机动车的安全技术性能进行认真检查，不得驾驶安全设施不全或者机件不符合技术标准等具有安全隐患的机动车。

（5）机动车驾驶员应当遵守道路交通安全法律法规的规定，按照操作规范安全驾驶、文明驾驶。

（6）任何人不得强迫、指使、纵容驾驶员违反道路交通安全法律法规和机动车安全驾驶要求驾驶机动车。

典型重大交通违法行为

根据《机动车驾驶证申领与使用规定》中的违法行为记分分值规定，机动车驾驶员有下列违法行为之一，一次记12分：

（1）驾驶与准驾车型不符的机动车的；

（2）上道路行驶的机动车未悬挂机动车号牌的，或者故意遮挡、污损、不按规定安装机动车号牌的；

（3）使用伪造、变造的机动车号牌、行驶证、驾驶证、校车标牌或者使用其他机动车号牌、行驶证的；

（4）饮酒后驾驶机动车的；

（5）驾驶中型以上载客载货汽车在高速公路、城市快速路上行驶超过规定时速20%以上或者在高速公路、城市快速路以外的道路上行驶超过规定时速50%

以上，以及驾驶其他机动车行驶超过规定时速50%以上的；

（6）连续驾驶中型以上载客汽车超过4小时未停车休息或者停车休息时间少于20分钟的；

（7）驾驶机动车在高速公路上倒车、逆行、穿越中央分隔带掉头的；

（8）未取得校车驾驶资格驾驶校车的；

（9）造成交通事故后逃逸，尚不构成犯罪的；

（10）驾驶营运客车（不包括公共汽车）、校车载人超过核定人数20%以上的；

（11）驾驶营运客车在高速公路车道内停车的。

三 道路交通信号

道路交通信号是科学分配通行权，促进交通参与者之间的相互交流，保障道路通行安全和通行秩序的重要载体，包括交通信号灯、道路交通标志和标线、交通警察指挥手势。

1 交通信号灯

交通信号灯是利用图形符号和不同的颜色向交通参与者传递特定信息的设施，是交通信号的重要组成部分，其类型和功能见表4-2。

交通信号灯的类型和作用　　表4-2

分类	图例	作用
机动车信号灯		指挥机动车、非机动车通行。绿灯亮时，准许车辆通行，但转弯的车辆不得妨碍被放行的直行车辆、行人通行；黄灯亮时，已越过停止线的车辆可以继续通行；红灯亮时，禁止车辆通行，但右转弯的车辆在不妨碍被放行的车辆、行人通行的情况下，可以通行
非机动车信号灯		
人行横道信号灯		一般设在人流较多的重要交叉路口的人行横道两端，指挥行人通行。绿灯亮时，准许行人通过人行横道；红灯亮时，禁止行人进入人行横道，但是已经进入人行横道的，可以继续通过或者在道路中心线处停留等候
车道信号灯		一般安装在需要单独指挥的车道上方，只对在该车道行驶的车辆起指挥作用，其他车道的车辆和行人仍按规定信号行驶。绿色箭头灯亮时，准许本车道车辆按指示方向通行；红色叉形灯或者箭头灯亮时，禁止本车道车辆通行
方向指示信号灯		一般安装在交通繁忙、需要引导交通流的交叉路口，是指挥机动车行驶方向的专用指示信号。信号灯的箭头方向向左、向上、向右分别表示左转、直行、右转

续上表

分类	图例	作用
闪光警告信号灯		闪光警告信号灯为持续闪烁的黄灯，一般设在有危险的路口或路段，提示车辆、行人通行时注意瞭望，确认安全后通过
道路与铁路平面交叉道口信号灯		两个红灯交替闪烁或者一个红灯亮时，表示禁止车辆、行人通行；红灯熄灭时，表示允许车辆、行人通行

2 道路交通标志

道路交通标志是用图形符号、颜色和文字向交通参与者传递特定信息，用于管理交通的设施其类型和作用见表4-3。

道路交通标志的类型和作用　　表4-3

分类 \ 特征		实物图举例	作用
主标志	警告标志		表示警告车辆驾驶员、行人前方有危险的标志
	禁令标志		表示禁止、限制及相应解除的含义的标志
	指示标志		表示指示车辆、行人行进的标志
	指路标志	出口 EXIT；京唐高速 北京 天津	传递行车方向、地点、距离等信息的标志
	旅游区标志	云居寺 YUNJUSI	提供旅游景点方向、距离的标志
	作业区标志	前方施工 1km	通告道路施工区通行信息的标志
辅助标志		100m 7:30－18:30；学校；海关；事故；坍方；二环路区域内	附设在主标志下，起辅助说明作用的标志
告示标志		驾驶时禁用手持电话；系安全带	告知路外设施、安全行驶信息以及其他信息的标志

3 道路交通标线

道路交通标线是由施划或安装于道路上的各种线条、箭头、文字、图案及立面标记、实体标记、突起路标和轮廓标等构成的交通设施，它的作用是向道路使用者传递有关道路交通的规则、警告、指引等信息，可以与标志配合使用，也可以单独使用。

指示标线——指示车行道、行车方向、路面边缘、人行道、停车位、停靠站及减速丘等的标线。

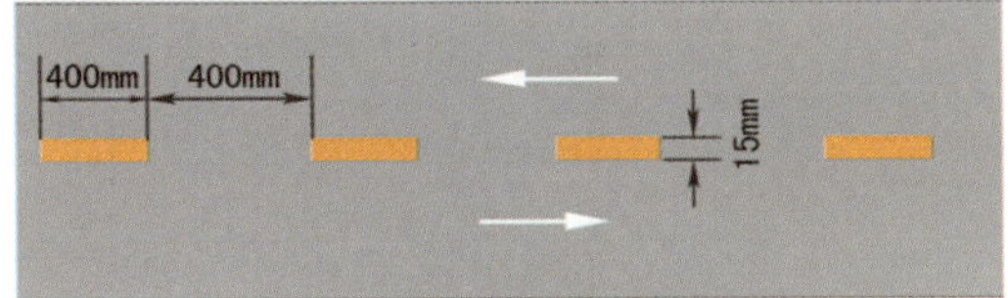

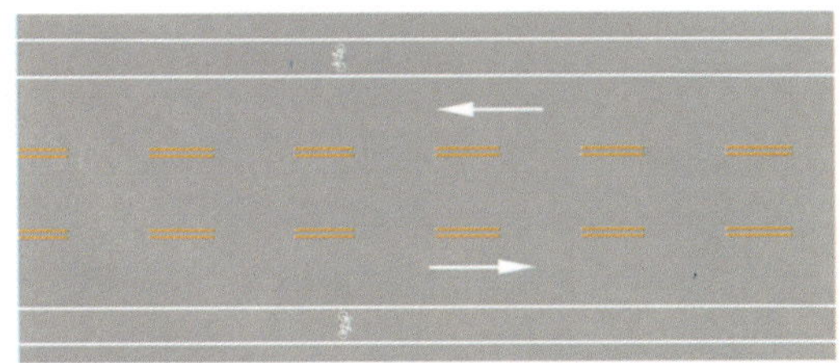

禁止标线——告示道路交通的遵行、禁止、限制等特殊规定的标线。机动车驾驶员及行人必须严格遵守。

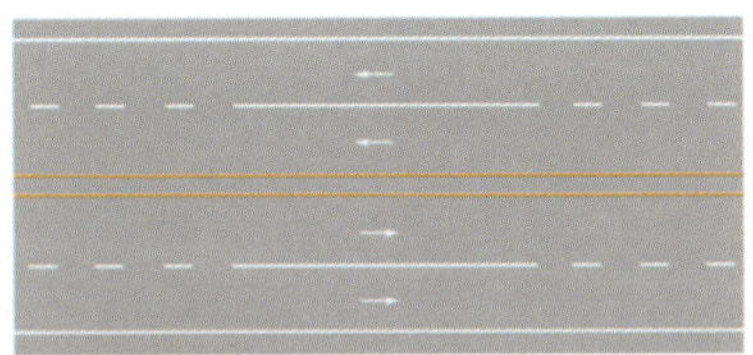

警告标线——促使道路使用者了解道路上的特殊情况，提高警觉准备应变防范措施的标线。

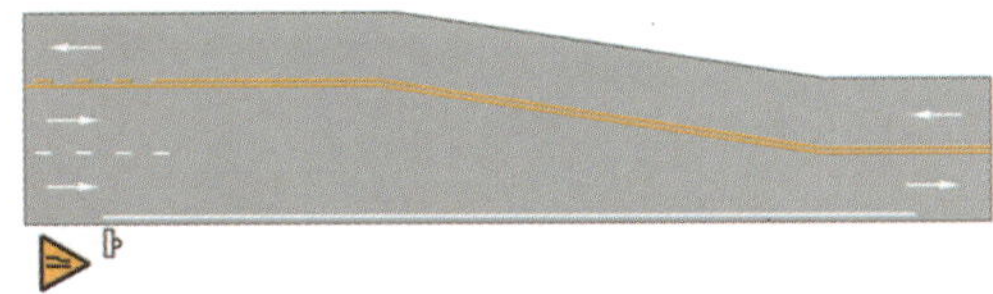

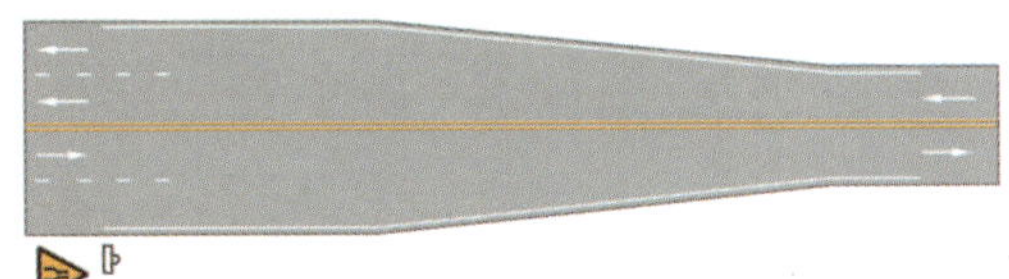

4 交通警察指挥手势

交通警察指挥手势主要有8种类型，如下表4-4所示。

交通警察指挥手势 表4-4

类　型	图　例	指挥动作	作　用
停止信号		左臂由前向上直伸，掌心向前	不准前方车辆通行

续上表

类　型	图　例	指挥动作	作　用
直行信号		左臂向左平伸，掌心向前；右臂向右平伸，掌心向前，向左摆动，掌心向内	准许右方直行的车辆通行
左转弯信号		右臂向前平伸，掌心向前；左臂与手掌平直向右前方摆动，掌心向右	准许车辆左转弯，在不妨碍被放行车辆通行的情况下可以掉头
左转弯待转信号		左臂向左下方平伸，掌心向下，左臂与手掌平直向下方摆动	准许左方左转弯的车辆进入路口，沿左转弯行驶方向靠近路口中心，等待左转弯信号
右转弯信号		左臂向前平伸，掌心向前；右臂与手掌平直向左前方摆动，手掌向左	准许右方的车辆右转弯
变道信号		面向来车方向，右臂向前平伸，掌心向左；右臂向左水平摆动	示意车辆腾空指定的车道，减速慢行
减速慢行信号		右臂向右前方平伸，掌心向下；右臂与手掌平直向下方摆动	示意车辆减速慢行
示意车辆靠边停车信号		面向来车方向，左臂由前向上平伸，掌心向前；右臂向前下方平伸，掌心向左；右臂向左水平摆动	示意车辆靠边停车

车辆应当按照交通信号的规定通行。遇有交通警察现场指挥时，应当按照交通警察的指挥通行；在没有设置交通信号的道路上，应在确保安全、畅通的原则下通行。

四 道路通行规定

道路通行规定中与机动车驾驶员密切相关的内容包括一般规定、机动车通行的规定和高速公路的特别规定等，是确保道路交通安全、有序和畅通的基础，是机动车驾驶员参与交通必须遵守的交通规则，教练员必须让学员理解和掌握。

1 一般规定

（1）右侧通行。机动车、非机动车实行右侧通行。在道路同方向划有2条以上机动车道的，左侧为快速车道，右侧为慢速车道。在快速车道行驶的机动车应当按照快速车道规定的速度行驶，未达到快速车道规定的行驶速度的，应当在慢速车道行驶。摩托车应当在最右侧车道行驶。慢速车道内的机动车超越前车时，可以借用快速车道行驶。

（2）分道通行。根据道路条件和通行需要，道路划分为机动车道、非机动车道和人行道时，机动车、非机动车、行人实行分道通行。没有划分机动车道、非机动车道和人行道时，机动车在道路中间通行，非机动车和行人在道路两侧通行。

2 车辆装载规定

（1）机动车载人不得超过核定的人数，客运机动车不得违反规定载货。

（2）机动车载物应当符合核定的载质量，严禁超载；载物的长、宽、高不得违反装载要求，不得遗洒、飘散载运物。禁止货运机动车载客。货运机动车需要附载作业人员的，应当设置保护作业人员的安全措施。

（3）机动车运载超限且不可解体的物品，影响交通安全的，应当按照公安机关交通管理部门指定的时间、路线、速度行驶，悬挂明显标志。在公路上运载超限的不可解体的物品，并应当依照公路法的规定执行。

（4）机动车载运爆炸物品、易燃易爆化学物品以及剧毒、放射性等危险物品，应当经公安机关批准后，按指定的时间、路线、速度行驶，悬挂警示标志并采取必要的安全措施。

3 速度与距离规定

（1）机动车上道路行驶，不得超过限速标志、标线标明的速度。在没有限速标志、标线的路段，应当保持安全车速，即在没有道路中心线的城市道路，最高行驶速度为30km/h；在没有道路中心线的公路，最高行驶速度为40km/h；同方向只有1条机动车道的城市道路，最高行驶速度为50km/h；同方向只有1条机动车道的公路，最高行驶速度为70km/h。

案例

湿滑路面超速行驶 车辆甩尾驶出道路

2014年7月2日9时20分，湖南省慈利县某驾校教练员李某驾驶自己的一辆小型轿车，搭载驾校的4名学员参加完大中型客货车科目二考试结束后返回。9时38分，当车辆行驶至张家界市永定区南庄坪办事处阴山八米桥路段时，因雨天路滑、车速过快（车速为71.7 km/h），车辆甩尾侧滑驶出道路路面撞到行道树，造成1名学员当场死亡、其余乘员均受重伤。

（2）进出非机动车道，通过铁路道口、急弯路、窄路、窄桥时，最高行驶速度不得超过30km/h。

（3）在冰雪、泥泞的道路上行驶，或者遇有雾、雨、雪、沙尘、冰雹，能见度在50米以内时，最高行驶速度不得超过30km/h。

（4）设计最高车速低于70km/h的机动车，不得进入高速公路。高速公路限速标志标明的最高车速不得超过120km/h，最低车速不得低于60km/h。在高速公路上行驶的小型载客汽车最高车速不得超过120km/h，其他机动车不得超过100km/h，摩托车不得超过80km/h。

（5）机动车在高速公路上行驶，车速超过100km/h时，应当与同车道的前车保持100m以上的距离；车速低于100km/h时，与同车道的前车距离可以适当缩短，但最小距离不得少于50m。高速公路安全间距具体规定见表4-5。

高速公路安全间距的规定 表4-5

交通情况	灯光的使用	车速	安全距离
能见度小于200m	开启雾灯、近光灯、示廓灯和前后位灯	不超过60km/h	与同车道前车保持100m以上
能见度小于100m	开启雾灯、近光灯、示廓灯、前后位灯和危险报警闪光灯	不超过40km/h	与同车道前车保持50m以上
能见度小于50m	开启雾灯、近光灯、示廓灯、前后位灯和危险报警闪光灯	不超过20km/h	保持足够的安全距离

4 车辆灯光使用规定

（1）车辆向左转弯、向左变更车道、准备驶入环岛、准备超车、驶离停车地点或者掉头时，应当提前开启左转向灯；向右转弯、向右变更车道、超车完毕驶回原车道、靠路边停车时，应当提前开启右转向灯。

（2）机动车在夜间没有路灯、照明不良或者遇有雾、雨、雪、沙尘、冰雹等低能见度情况下行驶时，应当开启前照灯、示廓灯和后位灯，但同方向行驶的后车与前车近距离行驶时，不得使用远光灯。机动车雾天行驶应当开启雾灯和危险报警闪光灯。

（3）夜间会车应当在距相对方向来车150米以外改用近光灯，在窄路、窄桥与非机动车会车时应当使用近光灯。车辆在夜间通过急弯、坡路、拱桥、人行横道或者没有交通信号灯控制的路口时，应当交替使用远近光灯示意。

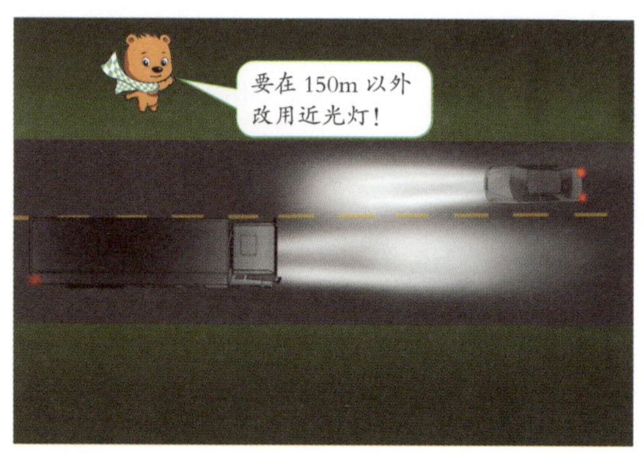

5 通过交叉路口的规定

（1）机动车通过交叉路口，应当按照交通信号灯、交通标志、交通标线或者交通警察的指挥通过；通过没有交通信号灯、交通标志、交通标线或者交通警察指挥的交叉路口时，应当减速慢行，并让行人和优先通行的车辆先行。

（2）机动车通过有交通信号灯控制的交叉路口时，准备进入环形路口的让已在路口内的机动车先行；在没有方向指示信号灯的交叉路口，转弯的机动车让直行的车辆、行人先行，相对方向行驶的右转弯机动车让左转弯车辆先行。

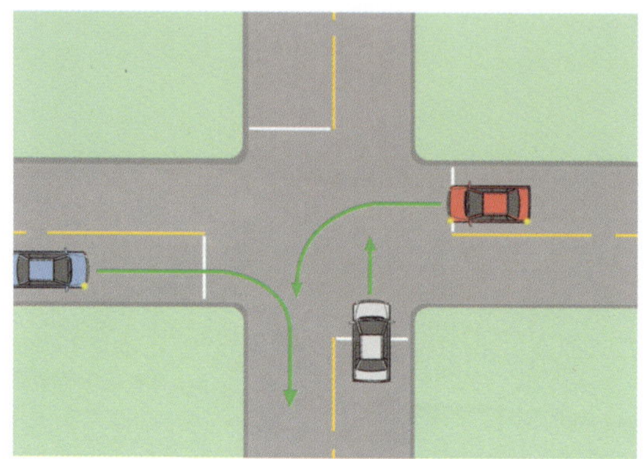

（3）机动车通过没有交通信号灯控制也没有交通警察指挥的交叉路口时，有交通标志、标线控制的，让优先通行的一方先行；没有交通标志、标线控制的，在进入路口前停车瞭望，让右方道路的来车先行；转弯的机动车让直行的车辆先行；相对方向行驶的右转弯的机动车让左转弯的车辆先行。

案例

路口行车不守规则　抢行酿碰撞事故

2010年11月8日，驾驶员高某驾驶一辆中型普通客车（实载21人，核载19人），由广饶县驶往桓台县，行至桓台县境内205国道597km+400m路口处，未按路口车道内的左转弯标线指示的方向行驶，而是违法右转弯，强行超越右侧驾驶员宋某驾驶的一辆直行的重型罐式半挂牵引车（实载94.98t危险货物“液碱”，核载19t），未注意与其保持安全距离，导致半挂车制动不及而发生碰撞，造成13人死亡、8人受伤。

（4）机动车行经人行横道时，应当减速行驶；遇行人正在通过人行横道，应当停车让行；行经没有交通信号的道路，遇行人横过道路时，应当避让。

（5）机动车通过铁路道口时，应当按照交通信号或者管理人员的指挥通行；没有交通信号或者管理人员的，应当减速或者停车，在确认安全后通过。

（6）机动车遇有前方交叉路口交通阻塞时，应当依次停在路口以外等候，不得进入路口。在没有交通信号灯、交通标志、交通标线和交通警察指挥的交叉路口，遇到停车排队等候或者缓慢行驶时，机动车应当依次交替通行。

6 超车规定

机动车超车时，应当提前开启左转向灯，变换使用远、近光灯或者鸣喇叭提示前车。在没有道路中心线或者同方向只有1条机动车道的道路上，前车遇后车发出超车信号时，在条件许可的情况下，应当降低速度、靠右让路。后车应当在确认有充足的安全距离后，从前车的左侧超越，在与被超车辆拉开必要的安全距离后，开启右转向灯，驶回原车道。禁止超车的具体情况及潜在危险见表4-6。

禁止超车的具体情况及潜在的危险分析　　表4-6

禁止超车的情况	负面影响或者潜在的危险
前车正在左转弯、掉头	后车没有超车的足够空间，如果强行超车，可能会造成交通事故
前车正在超车	会形成多车并行，危险性增加
与对面来车有会车可能	可能面临同时应对会车、超车的情况，增加了行车的危险性
前车为执行紧急任务的警车、消防车、救护车、工程救险车	会影响特种车辆的优先通行，影响特种车辆执行紧急任务
行经铁路道口、交叉路口、窄桥、弯道、陡坡、隧道、人行横道、市区交通流量大的路段等没有超车条件的	道路情况或者交通情况没有提供超车的条件，如果强行超车，可能会造成交通事故

7 停放车辆规定

路边临时停车应当紧靠道路右侧，车辆停稳前不得开车门和上下人员，开关车门不得妨碍其他车辆和行人通行。遇下列情形之一的，不得在道路上临时停车：

（1）在设有禁停标志、标线的路段，在机动车道与非机动车道、人行道之间设有隔离设施的路段以及人行横道、施工地段，不得停车。

（2）在交叉路口、铁路道口、急弯路、宽度不足4m的窄路、桥梁、陡坡、隧道以及距离上述地点50m以内的路段，不得停车。

（3）在公共汽车站、急救站、加油站、消防栓或者消防队（站）门前以及距离上述地点30m以内的路段，除使用上述设施的以外，不得停车。

五 道路交通事故处理

交通事故一方面给人民的生命和财产带来损害和损失，另一方面往往由于轻微交通事故没能得到及时的处理，造成交通堵塞，降低了道路通行能力。因此，教练员需要让学员了解如何正确、快速地进行交通事故现场处理和交通事故赔偿等方面的知识。

1 道路交通事故现场处理

与机动车或非机动车发生财产损失事故，当事人对事实及成因无争议的，可以自行协商处理损害赔偿事宜。车辆可以移动的，当事人应当在确保安全的原则下对现场拍照或者标划事故车辆现场位置后，立即撤离现场，将车辆移至不妨碍交通的地点，再进行协商。当事人自行协商达成协议的，填写道路交通事故损害赔偿协议书，并共同签名。

道路交通事故有下列情形之一的，应当立即报警并保护现场等候处理，不得驶离：

（1）造成人员死亡、受伤的；

（2）发生财产损失事故，当事人对事实或者成因有争议的，以及虽然对事实或者成因无争议，但协商损害赔偿未达成协议的；

（3）机动车无号牌、无检验合格标志、无保险标志的；

（4）载运爆炸物品、易燃易爆化学物品以及毒害性、放射性、腐蚀性、传染病病原体等危险物品车辆的；

（5）碰撞建筑物、公共设施或者其他设施的；

（6）驾驶人无有效机动车驾驶证的；

（7）驾驶人有饮酒、服用国家管制的精神药品或者麻醉药品嫌疑的；

（8）当事人不能自行移动车辆的。

2 道路交通事故责任

机动车之间发生交通事故的，由有过错的一方承担责任；双方都有过错的，按照各自过错的比例分担责任。

机动车与非机动车驾驶人、行人之间发生交通事故的，由机动车一方承担责任；但是，有证据证明非机动车驾驶人、行人违反道路交通安全法律法规，机动车驾驶人已经采取必要处置措施的，减轻机动车一方的责任。交通事故的损失是由非机动车驾驶人、行人故意造成的，机动车一方不承担责任。

发生交通事故后当事人逃逸的，逃逸的当事人承担全部责任，并由公安机关交通管理部门吊销机动车驾驶证，且终生不得重新取得机动车驾驶证。

驾驶员违反交通运输管理法规，发生重大事故致人重伤、死亡或者使公私财产遭受重大损失的，处3年以下有期徒刑或者拘役；

交通运输肇事后逃逸或者有其他特别恶劣情节的，处3年以上7年以下有期徒刑；因逃逸致人死亡的，处7年以上有期徒刑。在道路上驾驶机动车追逐竞驶，情节恶劣的，处拘役，并处罚金。

六 法律责任

法律责任是对道路交通违法行为的处罚。通过对违法行为的制裁，以达到培养交通参与者的守法意识，规范交通参与者参与交通行为的目的。

1 行政处罚的种类

对道路交通安全违法行为的处罚种类包括：警告、罚款、暂扣或者吊销机动车驾驶证、拘留处罚的种类及含义见表4-7。

道路交通安全违法行为行政处罚的种类 表4-7

行政处罚的种类	含义
警告	对违反交通安全法规，情节轻微，未影响道路通行，后果不严重的交通安全违法行为实施的强制性告诫措施
罚款	强制交通安全违法行为人当场或者在规定的期限内缴纳一定数额金钱的行政处罚措施
暂扣机动车驾驶证	因机动车驾驶员的交通安全违法行为而暂停其驾驶资格的处罚措施
吊销机动车驾驶证	对发生重大交通事故构成犯罪，或者具有肇事后逃逸行为，以及其他违反道路交通法规的机动车驾驶员实施的取消其驾驶资格的处罚手段
拘留	对交通安全违法行为人实施的在短时间内限制其人身自由的行政处罚

2 交通安全违法行为的处罚措施

部分交通安全违法行为的处罚措施见表4-8。

部分交通安全违法行为的处罚措施 表4-8

违法行为	罚款数额
机动车驾驶人违反道路交通安全法律、法规关于道路通行规定的	处警告或者20元以上200元以下罚款
故意遮挡、污损或者不按规定安装机动车号牌的	
未取得机动车驾驶证、机动车驾驶证被吊销或者机动车驾驶证被暂扣期间驾驶机动车的	处200元以上2000元以下罚款，并处15日以下拘留
强迫机动车驾驶人违反道路交通安全法律、法规和机动车安全驾驶要求驾驶机动车，造成交通事故，尚不构成犯罪的	
将机动车交由未取得机动车驾驶证或者机动车驾驶证被吊销、暂扣的人驾驶的	处200元以上2000元以下罚款，并处吊销机动车驾驶证
机动车行驶超过规定时速50%的	
饮酒后驾驶机动车的	处暂扣6个月机动车驾驶证，并处1000元以上2000元以下罚款
因饮酒后驾驶机动车被处罚，再次饮酒后驾驶机动车的	处10日以下拘留，并处1000元以上2000元以下罚款，吊销机动车驾驶证
饮酒后驾驶营运机动车的	处15日拘留，并处5000元罚款，吊销机动车驾驶证，5年内不得重新取得机动车驾驶证

续上表

违法行为	罚款数额
醉酒后驾驶机动车的	由公安机关交通管理部门约束至酒醒，吊销机动车驾驶证，依法追究刑事责任；5年内不得重新取得机动车驾驶证
醉酒后驾驶营运机动车的	由公安机关交通管理部门约束至酒醒，吊销机动车驾驶证，依法追究刑事责任；10年内不得重新取得机动车驾驶证，重新取得机动车驾驶证后，不得驾驶营运机动车
饮酒后或者醉酒驾驶机动车发生重大交通事故，构成犯罪的	依法追究刑事责任，并由公安机关交通管理部门吊销机动车驾驶证，终生不得重新取得机动车驾驶证
正在接受社区戒毒、强制隔离戒毒、社区康复措施，或者长期服用依赖性精神药品成瘾尚未戒除，被查获有吸食、注射毒品后驾驶机动车行为的	由公安机关交通管理部门注销机动车驾驶证
公路客运车辆载客超过额定乘员的；货运机动车超过核定载质量的	处200元以上500元以下罚款，由公安机关交通管理部门扣留机动车至违法状态消除
公路客运车辆载客超过额定乘员20%或者违反规定载货的；货运机动车超过核定载质量30%或者违反规定载客的	处500元以上2000元以下罚款，由公安机关交通管理部门扣留机动车至违法状态消除

3 行政强制措施

除了行政处罚外，公安机关交通管理部门还可以依法在现场采取一些行政强制措施，包括以下几个方面：

（1）扣留车辆；

（2）扣留机动车驾驶证；

（3）拖移机动车；

（4）收缴非法牌证、装置及拼装或报废的机动车；

（5）检验体内酒精、国家管制的精神药品、麻醉药品含量。

第二节 机动车驾驶员培训管理法规知识

机动车驾驶员培训是道路运输相关业务的重要组成部分，是影响道路运输安全的重要因素。为了规范机动车驾驶员培训经营活动，维护机动车驾驶员培训市场秩序，保护各方当事人的合法权益，政府部门制定了系列法规和技术标准，主要包括《机动车驾驶员培训管理规定》（交通部2006年第2号令）、《道路运输从业人员管理规定》（交通部2006年第9号令）及《机动车驾驶员培训机构资格条件》（GB/T 30340—2013）等。教练员应理解这些管理规定的内涵，以便在驾驶培训过程中做到遵章守法，规范施教。

一 机动车驾驶员培训管理相关规定

机动车驾驶培训业务是指以培训学员的机动车驾驶能力或者以培训道路运输驾驶人员的从业能力为教学任务，为社会公众有偿提供驾驶培训服务的活动。包括对初学机动车驾驶人员、增加准驾车型的驾驶人员和道路运输驾驶人员所进行的驾驶培训、继续教育以及机动车驾驶员培训教练场经营等业务。

县级以上地方人民政府交通主管部门负

责组织领导本行政区域内的机动车驾驶员培训管理工作，县级以上道路运输管理机构负责具体实施本行政区域内的机动车驾驶员培训管理工作。

1 机动车驾驶员培训业务的分类

机动车驾驶员培训业务根据经营项目分为普通机动车驾驶员培训、道路运输驾驶员从业资格培训、机动车驾驶员培训教练场经营三类。

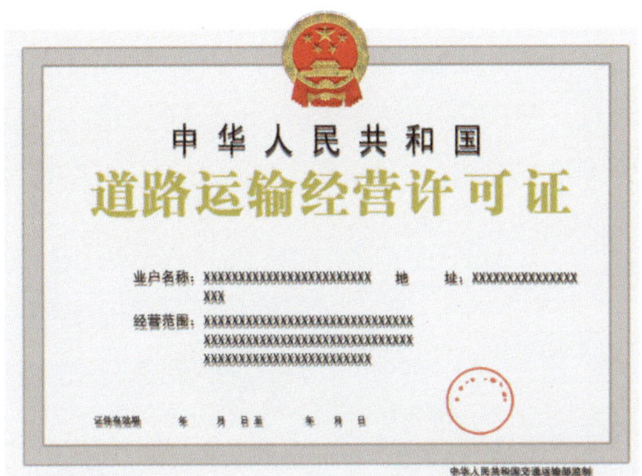

普通机动车驾驶员培训分为一级普通机动车驾驶员培训、二级普通机动车驾驶员培训和三级普通机动车驾驶员培训三类，均可根据实际学驾需求来选择教练车的车型。

道路运输驾驶员从业资格培训分为道路客货运输驾驶员从业资格培训和危险货物运输驾驶员从业资格培训两类。获得道路客货运输驾驶员从业资格培训许可的，可以从事经营性道路旅客运输驾驶员、经营性道路货物运输驾驶员的从业资格培训业务；获得危险货物运输驾驶员从业资格培训许可的，可以从事道路危险货物运输驾驶员的从业资格培训业务。获得道路运输驾驶员从业资格培训许可的，还可以从事相应车型的普通机动车驾驶员培训业务。

获得机动车驾驶员培训教练场经营许可的，可以从事机动车驾驶员培训教练场经营业务。

2 机动车驾驶员培训业务的申请

1 申请条件

申请普通机动车驾驶员培训业务，应当具有符合《机动车驾驶员培训机构资格条件》（GB/T 30340—2013）的条件，具体见表4-9。

申请普通机动车驾驶员培训业务应具备的条件 表4-9

项　目	条　件
主体资格	具有独立企业法人资格
组织机构	有健全的培训机构，包括教学管理、教练员管理、学员管理、结业考核、教学质量管理、安全管理、教练车管理、设施设备管理及档案管理等部门
管理制度	有健全的管理制度，包括教学管理制度、教练员管理制度、学员管理制度、结业考核制度、诚信承诺制度、学员投诉受理制度、安全生产责任制度、教练车及设施设备管理制度、档案管理制度、培训收费管理制度等
教学人员	有与培训业务相适应的专职教学人员，包括理论教练员、驾驶操作教练员、结业考核员
管理人员	有与培训业务相适应的管理人员，包括培训机构负责人、教学负责人、安全管理人员、教练车管理人员、设施设备管理人员、档案管理人员等
教学车辆	（1）教练车数量符合要求：一级普通机动车驾驶员培训机构的教练车总数应不少于80辆，二级普通机动车驾驶员培训机构的教练车总数应不少于40辆，三级普通机动车驾驶员培训机构的教练车总数应不少于20辆，均不包含三轮汽车、普通三轮摩托车、普通二轮摩托车或轻便摩托车等车型教练车数量； （2）教练车应当符合《机动车运行安全技术条件》（GB 7258—2012）、《营运车辆综合性能要求和检验方法》（GB 18565—2001）等技术标准要求，达到《营运车辆技术等级划分和评定要求》（JT/T 198—2004）中规定的二级车以上技术条件，并装有副后视镜、副制动踏板、车载计时计程终端、灭火器及其他安全防护装置； （3）教练车标识符合省级道路运输管理机构有关统一标识的要求
教学设施、设备和场地	有必要的教学场地、办公场所及教学与服务设施、设备

2 申请程序

申请从事机动车驾驶员培训业务的，应当向所在地县级道路运输管理机构提出申请，并提交相应的材料。道路运输管理机构对机动车驾驶员培训业务申请予以受理的，应当自受理申请之日起15日内审查完毕，作出许可或者不予许可的决定。被许可的机动车驾驶员培训机构，应当持机动车驾驶员培训许可证件依法办理工商营业登记和税务登记。

3 许可证件发放与有效期

机动车驾驶员培训许可证件由省级道路运输管理机构统一印制并编号，县级道路运输管理机构按照规定发放和管理。

机动车驾驶员培训许可证件实行有效期制。从事普通机动车驾驶员培训业务和机动车驾驶员培训教练场经营业务的证件有效期为6年；从事道路运输驾驶员从业资格培训业务的证件有效期为4年。机动车驾驶员培训机构应当在许可证件有效期届满前30日到作出原许可决定的道路运输管理机构办理换证手续。

3 机动车驾驶员培训经营行为要求

（1）机动车驾驶员培训机构应当在核准的注册地开展培训业务，不得采取异地培训、恶意压价、欺骗学员等不正当手段开展培训活动，不得允许非本单位的教练车辆以其名义进行机动车驾驶员培训活动。

（2）机动车驾驶员培训机构应当按照全国统一的教学大纲进行培训，建立教学日志、学员档案，向培训合格的学员颁发结业证书。学员档案保存期不少于4年。

（3）机动车驾驶员培训实行学时制，按照学时合理收取费用。学员理论培训或实际操作培训时间每天均不得超过4个学时。

（4）机动车驾驶培训教练车应当按规定使用标识、号牌和携带车辆营运证，安装和使用培训计时管理系统，在规定的教练场地内培训。教练车的技术等级应当达到二级以上，其维护、检测、技术管理和审验应当遵守道路运输车辆的有关规定。禁止使用报废的、检测不合格的和其他不符合国家规定的车辆从事机动车驾驶员培训业务。不得随意改变教学车辆的用途。

（5）机动车驾驶员培训机构在道路上进行培训活动，应当遵守公安机关交通管理部门指定的路线和时间，并在教练员随车指导下进行，与教学无关的人员不得乘坐教学车辆。

（6）机动车驾驶员培训机构应当按照有关规定向县级以上道路运输管理机构如实提供培训记录以及有关统计资料。

小知识

培　训　记　录

培训记录包含学员参加驾驶培训的基本信息，如每个科目的培训学时、学员签名、教练员签名、培训机构准考意见和管理机构审核意见，是督促培训机构严格执行教学大纲、教学计划，确保培训质量的重要途径。

教练员应按照统一的教学大纲规范施教，如实填写教学日志和培训记录。学员完成规定的学习内容和学时，申请相应科目考试时，应提供培训记录。培训记

录须经交通部门核实，并存入培训机构为学员建立的档案，存档时间不少于4年。

中华人民共和国机动车驾驶培训记录　№31013923002

姓名		性别		身份证件号码		入学时间		（照片）
家庭住址				联系方式				
申请车型	A1□ A2□ A3□ B1□ B2□ C1□ C2□ C3□ C4□ D□ E□ F□ M□ N□ P□							

科目名称	培训学时	学员签名	教员签名	培训单位意见	道路运输管理机构审核
科目一		年 月 日	年 月 日	（盖章）签名： 年 月 日	（盖章）签名： 年 月 日
科目二		年 月 日	年 月 日	（盖章）签名： 年 月 日	（盖章）签名： 年 月 日
科目三		年 月 日	年 月 日	（盖章）签名： 年 月 日	（盖章）签名： 年 月 日

车管所存

注：1、培训记录一式三份，在完成培训和考试所有程序后，培训单位、道路运输管理机构、公安交通管理部门车辆管理所各存一份。
2、在预约科目一、科目二考试时，公安交通管理部门车辆管理所查验培训记录后，应将培训记录退还驾校。在预约科目三考试时，公安交通管理部门车辆管理所查验培训记录后，应收存归档。

注：①培训记录一式三份，在完成培训和考试所有程序，培训机构、道路运输管理机构、公安交通管理部门车辆管理所各存一份。

②在预约科目一、科目二考试时，公安交通管理部门车辆管理所查验培训记录后，应将培训记录退还培训机构，在预约科目三考试时，公安交通管理部门车辆管理所查验培训记录后，应收存归档。

（7）省级道路运输管理机构应当建立机动车驾驶员培训机构质量信誉考评体系。机动车驾驶员培训机构质量信誉考评应当包括培训机构的基本情况、教学大纲执行情况、结业证书发放情况、培训记录填写情况、教练员的质量信誉考核结果、培训业绩、考试情况、不良记录等内容。

4 机动车驾驶员培训经营违法行为法律责任

机动车驾驶员培训经营违法行为的处罚措施见表4-10。

机动车驾驶员培训经营违法行为的处罚措施　表4-10

经营违法行为	处罚措施
使用无车辆营运证的教练车从事培训活动的	责令改正，处3000元以上10000元以下罚款
采取不正当手段开展培训活动或者允许非本单位的教练车辆以其名义进行机动车驾驶员培训活动的	责令改正，处3000元以上10000元以下罚款；有违法所得的，没收违法所得；情节严重的，由实施许可的机关吊销经营许可证或者核减相应的经营范围
未按规定使用教练车标识、未安装和使用培训计时管理系统、未在规定的教练场地内培训或者未按规定维护和检测教练车的	责令改正，处1000元以上3000元以下罚款，有违法所得的，没收违法所得
未按照要求聘用教学人员的	责令限期整改；逾期整改不合格的，予以通报
未按规定报送培训记录和有关统计资料的	
使用不符合规定的车辆及设施、设备从事教学活动的	
存在索取、收受学员财物，或者谋取其他利益等不良行为的	
未定期公布教练员教学质量排行情况的	

二 机动车驾驶员培训教练员管理相关规定

1 教练员从业资格申请与考试

① 从业资格申请程序

申请参加教练员从业资格考试的，应当向其户籍地或者暂住地省级道路运输管理机构提出申请，并按照要求提供相应的材料。交通主管部门和道路运输管理机构对符合申请条件的申请人应当安排考试。

② 从业资格考试

教练员从业资格实行全国统一考试制度。考试每年举行两次。教练员从业资格全国统一考试由省级道路运输管理机构按照交通部制定的考试大纲、考试题库、考核标准、考试工作规范和程序组织实施。

教练员从业资格考试成绩有效期为1年，考试成绩逾期作废。申请人在从业资格考试中有舞弊行为的，取消当次考试资格，考试成绩无效。

2 教练员从业资格证件管理

① 发放从业资格证件

交通主管部门和道路运输管理机构应当在考试结束10日内公布考试成绩。对考试合格人员，省级道路运输管理机构应当自公布考试成绩之日起10日内颁发教练员证，该从业资格证件在全国通用。

② 从业资格证件换证、补证和变更

教练员证的有效期为6年。教练员应当在教练员证有效期届满30日前到原发证机关办理换证手续。

教练员证遗失、毁损的，应当到原发证机关办理证件补发手续。教练员服务单位变更的，应当到交通主管部门或者道路运输管理机构办理从业资格证件变更手续。

③ 从业资格证件注销和吊销

教练员的从业资格证被注销或吊销所对应的情形见表4-11。

教练员证被注销或吊销对应的情形 表4-11

处罚类型	实施处罚对应的情形
注销从业资格证件	（1）持证人死亡； （2）持证人申请注销； （3）年龄超过60周岁； （4）机动车驾驶证被注销或者被吊销； （5）超过从业资格证件有效期180日未申请换证
吊销从业资格证件	（1）身体健康状况不符合有关机动车驾驶和相关从业要求且没有主动申请注销从业资格； （2）发生重大以上交通事故，且负主要责任； （3）发现重大事故隐患，不立即采取消除措施，继续作业

被注销或吊销的从业资格证件，由发证机关予以收回，公告作废并登记归档；无法收回的，从业资格证件自行作废。

3 教练员从业行为要求

（1）教练员应当按照核定的准教类别、统一的教学大纲规范施教，如实填写教学日志和培训记录，不得擅自减少学时和培训内容。

（2）教练员从事教学活动时，应当随身携带教练员证，不得转让、转借教练员证。在道路上学习驾驶时，随车指导的教练员应当持有相应的教练员证，即其准教车型与学员申请的准驾车型应相符。

（3）机动车驾驶培训教练员应当按照规定接受驾驶新知识、新技术的教育，提高职业素质。

（4）机动车驾驶员培训机构对教练员教学情况实施监督检查，定期对教练员的教学水平和职业道德进行评议，公布教练员的教学质量排行情况，督促教练员提高教学质量。

（5）省级道路运输管理机构制定教练员教学质量信誉考核办法，对教练员实行教学质量信誉考核，并将考核结果记入教练员档案。教练员教学质量信誉考核内容应当包括教练员的基本情况、教学业绩、教学质量排行情况、参加再教育情况、不良记录等。

4 教练员从业违法行为的处罚措施

在从事机动车驾驶员培训教学中，教练员出现表4-12所示的违法行为时，将受到相应的处罚。

教练员从业违法行为的处罚措施　　表4-12

从业违法行为	处罚措施
未按照核定的准教类别规范施教，或者未如实填写教学日志和培训记录，或者擅自减少学时和培训内容的	责令改正，处1000元以上3000元以下罚款，有违法所得的，没收违法所得
学员在教学过程中有道路交通安全违法行为或者造成交通事故的	由教练员承担责任；责令限期整改；逾期整改不合格的，予以通报
存在索取、收受学员财物，或者谋取其他利益等不良行为的	责令限期整改；逾期整改不合格的，予以通报
未按照规定参加驾驶新知识、新技能再教育的	

第五章 车辆使用常识

车辆是驾驶员从事驾驶活动的基本工具。教练员让学员掌握车辆使用的基本常识，正确使用车辆的各种安全装置与新技术，做好车辆技术性能检查与维护，在车辆出现故障时正确进行处置，对于保持汽车完好的技术状况或工作性能，保障行车安全具有重要的作用。本章重点介绍了车辆安全性能、车辆新技术应用、车辆维护与故障处置等知识。

第一节 车辆安全性能与新技术应用

学员通过掌握车辆的基本结构，尤其是主动、被动安全系统的功用以及车辆的技术性能等知识，才能够合理地使用车辆，保持车辆良好的性能，保证行车时的安全。

一 教练车的特殊要求

1 教练车技术参数要求

教练车技术参数应符合下列要求：

（1）大型客车、城市公交车：车长不小于9m的大型载客汽车。

（2）牵引车：总长不小于12m的半挂汽车列车。

（3）中型客车：车长不小于5.8m的中型载客汽车。

（4）大型货车：车长不小于9m、轴距不小于5m的重型载货汽车。

（5）小型汽车：车长不小于5m的轻型载货汽车，或者车长不小于4m的小型载客汽车。

（6）小型自动挡汽车：车长不小于5m的轻型自动挡载货汽车，或者车长不小于4m的小型自动挡载客汽车。

（7）低速载货汽车、三轮汽车：车长不小于3.3m、轴距不小于2.3m、轮距不小于1.3m的载货汽车。

（8）残疾人专用小型自动挡载客汽车：应加装符合《肢体残疾人驾驶汽车的操纵辅助装置》（GB/T 21055—2007）要求的肢体残疾人驾驶汽车的操纵辅助装置，且车长不小于4m的小型自动挡载客汽车。

①申请人为右下肢残疾的，应加装制动和加速迁延控制手柄或者制动和加速迁延控制踏板；

②申请人为双下肢残疾的，应加装转

向盘控制辅助手柄、制动和加速迁延控制手柄、转向信号迁延开关，或者驻车制动辅助手柄。

（9）普通三轮摩托车：至少有4个速度挡位的普通正三轮摩托车或者普通侧三轮摩托车。

（10）普通二轮摩托车：至少有4个速度挡位的普通二轮摩托车。

（11）轮式自行机械车、无轨电车和有轨电车等其他教练车车型：外廓尺寸参数由省级道路运输管理机构确定。

2 教练车安全设施及标识要求

教练车（三轮汽车除外）装备有副制动踏板，教练员在行车过程中可以有效地控制机动车减速或停车。

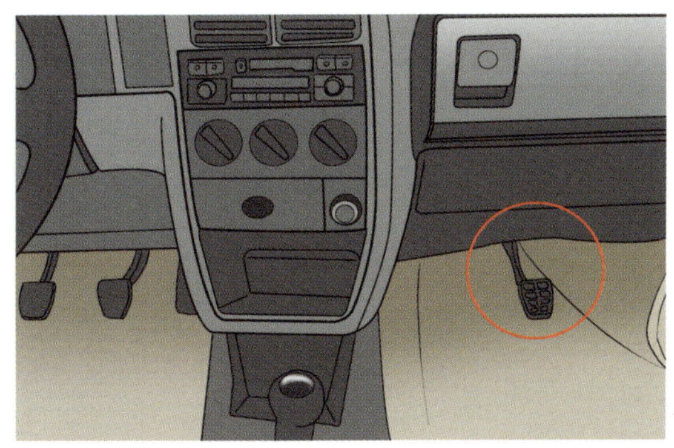

教练车（三轮汽车除外）安装有符合规定的辅助后视镜，教练员能够有效地观察到车辆周围的交通状况，提示驾驶学员采取预见性驾驶。

教练车应随车配有符合要求的灭火器、危险警告标志、备胎、垫木等安全设施和工具。

教练车在车身两侧及后部应喷涂高度大于等于100mm的“教练车”等字样，教练车标识应符合省级道路运输管理机构有关的统一要求。

二 车辆主动安全系统的功用

车辆主动安全系统是避免发生交通事故的各种车辆技术措施的统称，目的为“防止事故”。

1 防抱死制动系统（简称ABS系统）

ABS系统可以保证车辆在具有高、低或混合附着系数的各种道路路面上进行紧急制动时，能自动控制和调节制动力，防止车轮抱死，使每个车轮产生尽可能大的地面制动力，防范制动过程中的跑偏、甩尾等不稳定状态，以获得良好的制动性能和转向操稳性能。目前在轿车、大型客车和重型载货车辆上广泛采用了ABS系统。

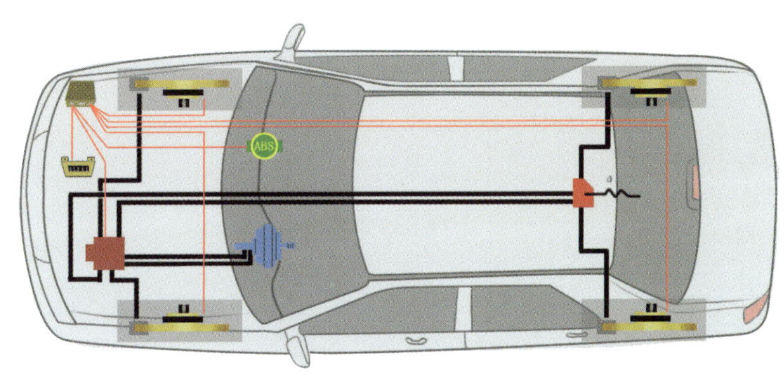

对于安装有ABS系统的车辆，驾驶员在操控时应注意以下事项：

（1）制动时，驾驶员要持续踩住制动踏板不放松，使ABS系统有效发挥作用（感觉到制动踏板发生振颤），保证足够和连续的制动力；

（2）ABS系统不能直接减少制动距离，因此，在车辆运行过程中，驾驶员仍应保持足够的安全距离。

2 驱动防滑控制装置（简称ASR系统）

ASR系统的作用是防止车辆起步、加速、转向及在湿滑路面行驶过程中出现驱动轮打滑，前轮驱动的车辆会出现转向失控，而后轮驱动的车辆会出现甩尾。ABS系统和ASR系统都是用来防止车轮相对地面的滑动，但是，ABS系统是在车辆制动过程中工作，即在车轮出现滑移时起作用，而ASR系统则是在车辆行驶过程中工作，即在驱动轮出现滑转时起作用。ABS系统一般在车速很低（小于8km/h）时不起作用，而ASR系统一般在车速很高（大于80km/h）时不起作用。

3 电子稳定程序（简称ESP系统）

ESP系统是对ABS系统及ASR系统的一种补充，通过调节车轮的制动力和发动机的输出功率，防止车辆在紧急情况下或转弯时的过度转向或转向不足，使车辆不偏离合适的行驶路线，保持在原来的车道内行驶：

（1）车辆左转弯转向不足时，车辆将向车道外偏移，此时，ESP系统通过调节左后轮的制动力，使车辆保持原来的行驶路线。

（2）车辆左转弯过度转向时，车尾将甩出车道，此时，ESP系统通过调节右前轮的制动力，以避免发生侧滑的危险。

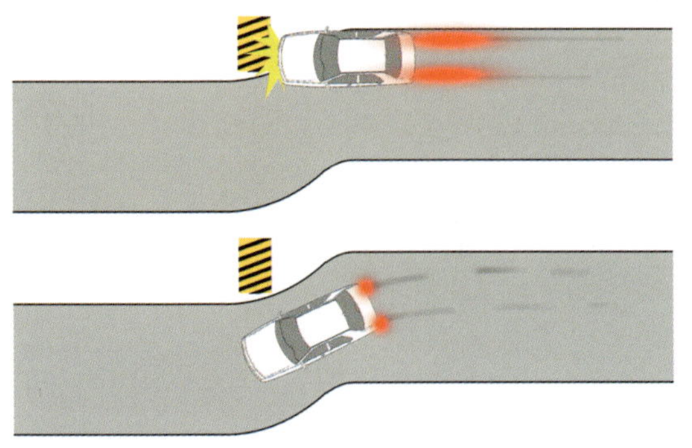

4 巡航控制系统（简称CCS系统）

CCS系统的功用是在道路交通状况良好的情况下，驾驶员设定目标速度并打开巡航控制开关后，驾驶员不用操控加速踏板，车辆就可以自动地保持驾驶员所设定的速度行驶。当驾驶员再次踩踏加速踏板、制动踏板、离合器踏板或者取消巡航控制时，CCS系统立即解除巡航状态。CCS系统既可以减轻驾驶员的操作负担，提高车辆行驶的舒适性，又可以节约燃料和减少有害气体排放。

5 间距检测系统

间距检测系统就是在车辆的前后两端安装超声波传感器，根据传感器发出与接收信号的时间间隔来测算障碍物的距离，并根据与障碍物的不同距离，通过指示灯或蜂鸣器告知驾驶员，保障驾驶员在狭窄道路上和倒车时的行车安全。

6 缓速器

缓速器通常安装在汽车变速器后端、传动轴或后桥的输入端，完全独立于行车制动系统。在车辆频繁制动或者下长坡制动时，缓速器承担车辆绝大部分的制动负荷，避免行车制动器因长时间工作而导致制动鼓和摩擦片过热，造成制动效能下降，甚至出现制动失效的危险。

缓速器的使用有以下几种方法：

（1）缓速器操纵控制开关通常设有0、1、2、3、4五个挡位，0挡位不发生作用，其他挡位的制动强度依次增大。驾驶员可根据路况及制动强度的需要，合理选择挡位。

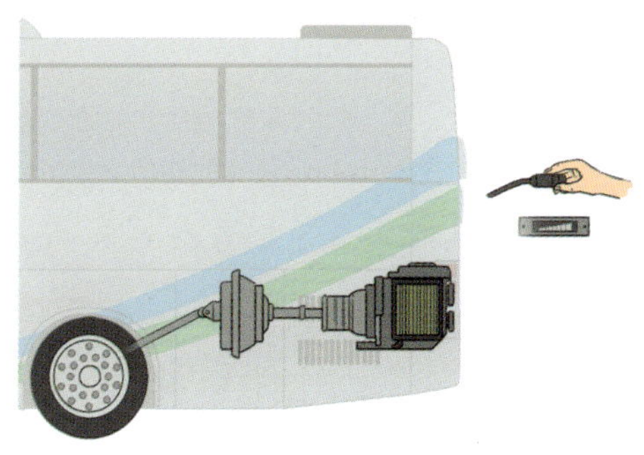

（2）当车辆下长坡时，在获得稳定的车速后，一般将缓速器控制开关置于中挡位置。在山区行驶、特别是在长下坡路段行驶时，不能连续将缓速器手控开关放在最高挡位，以避免缓速器持续过热导致线圈烧坏。

（3）车辆空载或行驶在冰雪、泥泞等低附着的路段时，使用缓速器应注意不能升挡太快，以避免缓速器作用力过大引起车轮打滑。

（4）计划停车时，提前3~4km或10min关闭缓速器，使其在停车前得到充分散热。

7 胎压监测报警系统（简称TPMS系统）

TPMS系统的作用是在汽车行驶过程中对轮胎气压进行实时自动监测，并对轮胎漏气和低气压进行报警，以确保行车安全。目前，TPMS系统主要分为两种类型：

（1）直接式，即利用安装在每一个轮胎里的压力传感器来直接测量轮胎的气压，利用无线发射器将压力信息从轮胎内部发送到中央接收器模块上的系统，然后对各轮胎气压数据进行显示。当轮胎气压太低或漏气时，系统会自动报警。

（2）间接式，即通过汽车ABS系统的轮速传感器来比较轮胎之间的转速差别，以达到监测胎压的目的。当轮胎压力降低时，车辆的重量会使轮胎直径变小，导致车速发生变化，这种变化即可用于触发警报系统来向驾驶员发出警告。

三 车辆被动安全系统的功用

车辆被动安全系统是在交通事故发生时或发生后，避免或减轻对人员及车辆伤害程度的各种车辆技术措施的统称，目的是为了“减轻事故后果”。

1 安全带

车辆发生碰撞或紧急制动时，安全带预紧装置就会瞬间收束，绷紧佩戴时松弛的安全带，将乘员牢牢地固定在座椅上，避免驾乘人员与转向盘、风窗玻璃、座椅靠背等车内物体发生二次碰撞；当安全带的收束力度超过一定限度时，限力装置就会适当放松安全带，保持胸部受力稳定，起动缓冲作用，减轻对人体的伤害程度。调查表明，如果正确系安全带，在发生正面碰撞时，死亡率可减少57%；在发生侧面碰撞时，死亡率可减少44%；在发生翻车或坠车时，死亡率可减少80%。

根据《机动车安全运行技术条件》（GB 7258—2012）的要求，公路客车、旅游客车的所有座椅，以及其他汽车（低速汽车除外）的驾驶员座椅和前排乘员座椅均安装有汽车安全带。所有驾驶员座椅、前排乘员座椅（货车前排乘员座椅的中间位置除外）、客车位于踏步区的车组人员座椅，安装三点式（或四点式）汽车安全带；卧铺客车的铺位安装两点式汽车安全带。

正确系三点式安全带的方法：先根据身高调整安全带的高度，用右手将安全带平顺拉出，将搭扣插头插入插座里；肩部安全带从肩部与颈根部之间的合适位置（锁骨）通过，斜挎胸前并牢固佩戴，不要从颈部或胳膊下面通过；腰部安全带应从髋部上经过，不要从腹部上通过。

案例

漠视安全带　遇车祸飞天外

2012年8月31日8时许，河南省某客运公司驾驶员郭某驾驶一辆大型普通客车（核载29人，实载27人），沿连霍高速公路自西向东行驶至784km+420m处河南三门峡境内（该路段为下长坡弯路，且雨天路面湿滑），车辆发生侧滑，撞击道路左侧桥面护栏后，翻至道路右侧边沟中，造成11人死亡、14人受伤。

事故调查发现，肇事车座位虽然全部安装有安全带，但40%的座位配备的安全带存在缺少安全带锁扣等问题，不能正常使用。客运驾驶员在发车前未履行安全告知义务，没有提醒旅客系安全带，客运站也未对出站车辆旅客系安全带情况进行检查。从事故的后果来看，车辆左前部直接撞击地面的部分变形较为严重，车体大部分变形不严重，未影响内部生存空间，大部分旅客是先被甩出车外，后被肇事车砸压致死。如果旅客能够正确使用安全带，必然会大大减少伤亡人数。

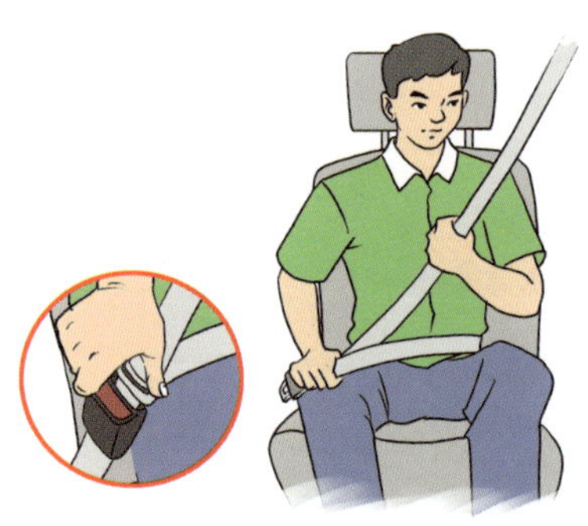

系安全带时，要避免安全带卷曲，且不能让安全带压在眼镜、钢笔和钥匙等坚硬或易碎的物体上。一条安全带只能供一个人使用，严禁双人共用。解除安全带时，松开安全带搭扣按钮后不能立即松手任其复位，避免安全带收卷弹力造成伤害。

儿童安全带和安全座椅

车辆安全带通常依据成人的身高设计，因此，12岁以下、身高不足150cm的儿童不适合佩戴常规的安全带，而必须用专门的儿童安全座椅来保护。否则，在紧急制动和发生交通事故时，会因安全带不适合儿童身体特征而发生严重的危险。因此，儿童出行时需使用儿童安全座椅。

①体重9～18kg、年龄约9个月至3岁的婴幼儿乘坐轿车时，需使用儿童安全座椅。

②身高140cm左右的儿童乘坐轿车时，需使用带三点式安全带的可升高的座椅。

2 安全气囊

安全气囊已经成为大多数轿车的标准安全配置。当车辆在20km/h以上的速度正面撞击物体或者在车辆前方左右两侧30°以内的

方向受到撞击时，安全气囊会在瞬间充气、膨出，垫在驾驶员与车内硬物之间，防止驾驶员的头部和胸部撞击到转向盘或仪表板等硬物上，从而避免和减轻人员的伤亡。

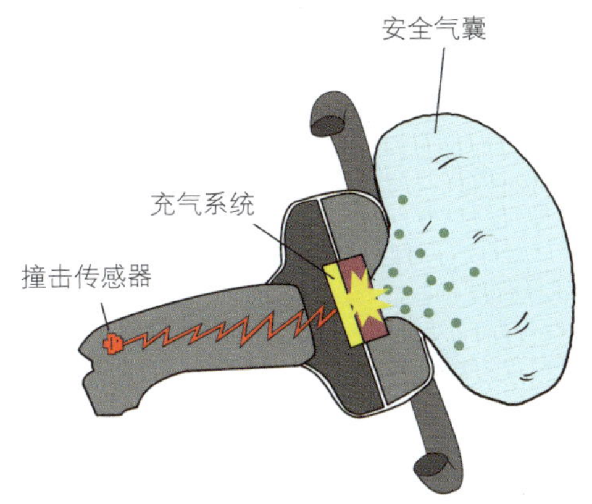

系好安全带是安全气囊发挥保护作用的一个重要前提条件。否则，安全气囊展开时强大的瞬间撞击力，会对人的头部和颈部等较为脆弱的部位造成严重的伤害，尤其对于儿童，这种伤害可能是致命的。

不要在安全气囊附近摆放打火机、香水等物件，防止安全气囊触发的瞬间弹起这些物件，给乘车人造成伤害。

当安全气囊处于工作状态时，严禁在副驾驶座位上设置儿童座椅，或者安排儿童乘坐，以防安全气囊触发时对儿童造成伤害。

四 车辆其他安全装置

1 灭火装置及危险警告标志

灭火器是驾驶员在初期火灾进行紧急自救的重要工具。车辆应配备足量、有效的灭火器（一般来说，30座以下的客车配置1个灭火器，30座以上的客车配置2个灭火器，卧铺客车配置2个灭火器，大中型客车要求配置8kg以上的灭火器）。

灭火器应在车辆（客厢内）按前、后，或前、中、后进行分布，其中一个应靠近驾驶员座椅。驾驶员应每月检查一次灭火器压力，查看标注的有效期，及时更换失效的灭火器。

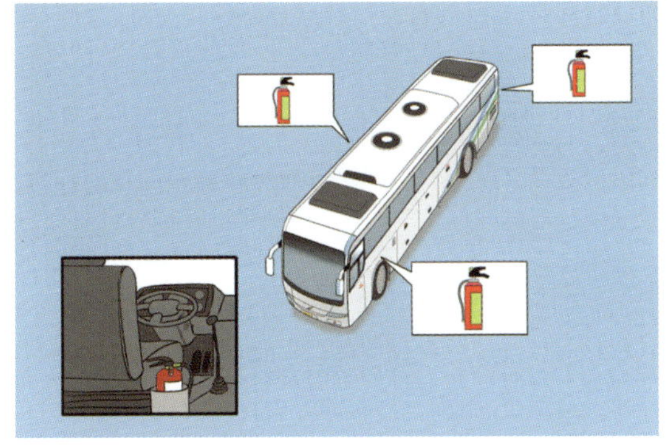

发动机后置的客车，通常装备有发动机舱自动灭火装置。自动灭火装置主要由易燃线和干粉喷粉装置组成。喷粉装置安装在发动机高温热源部件上方，当发动机舱内起火（或高温）引燃了易燃线时，自动引爆干粉喷粉装置喷粉，达到自动灭火效果。

汽车（无驾驶室的三轮汽车除外）应装备有符合规定的危险警告标志，在车辆出现故障或发生事故临时停车时，驾驶员应按规定摆放危险警告标志。

2 安全出口（安全门、窗）

当车辆发生火灾、侧翻等紧急情况或事故时，安全出口对于保障乘员逃生或救援人员有效开展施救非常重要。安全出口包括应急门、应急窗或撤离舱口。

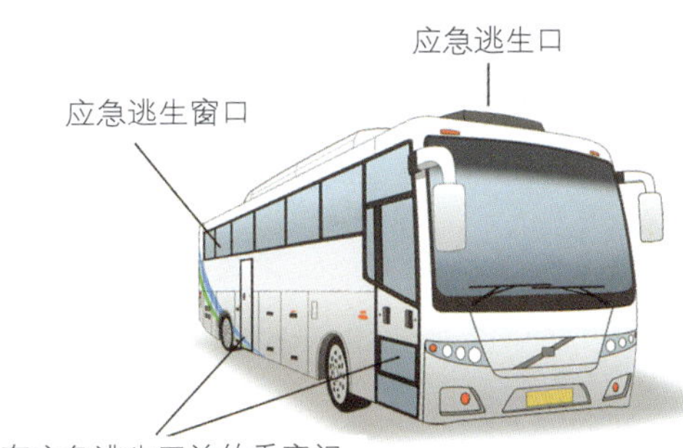

每个安全出口的附近都应设“安全出口”字样。在乘客门和应急出口的应急控制器（包括用于击碎应急窗车窗玻璃的工具）的附近，标有清晰的符号或字样，并注有操作方法。

3 车身反光标识

所有货车（半挂牵引车除外）和挂车应在侧面设置车身反光标识。侧面的车身反光标识长度应不小于车长的50%，对货厢长度不足车长50%的货车应为货厢长度。

半挂牵引车应在驾驶室后部上方设置能体现驾驶室的宽度和高度的车身反光标识，其他货车和挂车（设置有符合规定的车辆尾部标志板的除外）应在后部设置车身反光标识。后部的车身反光标识应能体现机动车后部的高度和宽度，厢式货车和挂车应能体现货厢轮廓。

4 汽车和挂车侧面及后下部防护装置

总质量大于3500kg 的货车（半挂牵引车除外）和挂车应提供防止人员卷入的侧面防护装置。货车列车的货车和挂车之间应提供防止人员卷入的侧面防护装置。

总质量大于3500kg 的货车（半挂牵引车除外）和挂车（长货挂车除外）的后下部应装备符合规定的后下部防护装置，该装置对追尾碰撞的机动车应有足够的阻挡能力，以防止发生钻入碰撞。

五 车辆性能对安全行车的影响

车辆的性能主要包括动力性、燃油经济性、制动性、操纵稳定性、舒适性及通过性等几个方面。在以上诸多性能指标中，对安全行车影响最大的是车辆制动性和操纵稳定性。

1 车辆制动性对安全行车的影响

车辆的制动性是指车辆在行驶过程中强制地将车速降低直到停车，或在下坡时能控制车辆保持一定速度的能力。反映车辆制动性的主要指标有停车距离、制动效能的恒定性和制动时的方向稳定性。

（1）停车距离。行驶的车辆要停下来，需要经过以下制动过程：

①驾驶员发现需要停车的情况（决定采取制动）；

②把脚从加速踏板上移下来；

③把脚移到制动踏板上；

④踩下制动踏板；

⑤车轮制动器开始起作用，车轮转速开始降低，车辆开始减速；

⑥车辆完全停止。

行驶中的车辆，从驾驶员发现情况到车辆完全停止，经历了驾驶反应距离、制动器反应距离和制动距离三个阶段（统称为停车距离）。为了保证车辆行驶的安全性，停车距离越短越好。以下几个方面对停车距离影响较大：

①驾驶员反应距离。驾驶员反应距离是指驾驶员反应时间内车辆所行驶的距离。在车辆制动过程中，驾驶员反应距离是一个非常重要的环节，占全部停车距离的50%左右。为了缩短驾驶员的反应距离，必须要缩短驾驶员的反应时间，而驾驶员反应时间的长短，主要取决于人的因素，即驾驶员的反应能力和动作能力。只有反应迅速、动作灵敏，反应时间才有可能缩短。这就要求教练员在教学中，不仅要训练学员发现险情，而且要求在极短的时间内针对险情作出相应的处理。集中注意力和仔细观察，是缩短驾驶员反应时间最有效的方法。

②行驶速度。制动距离与制动开始时的车辆初始速度成平方关系增长，当速度从50km/h增加1倍(即100km/h)时，制动距离约为原来的4倍；同时，驾驶员反应时间内行驶的距离和制动器起作用时间内行驶的距离也要延长，而且与速度成正比增加。因此，高速行驶的车辆制动距离将大幅度增加，行驶安全性将下降。从保证行车安全的角度考虑，行驶中不宜开快车，更不可超速行驶。

③附着系数。附着系数表示轮胎与路面的接触强度，其大小主要取决于路面的种类和状况，与轮胎花纹磨损、轮胎气压和行驶速度也有关。

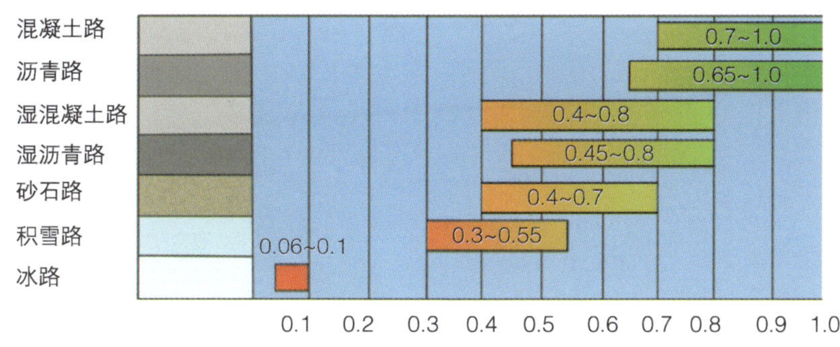

不同路面的附着系数

④装载质量。车辆满载与空载时的制动距离有很大不同，满载时的制动距离要比空载时长。实践证明，在同等速度下，装载质量3t以上的车辆，大约每增加1t载质量，制动距离约增大0.5~1.0m。

在满载行驶时，驾驶员要集中注意力，尽早获得需要制动的信息，以便提前进行制动。同时，要控制好速度，禁止盲目高速行车，以免增大制动距离，增加行车危险。

（2）制动效能的恒定性。车辆制动效能是指车辆迅速减速直至停车的能力。车辆使用过程中，有两种原因可以引起制动效能的降低：

①制动器的热衰退。当车辆下长坡时，

速度会因惯性而加快，为了保证行车安全，需连续制动，制动器会因连续较长时间的摩擦而升温（常在300℃以上，甚至高达600～700℃）。制动器温度升高后，制动器摩擦副的摩擦系数减小，摩擦力下降，车辆的制动效能衰退，这种现象称为制动器的热衰退。

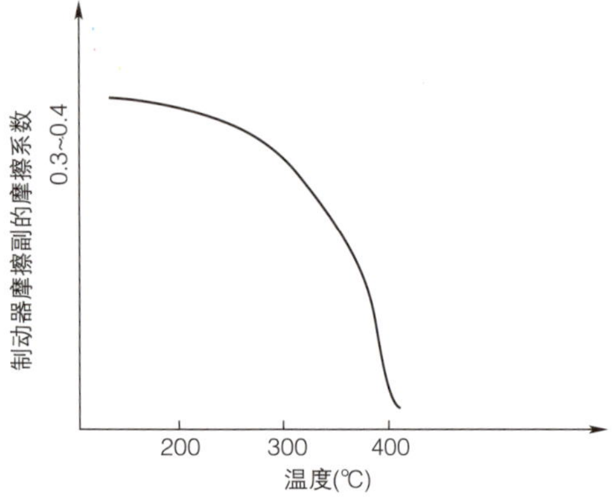

制动器温度与制动性能的关系

②制动器的水衰退。车辆涉水后，由于制动器摩擦副被水浸湿，制动效能也会下降，这种现象称为制动器的水衰退。与鼓式制动器相比，盘式制动器暴露在外，被水浸湿后容易干燥，抗水衰退能力也就比较强。在车辆涉水后，反复踩踏制动踏板，提高制动器温度，使水分迅速蒸发，对缓解制动器的水衰退非常有效。

（3）制动时的方向稳定性。制动时的方向稳定性是指在制动过程中，车辆保持直线行驶或按预定弯道行驶的能力。在较滑的路面上制动，尤其是在高速或转弯时紧急制动，车辆容易失去控制而偏离行驶方向，造成冲入对向车道、边沟及滑下山坡等危险情况。在制动过程中，车辆丧失方向稳定性有以下三种情况：

①制动跑偏。制动跑偏是指制动时，车辆自动向左或向右偏驶。制动跑偏的原因主要是由于左右车轮制动力分配不均匀造成的。另外，装载不均匀也可能造成左右车轮制动力分配不匀而产生制动跑偏。

②制动侧滑。侧滑是指制动时车轮抱死，车辆的某一轴或两轴横向滑移。最危险的情况是高速制动时发生后轴侧滑，此时车辆常因发生不规则的急剧回转失控而造成甩尾。

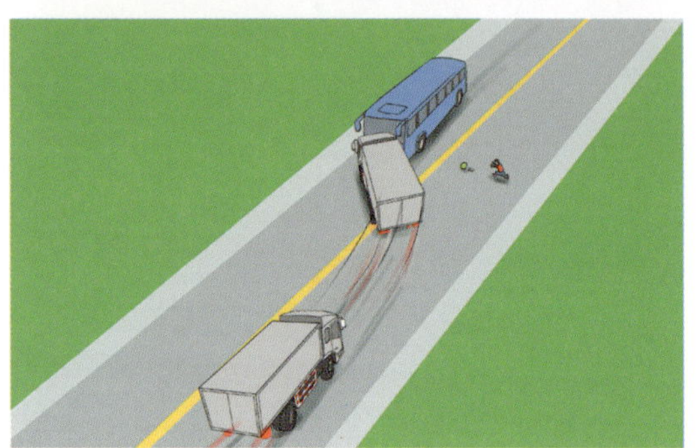

③弯道制动失去转向能力。弯道制动时，转向能力的丧失有两种情况：一种是转弯过程中制动，车辆不能按原来的弯道行驶而沿外侧驶去；另一种是在进入弯道时制动，转向盘不能改变方向仍按直线行驶。产生失去转向能力的原因是转向轮抱死失去控制方向。因此，转弯时应提前降低速度，尽量不要在转弯过程中制动。

2 车辆操纵稳定性对安全行车的影响

车辆的操纵性是指车辆沿着驾驶员给定方向稳定行驶的能力，车辆的稳定性是指

车辆抵抗侧滑和翻车的能力。车辆的操纵性和稳定性是密切相关的，操纵性的丧失往往导致车辆侧滑、回转乃至翻车，而稳定性的丧失往往会使车辆失控，处于危险状态。因此，通常把车辆的操纵性和稳定性合称为车辆的操纵稳定性。

影响车辆操纵稳定性的主要因素有车辆的轴距和转弯时的离心力。

（1）车辆的轴距。车辆前轴与后轴之间的距离称为轴距。轴距的长短不仅决定车辆转弯半径的大小，而且也是内、外轮差的主要决定因素。

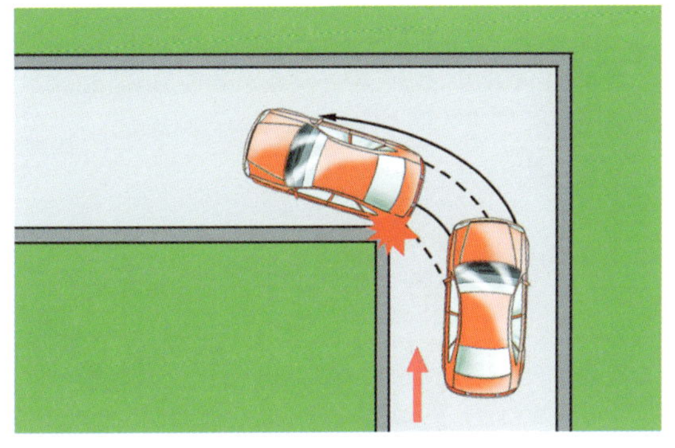

一般车辆前轮为转向轮，转弯时，同一侧的前、后两个车轮的轨迹不在一条线上，内侧前、后车轮轨迹沿转弯半径方向的距离差称为“内轮差”，外侧前、后车轮轨迹沿转弯半径方向的距离差称为“外轮差”。内轮差和外轮差的大小都与车辆的轴距有关，车辆轴距越长，轮差越大。

由于内轮差引起的剐蹭情形：车辆左转弯时，尽管用转向盘控制的前轮转向角很合适，前轮轨迹离路边建筑物有一定距离，但是转向时前、后车轮轨迹不同，转弯内侧后轮轨迹的转弯半径小，后轮轨迹离路边缘建筑物很近，驾驶员稍不注意，就会造成车身后部与路边建筑物剐蹭。

由于外轮差引起的碰撞情形：车辆并列行驶时，左侧车辆为了绕过路边的建筑物，在转弯过程中前、后车轮移动的轨迹差别较大，对右侧并行车辆的前进造成很大妨碍，稍不留意就会发生碰撞。

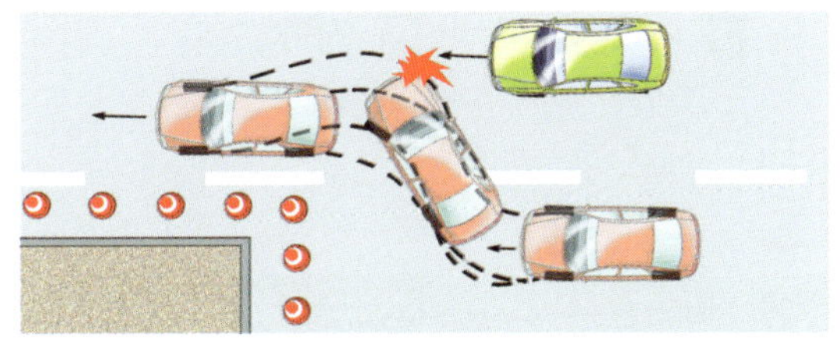

（2）转弯时的离心力。车辆转弯时会产生离心力，离心力的方向是沿着转弯半径远离车辆重心。离心力的大小与车辆行驶速度、总质量、转弯半径、车辆重心位置等有关，转弯半径越小（弯越急）、行驶速度越快、总质量越高，车辆所受到的离心力就越大，且车辆重心位置越高，越容易发生侧滑或侧翻的危险。

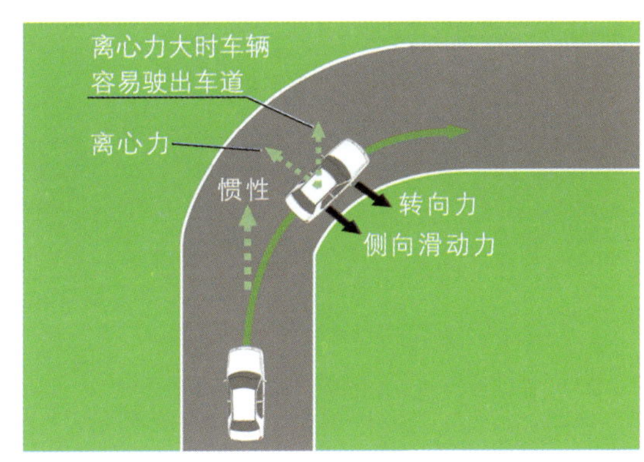

第二节 车辆维护与故障车的处置

车辆在使用过程中，随着行驶里程的增加，某些零部件可能会出现松脱，润滑部件出现缺油和漏油等不良现象，影响行驶的安全性。因此，驾驶员需要学习并掌握车辆维

护的分类、日常维护作业内容及要求、故障车的处置方法等知识。

一 车辆日常维护常识

日常维护是由驾驶员在每日出车前、行车中和收车后负责执行的车辆维护作业。日常维护是发挥车辆效率、减少行车事故、节约维修费用、降低能耗和延长车辆使用寿命的重要环节。

1 日常维护作业中心内容

日常维护的作业中心内容是清洁、补给和安全检查，包括：

（1）坚持“三检”，即在出车前、行车中和收车后，检查车辆的安全机构及各部件连接、紧固的情况；

（2）保持“六洁”，即保持发动机、润滑油、空气滤清器、燃油滤清器、蓄电池和储气筒的清洁；

（3）防止“四漏”，即防止漏水、漏油、漏气和漏电；

（4）保持车容整洁。

2 日常维护方法

驾驶员对车辆部件进行日常维护的方法见表5-1。

车辆日常维护方法 表5-1

项目	维护方法	图例
空气滤清器	取出滤芯，将尘土清除。注意不要用湿布擦拭滤芯，装复时要保持密封	
刮水器和洗涤器	刮水片和风窗玻璃接触不良时，应及时更换。应经常保持储液罐中有足够的洗涤液，添加时注意使用符合要求的洗涤液，并防止杂质混入	
蓄电池	检查蓄电池中电解液的液面高度，并保持蓄电池通气孔的畅通。电解液的液面过低时，应及时补充蒸馏水或补充液	
冷却液	发动机的正常工作温度应保持在85～95℃之间。因此，须检查冷却液的液面高度是否在补偿水箱的上限和下限之间，添加时注意使用符合要求的冷却液	
润滑油	发动机机油压力长时间过低时，应先通过机油尺检查机油量。拔出机油尺检查机油是否在上、下限之间(将车停放在平地上，在发动机起动前或熄火十几分钟后进行)。添加时，注意使用符合质量级别等要求的机油	
风扇传动带	检查风扇传动带的绕度是否在10～15mm之间，否则应进行调整。如果传动带有损伤，应及时更换	
灯光	检查各灯光装置是否完好、工作是否正常。如果有损坏，应及时更换；如果有脏污，应及时清洗	
轮胎	检查轮胎气压是否符合标准(包括备胎)，胎面是否有破裂、损伤和异物，胎面磨损是否超过极限，否则应及时补气或更换，清除胎纹间的异物	
液压制动系统	检查制动液的液面是否在上限和下限之间。如果制动液明显减少，应检查制动系统是否有渗漏	
气压制动系统	起动发动机，观察气压表上的指针上升是否过慢及是否停在规定范围内。通过踩、放制动踏板，检查制动控制阀的排气声音是否正常。如果有异常，应进行检修	
转向系统	前轮处于直线行驶位置时，在转向盘的边缘处检查其自由行程是否过大。如果有异常，应进行检修	

二 车辆定期维护常识

车辆定期维护主要是指交通运输主管部门针对道路运输车辆制定的车辆维护制度，即按照国家标准《汽车维护、检测、诊断技术规范》（GB/T 18344—2001）的要求，对车辆进行一级维护和二级维护，具有强制性。

1 一级维护

车辆一级维护是一项运行性维护作业，以确保车辆正常运行为目的。

车辆一级维护是由维修企业负责执行的维护作业。其作业中心内容除日常维护作业外，以清洁、润滑、紧固为作业中心内容，并检查有关制动、操纵等安全部件。

车辆一级维护的周期通常按照行驶里程或间隔时间来确定，一般为7500～10000km或者30日，具体按照《汽车维护、检测、诊断技术规范》（GB/T 18344—2001）的要求来确定。驾驶员按照运输企业维护作业流程的要求做好相关工作，并可根据车辆使用情况，在车辆进行一级维护时要求增加相关的修理作业内容。

2 二级维护

车辆二级维护是以消除隐患为目的的性能恢复性作业，尤其是恢复达标的排放性能、安全性能，因此，保证车辆二级维护作业的全面性和彻底性很重要。

车辆二级维护是由维修企业负责执行的车辆维护作业。其作业中心内容除一级维护作业外，以检查和调整转向节、转向摇臂、制动蹄片、悬架等经过一定时间的使用容易磨损或变形的安全部件为主，并拆检轮胎，进行轮胎换位，检查调整发动机工作状况和排气污染控制装置等。

道路运输经营者根据车辆类型、运行条件和使用强度等确定车辆的二级维护周期，并报车籍所在地县级以上道路运输管理机构审核备案。车辆二级维护以间隔时间为依据，一般客车为每3个月一次，货车为每4个月一次，其中1次与车辆技术等级评定结合进行。

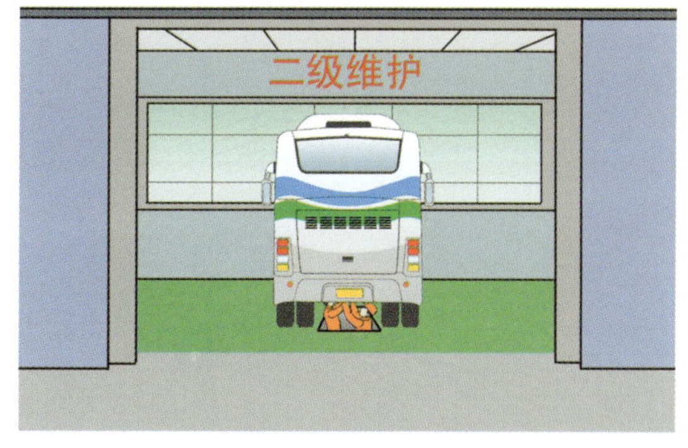

在进行车辆二级维护的过程中，驾驶员主要有以下要求：

（1）驾驶员将车辆送到维修企业后，需要向维修作业人员如实反映车辆的使用技术状况信息（包括车辆动力性、异响、转向性能、制动性能及燃、润料消耗等），帮助维修作业人员进行维修作业前的诊断、检测，确定附加作业项目。

（2）完成车辆二级维护作业后，驾驶员应取得维修企业签发的《机动车维修竣工出厂合格证》、《机动车维修记录》，才允许驾驶车辆出厂。

三 车辆安全检查

车辆安全检查就是对车辆的技术状况、安全部件、操纵装置等进行经常性的检查，可以提前发现车辆故障或者其他不符合安全技术性能的情况，消除事故隐患，杜绝驾驶带“病”车上路，避免行车中因出现车辆故障而引发交通事故，是确保行车安全的重要环节。

1 车辆安全检查训练要求

1 训练前的准备

（1）让学员了解车辆基本结构和主动、被动安全系统的功能，熟悉车辆需要检视部位的技术要求。

（2）教练员要向学员介绍安全检视的内容要求，使学员熟知检视的路线、部位、项目、内容和要求。

2 检视教学过程

（1）需准备手锤、活动扳手和擦车布等工具，其他工具可根据临时需要取用。

（2）按照不同车型的安全检视路线进行各个项目的检视，教练员应指导学员边检视、边操作、边讲述；要求操作规范，讲述准确，发现故障及时排除。

（3）教练员应在适当时候，适时指导，适度提示，适量提问，强化教与学的互动。

（4）训练可使用模拟器、多媒体等教学设备，采用先单项后串联、讨论式等多种教学形式。

案例

违法驾驶带“病”车辆　弯坡路段侧滑后翻车

2012年8月31日8时许，河南省某客运公司驾驶员郭某违法驾驶一辆制动系统不符合要求的大型普通客车（核载29人，实载27人），沿连霍高速公路（G30）自西向东行驶至784km+420m处河南三门峡境内，该路段为下长坡弯路，且雨天路面湿滑，郭某猛踩制动踏板减速时，由于制动性能不良致使车辆发生侧滑并撞击道路左侧桥面护栏后，翻至道路右侧边沟中，造成11人死亡、14人受伤。

2 出车前车辆安全检查

1 出车前的车辆安全检查步骤

出车前，驾驶员应按照以下步骤进行车辆安全检查：

第1步：查看车辆维修情况。驾驶员先根据报修单对车辆维修部位进行检查，确保问题已经得到解决。

第2步：检查发动机舱内情况。先确认车辆的驻车制动器操纵杆处于拉紧状态，再打开发动机罩进行检查。主要检查风扇传动带情况及发动机润滑油、冷却液、制动液、风窗玻璃清洗液等是否充足，有无渗漏。

第3步：检查驾驶室及车厢内部情况。在起动发动机前，主要检查安全带、后视镜、转向盘、制动踏板、离合器踏板、加速踏板、驻车制动器操纵杆及车厢内座椅、安全出口、车内灯等的情况；起动发动机后，主要检查仪表指示灯、发动机异响等情况。安装有卫星定位系统车载终端的车辆，检查车载终端的工作状况。

第4步：检查随车工具。主要检查灭火器、安全锤、危险警告标志、三角垫木、千斤顶、轮胎扳手等的情况。

第5步：检查车辆灯光、信号。主要检查前照灯、制动灯、转向灯、示廓灯、危险报警闪光灯等是否正常，主要检查挂车的各种信号灯是否正常。检查灯光、信号装置时，可在同伴的配合下或者利用墙壁的反射进行确认。

第6步：检查车辆外观。从左前部开始绕车一周，主要检查车辆轮胎、制动管路、转向横直拉杆与球销、悬架、储气筒、防护装置、备胎、油箱及挂车支撑、连接装置等安全部件的情况。

第7步：检查车辆制动性能。完成车辆静止状态下的所有检查项目后，再对车辆的制动系统进行试车检查，即起动发动机以5km/h的速度直线行驶，然后采取紧急制动，检查车辆是否能够立即停止、是否出现跑偏、踩踏制动踏板的感觉是否有异常。

2 出车前车辆安全检查项目及要求

起动发动机前，应按逆时针方向环绕汽车一周，检查汽车外表及外露部件的状况，车型不同，检查部位的组成也有所不同，检查项目及要求见表5-2。

起动发动机前，机动车安全检查项目及要求 表5-2

序号	检查项目	检查要求	适用车型			
			小型汽车	道路旅客运输车辆	道路货物运输车辆	汽车列车
1	轮胎	（1）用气压表检查轮胎气压符合标准； （2）胎面花纹的深度不低于深度标记，胎冠无严重磨损，胎侧无割裂伤，轮胎间无异物	√	√	√	√
2	散热器及冷却液	无泄漏，液面在Max、Min刻度之间	√	√	√	√
3	驱动桥壳	无渗漏	√	√	√	√
4	油底壳	无渗漏	√	√	√	√
5	燃油箱及油箱盖	箱盖完好，无渗漏	√	√	√	√
6	润滑油	（1）用机油尺检查油面在机油尺的凹槽内； （2）油质无乳化等异常现象	√	√	√	√
7	制动液	液面在Max、Min刻度之间	√	√	√	√
8	风窗玻璃清洗液	液面在Max、Min刻度之间	√	√	√	√
9	蓄电池	（1）清洁、无漏液、液量符合要求； （2）电极接线连接牢靠，无腐蚀	√	√	√	√
10	发动机外部传动带	松紧适当，无起皮、无脱壳、无破损	√	√	√	√
11	可见线束	无松脱、无破裂、无老化	√	√	√	√
12	安全带	能正常调节长度，锁止可靠，无破损	√	√	√	√
13	内、外后视镜	完好、清晰、调整得当	√	√	√	√
14	转向盘	（1）转动无松旷、窜动； （2）转动转向盘，最大自由转动量应不超过两指宽度	√	×	×	×
		（1）转动无松旷、窜动； （2）转动转向盘，最大自由转动量应不超过四指宽度	×	√	√	√
15	制动踏板	踏板下无异物，有效	√	√	√	√
16	离合器踏板	踏板下无异物，有效	√	√	√	√
17	驻车制动器操纵杆	拉紧、放松等有效	√	√	√	√
18	变速器操纵杆	无松旷、有效	√	√	√	√
19	缓速器操纵装置	有效	×	√	√	√

续上表

序号	检查项目	检查要求	适用车型			
			小型汽车	道路旅客运输车辆	道路货物运输车辆	汽车列车
20	刮水器	（1）完好，洗涤液能正常喷出； （2）刮水器片能回到起始位置	√	√	√	√
21	灭火器	有效期内，压力正常，放置在指定位置	√	√	√	√
22	危险警告标志	齐全	√	√	√	√
23	灯光	检试各种灯光信号有效	√	√	√	√
24	号牌	完好、清晰	√	√	√	√
25	轮胎螺栓	齐全、无松动	×	√	√	√
26	半轴螺栓	齐全、无松动	×	√	√	√
27	传动轴螺栓	齐全、无松动	×	√	√	√
28	悬架装置	无断裂、无错位，挠度正常	×	√	√	√
29	U形螺栓	齐全、无松动	×	√	√	√
30	行李舱及舱门	正常	√	√	√	√
31	乘客座椅及安全带	齐全、完好	×	√	×	×
32	安全锤	齐全、标志明显	×	√	×	×
33	行李架、栏杆、扶手	完好、牢固	×	√	×	×
34	车内灯	齐全、正常	×	√	×	×
35	车辆反光标识	齐全	×	×	√	√
36	侧、后防护装置	完好	×	×	√	√
37	车箱栏板	完好	×	×	√	√
38	货物装载、固定	无偏载、无超高，固定牢固，覆盖严实	×	×	√	√
39	牵引车与挂车连接制动管路和电路	连接正确、可靠，无断裂、无漏气、无老化	×	×	×	√
40	鞍座、牵引销、锁止机构	（1）机件齐全、润滑良好、保险可靠； （2）鞍座与牵引销尺寸匹配	×	×	×	√

注：√——表示项目适用于该车型，×——表示项目不适用于该车型。

起动发动机后，应检查汽车发动机、仪 表等的状况，检查项目及要求见表5-3。

起动发动机后，机动车安全检查项目及要求 表5-3

序号	检查项目	检查要求	适用车型			
			小型汽车	道路旅客运输车辆	道路货物运输车辆	汽车列车
1	发动机运转情况	起动发动机，察听发动机怠速运转平稳、无异响	√	√	√	√
2	仪表指示、报警灯	正常，无报警信号	√	√	√	√
3	散热器	无泄漏	√	√	√	√
4	燃油箱	无渗漏	√	√	√	√
5	油底壳	无渗漏	√	√	√	√
6	驱动桥壳	无漏油	√	√	√	√
7	汽车尾气	无色或者略带白色	√	√	√	√
8	冷却液温度	起动发动机数秒之后，水温逐渐上升	√	√	√	√
9	气制动气压力	查看制动气压表，在规定时间内达到正常范围	×	√	√	√
10	制动管路	以5km/h的速度直线行驶，然后采取紧急制动，车辆能够立即停止，无跑偏或其他异常现象	√	√	√	√

3 行车途中车辆安全检查

车辆运行中，应查看车上各种仪表，察听发动机及底盘声音，辨识车辆是否出现异常状况。行车途中，出现以下情况，应立即在安全路段停车检查：

（1）仪表报警灯亮起时；

（2）操纵困难、车身跳动或颤抖、机件有异响或有异常气味、冷却液温度异常时；

（3）发动机动力突然下降时；

（4）转向盘的操纵变得沉重并偏向一侧时；

（5）制动不良时。

中途停车时，应逆时针绕行一周，检查汽车重点安全部件的状况，检查项目及要求见表5-4。

中途停车时，机动车安全检查项目及要求 表5-4

序号	检查项目	检查要求	适用车型			
			小型汽车	道路旅客运输车辆	道路货物运输车辆	汽车列车
1	汽车尾气	发动机运转状态，尾气为无色或者略带白色	√	√	√	√
2	轮胎	（1）用气压表检查轮胎气压符合标准； （2）胎面花纹的深度不低于深度标记，胎冠无严重磨损，胎侧无割裂伤，轮胎间无异物	√	√	√	√
3	散热器	无泄漏	√	√	√	√
4	燃油箱及油箱盖	箱盖完好，无渗漏	√	√	√	√

续上表

序号	检查项目	检查要求	适用车型			
			小型汽车	道路旅客运输车辆	道路货物运输车辆	汽车列车
5	油底壳	无渗漏	√	√	√	√
6	驱动桥壳	无渗漏	√	√	√	√
7	轮胎螺栓	齐全、无松动	×	√	√	√
8	半轴螺栓	齐全、无松动	×	√	√	√
9	传动轴螺栓	齐全、无松动	×	√	√	√
10	悬架装置	无断裂、无错位，挠度正常	×	√	√	√
11	U形螺栓	齐全、无松动	×	√	√	√
12	货物固定、覆盖	固定牢固，覆盖严实	×	×	√	√

4 收车后车辆安全检查

收车后，驾驶员必须结合当天车辆的运行情况对车辆外表及外露部件进行清洁、检查，发现异常情况应填写报修单，由专业维修人员及时开展维修作业。收车后的车辆检查项目及要求见表5-5 。

收车后，机动车安全检查项目及要求 表5-5

序号	检查项目	检查要求	适用车型			
			小型汽车	道路旅客运输车辆	道路货物运输车辆	汽车列车
1	轮胎	（1）用气压表检查轮胎气压符合标准； （2）胎面花纹的深度不低于深度标记，胎冠无严重磨损，胎侧无割裂伤，轮胎间无异物	√	√	√	√
2	散热器及冷却液	无泄漏，液面在Max、Min刻度之间	√	√	√	√
3	燃油箱及油箱盖	箱盖完好，无渗漏	√	√	√	√
4	油底壳	无渗漏	√	√	√	√
5	驱动桥壳	无渗漏	√	√	√	√
6	发动机外部传动带	松紧适当，无起皮、无脱壳、无破损	√	√	√	√
7	轮胎螺栓	齐全、无松动	×	√	√	√
8	半轴螺栓	齐全、无松动	×	√	√	√
9	传动轴螺栓	齐全、无松动	×	√	√	√
10	悬架装置	无断裂、无错位，挠度正常	×	√	√	√
11	U形螺栓	齐全、无松动	×	√	√	√
12	安全锤	齐全、标志明显	×	√	×	×
13	行李架、栏杆、扶手	完好、牢固	×	√	×	×
14	乘客座椅及安全带	齐全、完好	×	√	×	×

四 车辆故障的处置

汽车故障是指汽车机件和电气设备部分或完全失去工作能力，致使车辆不能正常运行的现象。驾驶员学习、掌握发动机和底盘的常见故障及处置方法，能够在车辆发生故障后及时给予正确的处置，这对保障运行安全、降低燃油消耗具有重要的作用。

1 发动机常见故障的处置

发动机是汽车的心脏，为汽车提供行驶动力，发动机常常出现机油压力过高或过低、机油消耗过多、发动机工作温度过高等故障，驾驶员应及时停车，关闭发动机，进行诊断处理，发动机常见故障及处理方法见表5-6。

发动机常见故障及处理方法 表5-6

故障类型	故　障　现　象	处　理　方　法
机油压力过高	（1）在正常工作温度和转速下，机油压力报警灯亮； （2）起动后，机油压力表显示压力剧增； （3）运转中，机油压力表显示值突然增高； （4）机油压力表显示压力增高后，又突然降下来	尽快将车辆开至修理厂，如距修理厂较远，最好请求救援
机油压力过低	（1）在正常工作温度和转速下，油压表显示在报警线以下或机油压力报警灯亮； （2）起动后，机油压力表显示值迅速下降，甚至降至零； （3）检查机油尺，机油被稀释，黏度下降，油面升高，带有浓厚的汽油味或水泡沫	停车检查机油量，按需补充机油，如故障未能消除，应尽快将车辆开至修理厂，如距修理厂较远，最好请求救援
机油消耗过多	（1）机油消耗量逐渐增多，机油消耗率超过0.1～0.5L/100km； （2）排气管冒蓝烟，且有焦煳味道	检查发动机外部是否有机油泄漏，并请专业人员进行修理
发动机工作温度过高	（1）行驶过程中，冷却液温度表显示超过95℃，并继续升温，甚至冷却液沸腾； （2）行驶中，冷却液温度正常，停车后立即沸腾； （3）冷却液温度表显示值接近100℃，但冷却液不沸腾	立即在安全路段（夏季选择阴凉处）停车，打开发动机罩，使发动机保持怠速运转进行降温，检查是否有漏水现象； 待发动机温度明显降低后（也可观察冷却液温度表），用湿毛巾或湿棉纱布包住水箱盖，先拧松放气，然后再完全打开，此时脸部要避开加注口，以防热气喷出烫伤脸部；如冷却液量不足，及时添加冷却液，并防止喷出；如风扇传动带太松，调整传动带张紧度；其他原因应请专业人员修理

利用汽车尾气颜色判断车辆故障的方法

如果汽车尾气无色或者略带白色，表明汽车处于健康状态。

如果汽车尾气呈黑色，发动机出现抖动，加速时感觉无力，则表明出现混合气过浓，需检查气门积炭、排气管内的氧传感器状况，及时处理。

如果汽车尾气呈蓝色且有焦煳味道，加速时感觉无力，噪声变大，表明发动机正在烧机油，需检查发动机内部故障，及时处理，添加适量的机油。

如果汽车排气管可见大量白色水蒸气冒出并伴有发动机运转不平稳，需检查发动机缸体汽缸垫是否有损伤，检查油箱内是否有积水，及时处理，添加标号正确的汽油或柴油。

2 汽车底盘常见故障的处置

汽车底盘由传动系、行驶系、转向系和制动系四大系统组成。底盘常见的故障主要发生在离合器、变速器、制动系和转向机构等部位，汽车底盘常见故障及处理方法见表5-7。

汽车底盘常见故障及处理方法 表5-7

故障类型	故 障 现 象	处 理 方 法
离合器分离不彻底	（1）发动机怠速运转或行驶时，完全踩下离合器踏板，挂挡困难或根本挂不上挡，并伴随有齿轮撞击声； （2）勉强挂入挡位后，未抬起离合器踏板，汽车就起步或出现发动机熄火	立即选择安全地方停车，检查离合器踏板自由行程，并进行调整。如故障未消除，不要盲目行驶，应尽快到修理厂处理
变速器挂挡困难	变速杆不能或勉强挂入挡位，或者挂入后很难脱挡	不要盲目行驶，应尽快到修理厂处理
变速器跳挡	汽车以某一挡位行驶时，当抬起加速踏板或遇颠簸时，变速杆自行跳到空挡的位置	不要盲目行驶，应尽快到修理厂处理
气压制动不良	将制动踏板踩到底，车辆不能立即减速、停车	不要盲目行驶，应立即在安全地方停车检查，尽快到修理厂处理或者停驶并向专业人员求助
转向沉重	转动转向盘时，感觉沉重费力	不要盲目行驶，应向专业人员求助
行驶跑偏	车辆行驶中，不能保持直线方向，而自行偏向一侧	立即在安全地方停车检查，如左、右轮胎气压不一致或异常磨损，及时给轮胎补气或更换磨损轮胎；其他原因应向专业人员求助

3 车轮更换

更换车轮前，驾驶员应先安全停车，拉紧驻车制动器操纵杆，开启危险报警闪光灯，并正确摆放危险警告标志。车轮更换过程中，驾驶员应严格遵守安全操作规程。为了不影响车辆的安全运行，驾驶员在更换轮胎后应尽快去修理厂，请专业维修人员检查、调整新装配车轮轮胎的气压和制动间隙。以更换汽车左后轮为例，其更换步骤及操作要求见表5-8。

车轮更换的步骤及操作要求 表5-8

步 骤	操 作 内 容	操 作 要 求
第一步	检查与安全防范	（1）挡位放置在一挡位置，驻车制动器操纵杆处于拉紧状态； （2）用垫木掩好呈对角的前后正常的两个车轮； （3）在车后规定的距离位置放置危险警告标志
第二步	准备操作工具	（1）准备备胎、胎压表、扳手、撬棍、千斤顶及其摇臂、垫木； （2）检查工具齐全、完好
第三步	拆卸备胎	（1）使用专用工具正确卸下备胎； （2）拆下的备胎倒放在故障车轮的附近，不准靠在车身上，以免倒下伤人

续上表

步骤	操作内容	操作要求
第四步	检查备胎胎压 	用胎压表检查备胎的气压后，准确读出气压值
第五步	拧松故障车轮螺母 	用专用工具（或扳手）按顺序（按对角线）拧松故障车轮的螺母，但螺母不完全松掉
第六步	用千斤顶顶起车身 	（1）将千斤顶顶在故障车轮附近底盘横梁的凹槽处； （2）使用千斤顶摇臂，顶起汽车车身，直到故障车轮离开地面
第七步	拆卸故障车轮 	（1）按顺时针方向完全将车轮螺母松掉； （2）借助撬棍卸下故障车轮
第八步	安装备胎 	（1）借助撬棍装上备用车轮； （2）两轮轮辋通风口应对准； （3）两车轮气门嘴应对应排列，按180° 分开
第九步	紧固车轮螺母 	（1）按对角线交叉顺序分2次旋紧车轮螺母； （2）第1次施加70%左右的力，第2次则完全紧固螺母； （3）螺母斜面必须与轮辋眼斜面紧密接合

续上表

步　骤	操　作　内　容	操　作　要　求
第十步	放下千斤顶	（1）安全放下千斤顶； （2）放下千斤顶后，按对角线交叉顺序逐一检查并再次紧固车轮螺母，使旋紧力矩达到规定数值
第十一步	清理现场	（1）将换下的车轮固定到备胎架上； （2）收回危险警告标志，撤回车轮垫木，将工具放回原位，并保持场地清洁

第六章 安全与节能驾驶知识

在车辆运行过程中，因人、车、路、环境等因素的影响，车辆周边潜藏着各种交通风险，然而驾驶员因安全意识淡薄，无法预先辨识各种危险情境并采取应对措施，成为引发道路交通事故的主要原因。本章重点介绍了安全与节能驾驶方面的理论知识，包括安全驾驶的影响因素、交通风险与安全驾驶方法、应急驾驶知识、事故现场处理和节能驾驶知识等，帮助教练员培养学员的安全意识，让学员熟练掌握安全与节能驾驶技能。

第一节 学员交通安全意识的培养

在从驾驶学员—新手—有经验的驾驶员的角色变换过程中，其事故风险性伴随着交通安全意识的形成，并不断发生变化。考取驾驶证后，行驶初期，驾驶员交通安全意识较强，能够小心谨慎地驾驶，驾驶安全性较高；但随着经验的不断丰富，部分驾驶员开始过高地估计自己的驾驶能力，交通安全意识逐渐减弱，忽视各种交通风险，驾驶安全性反而降低。交通安全意识是安全驾驶技能的重要组成部分，是事故预防中最主要的因素。教练员在教学过程中，需要始终贯穿对学员的安全意识教育。

一 交通安全意识的内涵

安全意识是人脑对与安全有关的人、事、物、现象等有目的、能动性的反映，是安全心理活动的总和。交通安全意识就是驾驶员在交通活动中的安全行为规范意识，它体现在对人的生命的尊重，对道路交通安全法律法规的遵守。

交通安全意识可以分为本能安全意识、交通守法意识和交通秩序意识三类，其特点如表6-1所示。

安全意识与个人的社会责任感、驾驶道德、对道路交通法规的遵守以及道路安全知识的掌握与运用程度有关。其中，社会责任感是决定驾驶员安全意识的重要因素。驾驶员的交通安全意识可分为三种不同的境界，见表6-2。

交通安全意识的类型、特点及建立和强化方法 表6-1

意识类型	特　　点	建立和强化的方法
本能安全意识	人类生存的基本意识，包括防灾、免灾、保护、求生、自救等意识。这种意识一旦建立就不会消失或被放弃，但可能会因环境的变化而淡漠、忽略	自觉悟、评价、教育、刺激等
交通守法意识	社会生活的基本行为意识。这种意识具有强加性，根据环境不同可能会被放弃或忽略，依赖于知识、常识基础	教育、宣传、处罚、激励等
交通秩序意识	行为协作意识。这种意识最容易受到干扰和被放弃，依赖于人格和人性的高级行为意识	教育、激励、人格提升等

驾驶员交通安全意识的三种境界 表6-2

境　界	特　　点	表　　现
初级境界	具有本能安全意识，即在参与交通的过程中，以不发生交通事故作为行为准则，常出现一些违法行为	过分强调自身的安全，而忽视对他人生命安全的不良影响
		对道路交通法规的理解不足
		对交通情况的把握能力不够，常常抱有侥幸心理
		缺乏文明、礼让行车意识
中级境界	具有自律、守法意识，即不仅注意安全行车，尽量避免交通事故的发生，而且能控制自己的行为，不影响道路交通的安全性	强调自身的安全，同时能够注意对他人生命安全的不良影响
		对道路交通法规有一定的理解和运用能力
		对交通情况有一定的把握能力
		偶尔有礼让他人的文明行车意识
高级境界	具有交通协作意识，即不仅能自觉地保证道路交通的安全性和畅通性，而且能时刻从交通的全局考虑问题	具有高尚的人格，珍视人的生命安全，任何驾驶行为均以此为准则
		对道路交通法规有非常深刻的理解和运用能力
		对交通情况有很好的把握能力
		具有良好的驾驶习惯和礼让他人的文明行车意识

二 交通安全意识的形成特点

驾驶学员交通安全意识的形成，具有以下四个方面的特点：

（1）具有可塑性。人的安全意识水平不是一成不变的。通过对安全知识的学习和驾驶实践，人的安全认识水平会逐渐提高，从而促进安全意识的提高。在训练中，教练员经常性地给学员讲授安全知识，帮助学员分析行车中面临的风险，同时适当融合人格教育、道德教育，可以增强驾驶学员的安全意识。

（2）具有传递性。人的安全意识会相互影响，特别是教练员对学员的影响比较大，而且消极影响比积极影响作用要大。比如，教练员作出错误的表率，学员也会积极的模仿，因此，教练员在教学中要倡导讲安全的风气，充分利用自身正确的行为示范，形成对学员安全意识的正面影响。

（3）具有不稳定性。在培训过程中，随着驾驶操作技能训练的强化、安全意识教育的逐渐松懈，学员安全意识的形成会产生波动，因此，需要在培训的全过程不断强化学员安全意识的培养，比如，及时对学员不良驾驶行为的危害进行分析，重复活化学员潜在的安全意识。

安全提示

济南市交警部门进行事故分析得出，死亡事故多发的驾龄段集中在1年以下和6年以上，且新手在取得驾驶证3个月后，发生事故较多。

1年以下驾龄的驾驶员，主要是应变能力较差，驾驶经验不足，面对复杂的道路环境不能在短时间内作出正确的判断和处理。同时，驾驶员刚拿到驾驶证时开车都很谨慎，但3个月之后，相对熟练一些，自以为驾驶技能已经很高了，开车时会随意超速、加塞或者违法停车，因而引发事故。

对于6年以上驾龄的驾驶员，往往会认为自己驾龄很长，开车上路时难免会警惕性下降和精力不够集中，从而易引发事故。

（4）具有制约性。驾驶学员交通安全意识的形成，受智力因素（指学员所掌握的、与道路交通安全相关的知识和经验等）、情感因素（指学员对与安全有关的行为、现象的感受和评价，比如学员的价值观、社会责任感、驾驶道德和驾驶态度等）、行为因素（指学员在行车过程中的驾驶行为趋向，是用来直接调节、控制驾驶员的各种活动的因素）及外界因素（如教练员素质、安全管理）等诸多因素的影响。教练员需要结合学员的特点，有针对性地开展安全意识教育。比如，对于性格内向的学员，加强交通风险辨识知识和能力的培养；对于性格外向的学员，加强交通安全法律法规知识的学习、交通事故警示教育。

三　交通安全意识的培养方法

1　交通安全意识的培养途径

安全意识教育是驾驶培训的重中之重，教练员在教学过程中要抓住安全意识教育的主线，将其贯穿在驾驶培训的各个环节。安全意识的培养途径主要包括以下三个方面：

①增强学员的社会责任感

交通事故带给受害人及其亲人的身心伤痛无法估量和弥补，带给社会的危害也无可挽回。在培训过程中，教练员应始终向学员灌输“珍视生命、安全驾驶”的行车理念，告诫学员从上车的那一刻开始，就承担了维护自己和他人生命、保障交通安全的社会重任，任何具有侵略性、冒险性的驾驶行为以及瞬间的操作失误，都可能造成无可挽回的损失。教练员要教导学员对生命充分关爱和尊重，始终把安全放在第一位，谨慎驾驶，文明行车，共同构建一个安全和谐的交通环境。

教练员要帮助学员发现自身存在的问题，结合具体的事故案例，使学员认识到不规范驾驶行为所带来的严重后果，培养学员的责任意识。

②进行安全知识教育

学员掌握必要的交通安全知识是养成良好的安全意识的前提。教练员按照《教学与考试大纲》的要求对学员进行安全知识教育，让学员掌握交通安全法律法规知识，才能够培养学员的遵纪守法意识；让学员掌握交通风险知识，才能够让学员提前预测和防范交通风险；让学员熟悉安全心理常识，才能够让学员有效进行自我心理调节；让学员通晓车辆构造知识，才能够让学员正确实施安全检视，对车辆进行维护和保养。最终，使学员做到知法、守法，做到提前预防、仔细观察和预见性驾驶，自觉维护交通安全。

③ 培养学员良好的驾驶习惯

学员良好驾驶习惯的培养是安全意识教育的重要体现。良好的驾驶习惯，需要经过较长时期潜移默化的培养。在驾驶教学的各个环节，教练员都要注重让学员养成正确的驾驶习惯，如培养学员系安全带的习惯，培养学员通过后视镜观察周边交通情况的习惯等。

2 交通安全意识的培养要点

在机动车驾驶员培训的不同阶段，学员培训的内容与要求不同，相应的学员安全意识的培养要求也不同，不同阶段学员安全意识培养的要点见表6-3。

各阶段学员安全意识培养要点　　表6-3

序号	安全意识类型	第一阶段	第二阶段	第三阶段
1	认识到只有符合条件后，才能上道路行驶	培养	巩固	巩固
2	认识到做好车辆安全检查，是行车安全的前提	培养	巩固	巩固
3	认识到系好安全带、遵守交通信号、遵守道路交通通行规则，是行车安全的重要保障	培养	巩固	巩固
4	认识到文明礼让行车对于行车安全非常重要	培养	巩固	巩固
5	行车前系好安全带、做好车辆安全检查	—	培养	巩固
6	规范化驾驶操作	—	培养	巩固
7	做好上下车前、起步、变更车道、转弯、倒车等情况下的观察	—	培养	巩固
8	遵守交通信号、道路交通通行规则	—	培养	巩固
9	能够合理控制转向、速度，保持安全距离	—	培养	巩固
10	能够正确使用车辆灯光、喇叭	—	培养	巩固
11	能够正确选择行车路线，保持正确的行驶位置	—	—	培养
12	车辆发生故障或事故，能够正确做好现场安全处置	—	—	培养
13	能够文明、礼让行车	—	—	培养

第二节 驾驶员因素对安全驾驶的影响

驾驶员的生理和心理状态与安全行车有密切的关系。驾驶车辆时，驾驶员需要始终保持充沛的精力并集中注意力，而外界因素会使驾驶员的情绪、操控车辆的能力等发生变化，进而影响行车安全。教练员向学员传授交通安全生理与心理知识，让学员了解影

响安全驾驶的因素，做好自我调节，对于保障行车安全非常必要。

 情绪、精神压力对安全行车的影响

1 情绪

情绪是人们对待客观事物的一种态度。当客观事物能满足人的需要，与人的主观愿望相吻合时，则表现出满意、愉快、高兴或欢喜情绪；反之，则表现出厌恶、愤怒、恐惧或悲哀情绪。无论是积极亢奋的情绪，还是消极低沉的情绪，都会影响安全驾驶，情绪的类型及其行为特征见表6-4。

学员情绪类型及其行为表征 表6-4

情绪类型	行为表征
过分高兴和骄傲情绪	易于分散注意力，凝神呆视，对交通情况的判断能力降低，或者过高估计自己的能力而开"英雄"车
过分悲观失望情绪	对环境视觉和感觉能力弱化，工作精力减弱，操作失误增加
烦恼情绪	性格内向的学员会沉思、忧郁，注意力分散，对交通环境的感知能力减弱，反应迟钝
	性格外向的学员暴躁不安，情绪因受外界刺激而产生巨大波动，产生报复心理，甚至开"斗气车"

行车中，驾驶员应保持良好的驾驶心理状态，对不良心理及时进行调节，确保行车安全。教练员应提醒学员，行车前和行车中产生强烈的情绪波动时，要及时通过心理调节予以化解，比如，受到领导批评时，听听轻松、舒缓的音乐，想想自己愉快的事情；遇其他车辆强行加塞时，换位思考，保持宽容和礼让。驾驶员的典型安全驾驶心理见表6-5。

驾驶员的典型安全驾驶心理 表6-5

类型	正向心理表征	反向心理表征	正确做法
冷静	遇到外界环境刺激时，驾驶员能够保持冷静，能正确判断并采取正确的应对措施	遇到外界环境刺激时，驾驶员情绪开始变得急躁，采取危险驾驶行为	提前做好行车计划，包括规划行车路线、驾驶时间和休息时间；在行车过程中，通过听喜欢的音乐，保持稳定的情绪
自谦	无论安全行驶里程有多高，驾驶员始终保持谦虚谨慎的态度	在训练末期，自认为驾驶技术已熟练，开车时满不在乎、我行我素，忽视行车中的安全隐患，对自身的不良驾驶习惯视而不见，听不进他人的提醒和忠告	常怀自省之心、谦虚之心，不断总结行车经验，强化安全驾驶意识，扩展安全知识，提高安全驾驶技能
谦让	在不伤害他人或危及社会的情况下，作出的合理让步	要强、不服输，总觉得自己的驾驶技能比谁都高，驾驶车辆时，盲目地争强好胜，采取危险驾驶行为	以保障安全为中心，沉着、稳重，严格执行既定的训练计划和安全操作规程
宽容	以理解、宽容的心态对待他人的过错	完全不能容忍他人的不良驾驶行为，并采取危险驾驶行为报复	遇到惹怒自己的不愉快情况时，从保障行车安全的角度多想想，克制自己的情绪，心平气和地对待他人

续上表

类型	正向心理表征	反向心理表征	正确做法
警惕	对可能发生的危险情况或错误倾向保持敏锐的感觉	在熟悉的道路环境条件下行车，自以为是、放松警惕、心不在焉	克服麻痹大意心理，严格遵守“集中注意力、仔细观察、提前预防”的谨慎驾驶原则，保持谨慎心态驾驶
必然	时刻认识到违法驾驶必然会引发交通事故	自恃经验丰富、技术过硬，心存侥幸地采取危险驾驶行为	严格遵守交通法规、操作规程、规范驾驶行为
自主	对违法、禁止的行为不盲从，主动采取措施应对危险情形	认为“法不责众”，模仿他人采取违法驾驶行为；将自己的安全寄托于他人，寄希望于对方能礼让，先慢、先让和先停	加强道德修养，摒弃随众违规的驾驶陋习，自觉遵守交通法规，文明驾驶；时刻自我警醒，采取预见性驾驶
乐观	以乐观的心态和积极的行动应对各种境遇	遇事不如意时，出现思想负担过重、精神压力大、情绪低沉	遇到烦心事时，多想想生活的美好

对于自尊心过强、意志薄弱、不善于自我缓解压力的学员，容易因不良的行车环境或他人的挑衅等突然产生消极甚至极端的情绪变化，教练员需要引导学员做好自我调节。

将安全寄托他人　违法超车事故难免

2012年4月23日8时许，河南省漯河市某运输公司驾驶员曹某驾驶一辆重型仓栅式货车，运载袋装化肥（核载19.8t、实载30t），由河南省郑州市开往驻马店泌阳县。14时30分，货车沿220省道由北向南行驶至132km+500m处时（双向4车道，限速70km/h），曹某在对向有来车时仍然违法超车驶入对向车道，寄希望对向来车会让行，最终与一辆由南向北正常行驶的中型普通客车正面相撞，造成13人死亡、12人受伤。

2 精神压力

精神压力是指由于外部的影响而引起的紧张情绪状况。精神压力来自生活的方方面面，如在工作中，精神压力可来自同事关系、工作任务多、工作难度大等；在家庭生活中，精神压力可来自家庭关系不和或疾病；在开车过程中，也会因外在的因素产生精神压力。

医学研究表明，人体器官为了抵御和化解外界环境压力因素的影响，会形成一系列的条件反射，即出现精神压力。精神压力的形成可分成3个阶段，见表6-6。

精神压力形成的阶段特征　　表6-6

阶段类型	阶段特征
警觉反应	意识到外界环境潜在的压力时，体内开始自动分泌“荷尔蒙”，引起呼吸加快、血压上升和出汗
压力维持	如果外界压力因素不能解除，身体器官会通过积极的工作来抗拒外界的压力，同时消耗大量能量
精疲力竭	压力因素长时间得不到解除，身体器官抗压的工作会一直持续，消耗巨大的能量，产生疲劳，甚至引发抑郁、神经质等身心健康问题

精神压力会引起学员情绪不稳定，注意力下降，如果长时间得不到缓解，还会降低人体的免疫力，损伤血液循环系统，影响身心健康。因此，教练员应提醒学员，及时找到释放压力的方法，避免影响行车安全。

二 疲劳驾驶的危害和预防

疲劳驾驶是指驾驶员在休息不好或长时间连续驾车后，产生心理机能和生理机能的失调，觉醒水平低，而在客观上出现驾驶安全性下降的现象。在我国，疲劳驾驶已经成为道路交通事故高发的重要原因之一，20%以上的道路交通事故是由疲劳驾驶直接导致的。

1 疲劳对安全驾驶的影响

疲劳对安全驾驶的影响主要表现为：注意力不能集中、判断力下降、反应迟钝和操作失误增加，严重时，驾驶员无法意识到自己已经处于危险的微睡状态，失去对车辆的控制能力，为车辆运行带来严重的安全隐患，疲劳驾驶的影响及主要表现见表6-7。

疲劳对安全驾驶的影响与主要表现 表6-7

疲劳驾驶的影响	主要表现
感、知觉机能弱化	（1）听觉和视觉敏锐度降低、产生视觉错觉； （2）注意力范围变小、转移迟缓、分配困难； （3）驾驶活动必需的生理过程组合不协调
反应潜伏期显著延长，判断能力下降	（1）反应时间显著延长； （2）反应的灵敏性和对信号的处理能力下降
操作动作的准确性下降	动作不协调，出现动作过急或过缓现象。严重疲劳时手足发抖、脚步不稳、动作失调、肌肉痉挛

2 疲劳驾驶的表征

根据疲劳的程度不同，可将疲劳分为轻度疲劳期、中度疲劳期和重度疲劳期。当产生轻度疲劳时，驾驶员会出现操作紊乱，操作和判断事物能力下降。当产生中度疲劳时，驾驶员工作能力的各项指标急剧下降，驾驶动作出现经常性差错，极易导致事故发生。当产生重度疲劳时，驾驶员出现经常性的意识短暂丧失和对外界刺激没有反应的现象，是事故的高发期。

行车中，驾驶员可用表6-8来判断是否处于疲劳状态。如果符合上述症状之一，那么驾驶员可能正处于疲劳驾驶的危险中，应该及时采取措施来调整。

驾驶疲劳状态判断方法 表6-8

序号	驾驶员状态	疲劳程度	出现这种状态，打“√”
1	是否不停地打哈欠	轻度疲劳	□
2	是否经常性的在座椅上滑动	轻度疲劳	□
3	眼睛是否开始感到灼痛	中度疲劳	□
4	是否调整转向盘的次数减少，且调整时的幅度很大	中度疲劳	□
5	是否有无故采取制动操作	中度疲劳	□

续上表

序号	驾驶员状态	疲劳程度	出现这种状态，打“√”
6	是否对保持固定车速感到困难	中度疲劳	□
7	是否无故偏离车道	中度疲劳	□
8	眼睛是否不自主地闭上或者经常转换视线的方向	重度疲劳	□
9	是否思维随意且不连续，不能回忆起最近几公里的驾驶情形	重度疲劳	□
10	是否不自觉地睡着几秒钟或更长时间，然后突然醒来	重度疲劳	□

3 疲劳驾驶产生的原因

产生疲劳驾驶的原因是多方面的，主要与驾驶工作的复杂性、驾驶员的生活环境与生活习惯、驾驶环境（车内环境、行驶条件）、个体素质（年龄、性别、性格、身体条件和经验）等诸多因素相关，具体见表6-9。

疲劳驾驶形成原因及影响程度　　表6-9

疲劳驾驶形成原因	典　型　事　例	影响程度
驾驶时间安排不合理	（1）长时间连续行车，中途不按规定休息； （2）经常在午后、深夜和凌晨等时段行车，与生理规律不相符	很大
睡眠质量差	（1）习惯性熬夜，睡眠时间很少； （2）起居环境不良，睡眠效果差	很大
驾驶环境差	（1）车内通风、温度不良，噪音过大； （2）长时间在路面条件差、环境复杂的条件下行驶； （3）长时间在单调环境行驶	很大
生活环境与生活习惯	（1）家庭关系不和睦，精神负担重； （2）饮食不规律，不按时用餐或饮食过饱	较大
驾驶经验不足	驾驶经验不足、操作生疏、路况不熟悉，精神负担重	较大
身体条件不适应	（1）患有阻塞性睡眠窒息、高血压和高血脂等生理疾病或处于生理特殊时期； （2）急躁、情绪低落	较大

三 注意力不集中对安全行车的影响

驾驶员注意力不集中的原因很多，如：主观意识、生理状态、情绪和兴趣趋向等见表6-10。当出现注意力不集中的情况时，驾驶员不能全面地观察、正确地判断和处理面临的交通状况，教练员应提醒学员及时进行调整或者停车。

影响驾驶员注意力的原因和解决办法　　表6-10

注意力不集中的原因	解决办法
精神非常紧张或情绪不稳定	（1）在开车前放松心情，降低精神紧张的程度； （2）不能使情绪得到稳定时，最好不要上路行驶
与同伴热烈的交谈	（1）开车期间不要过多交谈，说话的同时不要放松对道路交通情况的观察； （2）如果交通状况混乱，应禁止交谈； （3）在开车期间，不要与同伴进行热烈的交谈或发生激烈的争吵

续上表

注意力不集中的原因	解决办法
音响声过大	（1）将音量调小，以便及时了解外界的交通动态（特种车辆警笛和普通车辆喇叭声）； （2）不要让吵闹的音乐或收音机中有趣的节目分散注意力； （3）在开车期间不要经常"摆弄"收音机
使用手机	（1）驾驶车辆时禁止使用手机； （2）特殊情况，应将车停到安全地点后再使用手机
车上有小孩哭闹	待妥当处理后，再继续行车

四 饮酒和药物对安全行车的影响

1 饮酒对安全行车的影响

酒后驾车的主要原因是缺乏安全意识，许多驾驶员盲目轻信自己的能力，没有意识到饮酒会影响判断和操作，对驾驶安全构成潜在的危险，见表6-11。

饮酒对行车安全的影响　表6-11

影响因素	具体影响
辨识力	（1）视野变窄、视觉和听觉能力减退； （2）不能正确地估计行车车速和安全间距
反应能力	（1）反应变慢； （2）变得犹豫不决
预见性驾驶能力	（1）难以提前对交通情况作出正确的分析和判断，并采取相应的措施； （2）严重醉酒时，对交通情况的分析和判断能力完全丧失
自我判断能力	变得胆大、轻率和冒险

驾驶员对饮酒影响安全驾驶往往存在一些认识误区，比如，酒量大的人饮酒后不会影响驾驶；少量饮酒可以缓解压力，有助于安全行车；少量饮用低度酒，不会影响驾驶。实际上，不分酒量大小，饮酒后，血液酒精浓度都会相应地升高，麻痹神经，影响驾驶员的反应能力和操控能力。

2 疾病、药物对安全行车的影响

驾驶员在感冒、发烧等不适情况下开车，注意力和反应速度都会大大降低，会导致动作不协调，动作准确性下降，增加交通事故发生的概率。吸食、注射毒品或者服用镇定、止痛类药物后，驾驶员的反应也会变得迟钝，注意力分散，容易发生交通事故，见表6-12。

影响安全行车的药物及其作用　表6-12

药物类型	积极的作用	负面作用	药物举例
镇静剂	在不减弱人的思维能力的情况下消除人的恐惧感、不安感和紧张情绪	（1）使人肌肉活力下降，表现出消极的情绪； （2）引起头晕目眩、乏力等症状； （3）使机体出现动作协调失控、反应迟钝等	安定片、安达可辛等
兴奋剂	（1）疲劳感降低、睡意消失； （2）智力和活动的积极性提高，思维活动改善； （3）动作速度加快	会使驾驶员的某些抑制心理减退，丧失警觉性，过高地估计自己的能力	咖啡因等
致幻剂	局部麻醉，消除疼痛	（1）产生幻觉，出现类似精神分裂症的症状； （2）体力和智力下降，短时间内丧失驾驶能力	普西比辛等

第三节 道路交通风险与安全驾驶

在车辆运行过程中，因人、车、环境等因素的影响，车辆周边潜藏着各种交通风险，驾驶员如果不能预先辨识各种危险情境并采取应对措施，容易引发道路交通事故。教练员要注重驾驶训练中的交通风险管理和控制教学，引导学员树立良好的安全意识，让学员掌握防范风险的知识和技能。

一 交通参与者的风险因素与安全驾驶

交通参与者是指以任何一种行为方式参与道路交通活动，并对交通状况产生影响的个体，如行人、机动车驾驶员、非机动车驾驶员等。参与道路交通的方式不同，对道路交通安全构成的危险也不相同，可能受到的伤害也有差异。学员只有了解道路交通中存在的各种风险因素，才能在实际驾驶中采取预见性的驾驶行为，规避交通风险。

1 行人

与机动车相比，行人因缺乏保护在交通事故中容易受到重创或致死，是道路交通中的弱势群体，驾驶员需要给予更多的关注和礼让。行人的风险因素与安全驾驶方法见表6–13。

行人的风险因素与安全驾驶方法 表6–13

行人类型	行为特征及其交通风险	安全驾驶方法
儿童	（1）具有好动的天性，注意力通常集中于自己感兴趣的事物，玩耍时不会顾及周边的交通情况，容易出现自发、突然的行为； （2）身材矮小，容易落入驾驶盲区； （3）遇到突发事件时，会惊慌失措，错误应对	观察到注意儿童标志，或前方确有儿童时，提醒学员提前减速，保持足够的安全距离，观察其动态，必要时停车让行，不要鸣喇叭警示
青少年	（1）喜欢与同伴并排行走或戴耳机听音乐，忽视周边的交通情况； （2）喜欢冒险，有时还会为了向同伴显示“勇敢”，出现违反交通规则的行为	观察到前方青少年会妨碍正常通行时，提醒学员提前减速，保持足够的安全距离，适当鸣喇叭警示
老年人	（1）听力相对较差，反应迟钝，行动迟缓，应变能力差，往往会滞留在道路中央； （2）有些老年人会不顾周边的交通危险，专注于自己认可的行为方式	观察到前方老年人会妨碍正常通行时，提醒学员提前减速，保持足够的安全距离，观察其动态，必要时停车让行，不要鸣喇叭催促
残障人士	不能像正常人那样及时察觉和规避交通危险	当观察到前方有残障人士时，提醒学员及时减速，保持足够的安全距离，不要鸣喇叭，防止惊扰到对方，必要时要停车让行

2 机动车

在交通活动中，不同类型的机动车，由于结构、技术性能不同，表现出的交通特点和潜在风险也不同。机动车的风险因素与安

全驾驶方法见表6-14。

机动车的风险因素与安全驾驶方法 表6-14

机动车类型	行为特征及其交通风险	安全驾驶方法
大型车辆	（1）惯性大、制动距离长； （2）外廓尺寸大，转弯时占用的空间较大； （3）近距离跟随大型车辆行驶时，后车驾驶员的视野容易被遮挡	观察到大型车辆时，提醒学员控制好速度，保持足够的安全间距，特别要留意观察盲区内的交通情况，不要盲目强行超车
小型汽车	（1）车体小、加速性能好、速度快、操纵灵活，留给其他驾驶员的反应时间比较短； （2）出租汽车遇到路侧乘客招手时，会突然靠右侧停车，与其他车辆产生交通冲突	（1）观察到小型汽车时，提醒学员注意观察其动态，控制车速，并与小型汽车保持足够的安全距离； （2）跟随出租汽车行驶时，提醒学员与其保持足够的安全距离
摩托车	（1）体积较小、操纵灵活，常常在拥挤的车道中穿插； （2）由于缺少安全防护设置，发生事故时，摩托车驾驶员受到的伤害往往比较严重	观察到摩托车时，提醒学员注意降低车速，观察摩托车的行驶动态，保持足够的安全间距
特种车辆	救护车、消防车等特种车辆在执行任务时不受行驶速度、行驶路线、行驶方向和指挥等信号的限制，享有优先通行权，容易抢行	观察到特种车辆或者听到特种车辆发出的报警音后，提醒学员及时判断车辆可能的方位，及时让行

3 非机动车

非机动车缺乏安全保护设施，其动态特征受驾驶员的影响较大。非机动车的风险因素与安全驾驶方法见表6-15。

非机动车的风险因素与安全驾驶方法 表6-15

非机动车类型	行为特征及其交通风险	安全驾驶方法
自行车	（1）青少年成群骑自行车时，喜欢、冒险，速度比较快，不会顾及周边的交通情况； （2）老年人骑自行车时，速度比较慢，对突发事件的反应慢； （3）当非机动车道的路况不好时，骑车人常常会占用机动车道行驶； （4）当前方有障碍物时，骑车人会突然改变行驶路线绕行； （5）雨雪等天气，骑车人匆忙赶路，不注意遵守交通规则	（1）观察到自行车时，提醒学员注意观察其动态，减速慢行，保持安全间距； （2）在雨雪天，要求学员照顾路边的骑车人，随时准备停车或避让，防止自行车突然失控侧倒； （3）当车辆右转弯时，提醒学员注意通过后视镜观察路上骑车人的动态，防止转弯时刮碰骑车人
人力车	（1）主要依靠人力驱动行走，制动装置简单，下陡坡时速度较难控制，在遇到突发事件时往往不能及时停车避让； （2）上坡时为了省力，往往曲线行驶； （3）负重的人力车在转向避让时，容易出现车体横甩的现象	（1）观察到人力车时，提醒学员提前减速、观察其动态； （2）超越和交会时，要求学员与人力车保持足够的侧向安全间距
畜力车	（1）牲畜往往走到道路中间或左侧，不会避让机动车； （2）牲畜遇到意外刺激，容易发生惊车	观察到畜力车时，提醒学员提前减速、观察其动态，在靠近畜力车时，不要鸣喇叭或急加速，防止牲畜受惊而发生意外

二 道路环境的风险因素与安全驾驶

由于道路线形、路面条件、交通安全设施、交通参与者等特点不同，车辆运行时所面临的风险也会不同。各种道路环境行车的风险因素与安全驾驶方法见表6-16。

道路环境的风险因素与安全驾驶方法　表6-16

道路环境类型	交通特征及其交通风险	安全驾驶方法
交叉路口	（1）在没有交通信号灯控制的交叉路口，车辆、行人和骑车人等各种交通参与者同时从不同的方向在此处交汇，容易形成交通冲突； （2）车辆行至交叉路口时，驾驶员视线易被路口周边的车辆与物体遮挡，难以全面观察路口内的交通情况； （3）车辆进出主辅路时，驾驶员视线会受灌木丛、树木等的阻挡，且会与其他车辆形成交通冲突	（1）临近交叉路口时，提醒学员提前降低车速，选择正确的行车道，注意观察交通信号、路口内车辆和行人的动态，礼让行车； （2）车辆转弯时，提醒学员提前打开转向灯，注意观察后视镜，必要时通过侧头观察周围其他车辆或行人动态，随时准备避让或停车
铁道交叉路口	（1）道路宽度比较窄，各种交通参与者相互混杂，秩序混乱； （2）路面不平坦，车辆通过时容易颠簸或被卡住	通过铁道交叉路口前，提醒学员停车瞭望，确认安全后，与前方车辆保持安全距离，选择低速挡位，平稳缓慢通过铁道交叉路口，避免在路口内停车
城市公交站点	（1）站台内人员密集，常会有行人从停靠的公交车前方穿行，有机动车和自行车从其左侧超越； （2）进站车辆较多时，容易截头停车，起步后往往会连续变更多条车道； （3）乘车人为追赶公交车而不顾及周边的交通情况	（1）通过公交车站时，提醒学员减速慢行，与站内公交车保持足够的安全间距； （2）要求学员密切观察站内车辆和人员的动态，做好随时停车的准备，防止车辆前方有行人突然冲入道路
人行横道	（1）在人行横道的通行信号由绿灯变为红灯时，常会出现行人违反交通法规，突然横穿人行横道的现象； （2）儿童、一些行动不方便的老人和残疾人在通过人行横道时，会滞留在人行横道上或突然转身返回	观察到人行横道标志、标线时，提醒学员降低车速行驶，注意观察、判断行人和非机动车的动态，随时做好停车准备，防止有人滞留或突然横穿马路
学校附近	（1）在上学和放学高峰期间，学校附近的人员和车辆密集，容易出现交通混乱； （2）同学之间经常嬉戏、打闹，年龄较小的儿童甚至相互追赶、奔跑，冲上道路	观察到注意儿童标志时，提醒学员注意保持低速行驶，密切观察周围行人和车辆的动态，尤其要密切注意儿童的动向，防止儿童突然冲入道路，做好随时停车的准备
隧道	（1）车辆进入较长隧道时，隧道内的光线骤然变暗，驾驶员会有一个暗适应的过程； （2）车辆在双向行驶的隧道内行车时，对向来车未变换使用远光灯，会使驾驶员造成眩目； （3）在隧道出口处，车辆可能会受强烈横风的影响	（1）进入隧道前，提醒学员注意观察交通标志，提前减速慢行，开启近光灯，缩短"暗适应"时间； （2）在隧道内行驶时，要求学员按照交通信号的指示选择正确的车道行驶； （3）到达出口时，提醒学员握稳转向盘，防止由于横风的影响造成车辆偏移
桥梁、涵洞	（1）高架桥的桥体有最大承重能力要求，通行车辆超过桥体总质量限值或轴重限值时，会造成桥体垮塌； （2）立交桥或桥涵有限高要求，车辆超高会撞跨桥体或造成车辆被卡； （3）在跨度较大的高架桥或跨海大桥上行驶时，会遇到强烈的横风影响； （4）大暴雨后，城市地下疏水系统工作状况不良时，易导致桥涵路面积水； （5）漫水桥桥面情况、水深、流速等不明，车辆通过时受到水的上浮力影响	（1）提醒学员注意观察和辨识桥体总质量限值标志、轴重限值标志、限高和限宽标志； （2）在立交桥上遇到交通拥堵时，提醒学员与前车保持足够的距离，停车时拉紧驻车制动器操纵杆； （3）在跨度较大的高架桥行驶时，要求学员控制好车速和握稳转向盘，并与侧面的车辆保持足够的横向间距； （4）遇桥涵路面积水时，要求学员先探明积水深度确认安全后再通行，不要冒险涉水行驶

续上表

道路环境类型	交通特征及其交通风险	安全驾驶方法
转弯路段	（1）转弯时，车辆会受到离心力的影响。车速过快，容易发生侧滑、侧翻； （2）在转弯路段，驾驶员的视线往往被山体和其他障碍物阻隔，难以及时发现前方的交通情况	（1）观察到急转弯、连续转弯等标志时，提醒学员保持道路右侧行驶，提前降低车速； （2）提醒学员鸣喇叭提醒弯道对面的车辆和行人注意，掌握好转向盘转动和回正的时机
上坡路段	（1）在上坡路段，由于车辆重力的作用，车辆会有下溜的趋势，需要更大的驱动力； （2）接近坡顶时，驾驶员的视线会受到限制，看不清对面来车的动向	（1）上坡时，提醒学员保持道路右侧行驶，选择合适的挡位，避免因驱动力不足中途熄火，同时与前车保持足够的安全距离； （2）接近坡顶时，提醒学员控制车速，并鸣喇叭提醒对向车辆注意
下坡路段	（1）车辆下坡由于重力的作用，速度越来越快，制动距离比平坦路面要长； （2）长时间连续制动容易出现制动热衰退，易造成制动失效	（1）下长坡时，提醒学员提前换低挡，利用发动机牵阻作用降低车速，防止长时间制动导致制动器热衰退； （2）要求学员禁止使用空挡滑行
施工路段	行车道减少、路面不平整，影响机动车的正常通行，还会出现车辆突然变更车道或强行加塞	观察到施工路段标志时，提醒学员减速，观察周边的交通情况，提前变更车道，并注意礼让
城市主干路和高速公路	（1）路况较好，行车舒适感强，驾驶员常常会不自觉地过度提高行车速度，尤其在雨雪天高速路上车流较少时，容易超速行驶，车辆行驶稳定性下降； （2）长时间高速行驶，驾驶员对速度的感知能力下降，易超速行驶； （3）在路侧临时停车，且不采取安全处置措施，不易被后方来车辨识，造成追尾事故； （4）高速情况下，突然遇到行人、动物或行车道内有障碍物，处置不当易发生事故	（1）从加速车道准备驶入行车道时，提醒学员观察周边的交通情况，充分加速至与行车道内车流速度相适应后，再向左平缓变更车道驶入行车道； （2）提醒学员选择正确的行车道，严格控制行驶车速，间断性地查看车速表确认车速，借助路边的标志牌确认当前的安全距离； （3）提醒学员不得在行车道内停车； （4）当发现前方突然出现行人、动物等障碍物时，要求学员立即减速，不得在高速状态下猛转转向盘躲避
山区临崖路段	（1）道路依山而建，等级较低，路面狭窄，坡度较陡，多急弯； （2）部分临崖路段的路面狭窄，会车操作不当易发生坠车； （3）雨季或者久旱暴雨后，容易出现山体滑坡、落石、泥石流等，路基松软，靠近路侧行驶易造成路基塌陷	（1）要求学员保持低速行驶，增大跟车距离，不要盲目超车； （2）要求学员不要太靠近道路右侧行驶，尤其在雨季或者久旱暴雨后，防止路基松塌造成危险； （3）观察到注意落石标志时，提醒学员尽快通过，不要在此区域停车
城乡接合区域路段	（1）乡村道路的等级相对较低、路窄、照明条件差，缺乏养护，夏季容易形成扬尘，雨天容易出现泥泞坑洼、路基松软； （2）交叉路口常常无信号灯控制，且行人、非机动车、摩托车、农用车、大型货车等形成混合交通； （3）群众的安全意识普遍较差，易出现抢行或突然横穿道路的情形； （4）农村赶集时，往往会出现摊位占道、人员拥挤和交通拥堵； （5）占道晒谷物等农作物，影响机动车正常通行； （6）道路交通标志和标线、夜间照明等交通安全设施不完善	（1）要求学员尽量靠近道路中心线行驶，避免塌陷； （2）窄路会车时，要求学员提前选择路基坚实路段会车； （3）路面扬尘影响驾驶视线时，提醒学员保持低速和合适的车距，必要时开启车灯和鸣喇叭示意； （4）遇到摩托车、农用车时，保持适当的车速和安全间距，会车时主动减速让行或停车让行； （5）遇到摊位占道、人员拥挤和交通拥堵时，提醒学员保持低速慢行或者耐心停车等待

三 特殊天气条件的风险因素与安全驾驶

夜间、雨天、雾天、雪天、高温天气等不同天气条件下，由于能见度、路面条件、交通参与者等特点不同，给车辆驾驶带来不同的安全隐患。各种天气条件下行车的风险因素与安全驾驶方法见表6-17。

天气条件下行车的风险与安全驾驶方法 表6-17

天气条件	交通特征及其交通风险	安全驾驶方法
夜间	（1）驾驶员的视野仅限于车灯能够照射到的地方，视野变窄，对速度和距离的判断能力变差； （2）会车时，对向来车未变换使用远光灯，易造成驾驶员眩目； （3）近距离跟车行驶时，后车未变换使用远光灯，易使前车驾驶员造成眩目； （4）在午夜以后或者夜间长时间行车后，驾驶员易出现疲劳驾驶	（1）提醒学员低速慢行，增大行车安全距离，预防突发事件； （2）遇对面来车有强光照射时，提醒学员减速，将视线转移到右侧路面，不要直视； （3）当后侧跟随车辆的灯光产生眩目时，提醒学员调整内后视镜的位置； （4）近距离跟车或者与其他车辆距离150m时，提醒学员变换使用近光灯
雨天	（1）雨天行车时，风挡玻璃挂满水珠，车窗上容易出现水雾，影响驾驶员视线； （2）雨天路面湿滑，轮胎附着能力下降，高速行驶时易出现“水滑”现象； （3）穿雨衣或打雨伞的人，可能听不清汽车靠近的声音或喇叭声，视线只盯着路面，忽略了对周边情况的观察； （4）骑自行车的人为了避开积水，可能会突然改变方向，甚至占用机动车行车道； （5）雨天气温低于0℃时，路面易结薄冰	（1）提醒学员正确使用刮水器，开启通风装置和车窗加热装置来消除水雾，改善驾驶员视线； （2）要求学员注意观察交通情况，控制行驶速度，适当增大安全距离，改变行驶方向、制动或加速时动作要轻缓，避免车辆发生侧滑； （3）提醒选择道路中间坚实的路面，避免太靠近路侧行驶
雾天	（1）雾天驾驶员视线受阻，观察周边交通情况比较困难，行车方位的辨识较为困难； （2）汽车使用远光灯、后雾灯时，使其他驾驶员产生眩目	（1）要求学员保持较低车速，开启近光灯、示廓灯、前后位灯和危险报警闪光灯等，开启车窗，通过声音辨别周边的情况； （2）提醒学员借助鸣喇叭以引起其他车辆和行人的注意
雪天	（1）轮胎与路面的附着能力较差，车辆急转方向、急加速和急减速操作时，易发生侧滑； （2）行车道积雪易融化，行人和骑自行车人会占用机动车行车道； （3）路面被积雪覆盖，难以辨识行车道，难以选择行车路线和位置； （4）雪后初晴，迎着阳光行驶，易引起驾驶员眩目	（1）要求学员保持低速行驶，适当增大安全距离，利用发动机阻力降低车速，不得猛打转向盘和紧急制动； （2）提醒学员注意观察占道的行人和骑自行车人等的动态，提前让出空间，避免盲目超越； （3）提醒学员沿着前面的车辙行驶（车辙结冰时注意防侧滑），根据道路两旁的树木、电线杆等参照物判断行驶路线
高温天气	（1）重载车辆行驶过程中，冷却液温度容易超过正常工作温度； （2）入睡晚或长时间使用空调，驾驶员会觉得浑身无力，产生驾驶疲劳； （3）轮胎温度升高，胎压随之增大，易发生爆胎； （4）汽车的电路、油路等易出现线路软化、短路和漏油等情况，引起车辆自燃； （5）清晨和傍晚外出散步和纳凉的人群较多	（1）提醒学员保持室内通风，适时休息，及时足量饮水； （2）发动机温度过热时，要求学员尽快停车降温检查，等到降温后再用棉纱或手套垫着打开散热器盖，防止冷却液沸腾烫伤； （3）清晨和傍晚通过村镇道路、公园路段时，要减速慢行，注意道路两侧的人群

四 安全与谨慎驾驶知识

安全与谨慎驾驶是预防道路交通风险的有效途径，教练员要培养学员的谨慎驾驶态度，让其牢记谨慎驾驶的三条黄金原则：集中注意力、仔细观察和提前预防。

1 集中注意力

集中注意力是指在外界干扰下，驾驶员始终能将精力放到观察车辆周边交通情况、操控车辆上来。行车过程中时刻伴随着各种危险，驾驶员瞬间的粗心大意都有可能酿成交通事故，因此，驾驶员集中注意力是保障安全行车的前提。

2 仔细观察

仔细观察是指驾驶员集中注意力对周边的交通情况进行观察，是安全驾驶的基础。在驾驶训练中，教练员要提醒学员利用后视镜观察交通情况，必要时通过侧头看，获取全面的交通信息，同时要教会学员如何合理分配和转移注意力，及时洞察来自各方的危险。比如，在交叉路口右转弯时，教练员应提醒学员，不仅要观察交通信号灯、交通标志标线，而且还要观察左后方、左前方、右前方的交通情况，尤其是右前方人行横道的情况。

3 提前预防

提前预防是指驾驶员在驾驶过程中，及时预测潜在的危险，并提前采取合适的应对措施。提前预防首先要求驾驶员必须能够正确辨识潜在的危险，其次是对可能出现的危险及时作出正确的反应，采取预见性驾驶。

① 辨识危险

辨识危险是预见性驾驶的前提。例如，行人朝向道路中心线行走，驾驶员应能判断他准备横穿道路。驾驶员对危险的观察和判断受很多因素的影响，具体见表6-18。

预见性驾驶的影响因素 表6-18

影响因素	关系
驾驶经验	驾驶经验越丰富，越容易判断在哪些情况下会发生危险
感官	眼睛和耳朵发挥的作用越好，就能越早和越容易辨识危险
安全知识的掌握程度	掌握的安全知识越多，越容易发现潜在的危险
注意力	要求驾驶员有注意力分配和转移的能力，驾驶时精力越充沛、注意力越集中，越容易辨识危险
辨识危险征兆	潜在危险的征兆发现得越早，越容易避开危险
观察能力和判断力	对周围交通情况观察得越全面，发现危险的时间越早

② 避开危险

发现危险并且采取恰当的应对措施，是预见性驾驶的核心。交通冲突是指在车辆行驶过程中，与其他交通参与者或者道路设施在时间、空间上相互接近，如果任何一方不采取必要的应对措施（如调整车速或调整行驶方向等）就会发生交通事故的情形，是危险的具体表现。出现交通冲突时，采取文明礼让的驾驶行为，是避开危险的有效方法。

交通冲突的产生与多种因素有关，比如驾驶员情绪变化、攻击性的驾驶行为、交通拥堵及道路设计等。教练员需要从培养学员的责任意识、安全意识和协作意识以及交通风险防范能力入手，培养学员的群体观念、安全观念、协作观念以及正确处理交通冲突的能力。

①交叉路口的交通冲突与礼让。交叉路口是机动车、行人和骑自行车人等各种交通参与者相互交织的路段，容易形成交通冲突。平面交叉路口易形成的交通冲突及正确应对措施见表6-19。

平面交叉路口易形成的交通冲突及正确应对措施 表6-19

驾驶行为	交通冲突情形	正确应对措施
直行通过交叉路口	与左、右侧闯红（黄）灯的直行车辆	不要急于起步，更不要贸然加速通过路口，应减速或停车让行
在交叉路口左转弯	与对向驶来的右转弯车辆	开启右转向灯，减速慢行，观察到右转弯车辆抢行时，要保持平和的心态，不要斗气、故意不让或采取危险的挤、别动作，让右转弯的车辆先行
在交叉路口右转弯	与右侧的行人或骑自行车人	观察行人或骑自行车人的动态，减速或停车等候让行人或骑自行车人先行
通过人行横道	与横穿路口的行人或骑自行车人	遇行人横穿路口时，尤其是遇到老年人和儿童，应减速或停车避让，不得加速从行人前、后方绕过或抢行，更不能连续鸣喇叭催促其让道
在交叉路口掉头	与左转弯车辆或对向驶来的直行车辆或转弯车辆	注意观察其他车辆的动态，观察到其他车辆抢行时，停车避让；掉头时，保持心态平稳，安全完成掉头操作
驾驶机动车从辅路驶入主干路	与主干路内驶来的车辆	开启左转向灯，在不妨碍已在主干路内的车辆正常行驶的情况下加速驶入主干路车道

②典型驾驶行为引发的交通冲突与礼让。行车中，因驾驶员的攻击性驾驶行为往往容易造成交通冲突。此时，如果双方针锋相对，互相斗气刁难，不仅不能解决问题，反而会导致冲突升级，给道路交通安全与畅通带来巨大的影响。面对交通冲突时，应切记“忍一忍风平浪静，让一让海阔天空”，保持豁达、宽容的心态，礼让行车。在城市道路行驶时，典型驾驶行为易引发的交通冲突及正确的应对措施见表6-20。

典型驾驶行为易形成的交通冲突及正确应对措施 表6-20

驾驶行为	交通冲突情形	正确应对措施
交通拥堵路段行驶	与突然强行加塞的车辆	保持平和的心态，注意避让，不要斗气、故意不让或采取危险的挤、别动作
通过停靠有公交车的公交车站	与公交车前侧突然跑出的行人或突然起步的公交车	提前降低车速，与公交车保持足够的横向安全间距，注意观察周边的动态
路侧有玩耍的儿童	与玩耍的小孩	提前降低车速，与小孩保持足够的横向安全间距，注意观察其动态，不要连续鸣喇叭提示对方
遇道路上车辆掉头	与掉头的车辆	路口掉头的车辆阻碍正常行驶时，注意减速或者停车避让；对违法掉头的车辆，要提防其突然制动或改变行驶路线，不要连续鸣喇叭催促或抢行
后车近距离跟行且不停地鸣喇叭和闪灯催促	与后方跟行车辆	要换位思考，后车驾驶员很可能时间紧迫，应当及时减速靠右让行，或者通过手势示意其先行

续上表

驾驶行为	交通冲突情形	正确应对措施
遇前车无故慢行，妨碍你行车	与前方慢行的车辆	要换位思考，前车驾驶员可能是一个新手，比较胆小，或者不熟悉地形，应多些体谅
遇对向来车占道行驶	与占道行驶的对向来车	提前降低行驶速度，鸣喇叭或闪灯提示对方，密切观察对向来车和后侧的动态情况，不可盲目避让
遇对向来车强行超车	与占道强行超车的对向来车	保持宽容的态度，容忍他人的错误，尽可能让出车道
障碍物路段会车	与障碍物对面的来车	提前降低车速，观察对向来车的意图，必要时鸣喇叭或闪灯提示对方；观察其抢行时，减速或停车让行
夜间会车	与不及时变换灯光的对向来车	及时变换为近光灯，减速避让，必要时选择安全的地点停车让行

3 避免操作错误

学员即使觉察到了潜在的危险，但是出现错误操作，同样会引发事故。因此，在教学中，教练员应及时指出和纠正学员出现的错误，让学员养成良好的习惯。在驾驶训练中，学员常犯错误的原因及事例见表6-21：

学员错误驾驶行为原因分析及案例　　表6-21

类　型	错误原因	具　体　事　例
观察能力	注意力分散	只顾看路边的热闹，“摆弄”收音机或边开车边使用手机，发生追尾事故
	观察不全面	转弯时未注意侧面的其他交通参与者，与自行车人发生刮擦事故
判断与决策能力	判断错误	过高地估计了穿插时的安全间距，造成剐蹭事故
	缺乏驾驶经验	尽管没有必要，仍然变换车道，影响后面来车的正常行驶
心理适应能力	过于紧张	突然发现险情，把加速踏板错误地当作制动踏板
	犹豫不决	转弯时尽管空间够大仍然长时间等待，妨碍正常道路通行
驾驶操作能力	驾驶操作不熟练	换挡、转向和制动时，忽视道路上的交通情况，在复杂交通状况下极易犯此类错误
		上坡行驶挡位选择不当，造成发动机熄火

第四节　应急驾驶与特殊情况的处置

行车过程中，由于客观条件的突然变化引发车辆转向失控、制动失效、轮胎漏气、轮胎爆裂等紧急情况，此时能否有效地规避危险和逃生，将取决于驾驶员应急措施是否及时、恰当和有效。驾驶员只有具备良好的心理素质，掌握一定的应急处置措施，在遇到险情时才能临危不慌，遵循紧急情况处置原则，冷静地采取行之有效的方法减轻损失。因此，教练员应让学员掌握一些典型紧急情况下的应急驾驶方法，以避免或减少交通事故的发生。

一　应急驾驶的基本原则

在行车途中会遇到各种紧急情况，处置得

当，可以减轻或免除事故的危害；反之，可能会加大事故损失。为了防止避险不当加重事故后果，在处理危险情况时应遵循以下原则：

1 保持良好心态

险情的出现一般都比较突然，此时，驾驶员能保持良好的心态，沉着冷静，利用极短的时间准确作出分析判断，并迅速果断地采取正确的避险措施，可使危险引发的损失降到最低。驾驶员千万不可惊慌失措或存有侥幸心理，以免酿成更加严重的后果。

2 及时减速，并有效控制行驶方向

紧急情况发生时，驾驶员规避和减轻交通事故危害和损失的最有效措施，就是制动减速、停车和控制方向，同时通过开启危险报警闪光灯、鸣喇叭或挥手示意等向其他交通参与者及时传递危险信号。

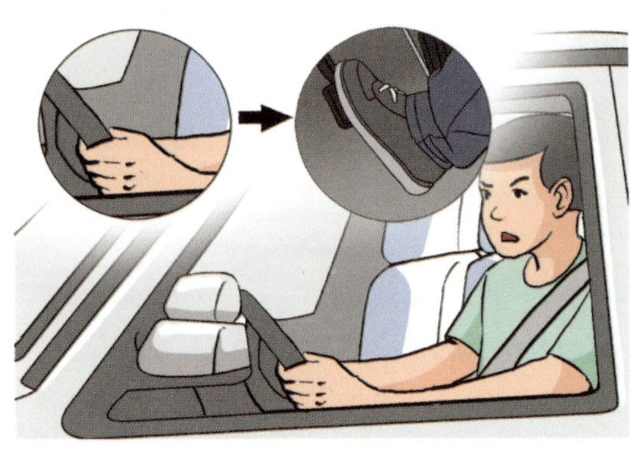

3 先人后物，就轻处理

人的生命是最宝贵的。在危急情况下，驾驶员要遵循“生命至上、避重就轻”的原则，尽量避免损失更重或危害更大的情形，宁可财产遭受损失，也要确保人员的生命安全。

4 先他人后自己

在遇紧急情况危及人员生命时，驾驶员应显示出良好的职业道德和高尚的风范，尽可能把生的希望留给更多的人。

二 紧急情况的应急驾驶方法

1 转向失控的应急驾驶方法

转向失控意味着车辆行驶的方向不受驾驶员控制，这将会给安全行车带来严重的危害。转向失控很大程度上是由转向系自身的机械故障引起的，包括转向传动部件松动、转向油泵密封不严等。此外，路面过于光滑并且车速过快、制动时前轮抱死等都可能导致转向失控。

转向突然失控时，驾驶员的应急操作方法如下：

（1）立即松抬加速踏板，减挡减速，同时打开危险报警闪光灯、交替变光、鸣喇叭或打手势等，对道路上其他通行的车辆及行人发出警示信号。

（2）如果车辆和前方道路情况允许保持直线行驶时，驾驶员可均匀而用力拉紧驻车制动器操纵杆进行辅助制动。当车速明显降低时，再轻踩制动踏板，使车辆缓慢平稳地停下。

（3）当未配备ABS系统的车辆偏离直线行驶方向，事故已经无可避免时，驾驶员应果断地连续踏制动踏板，使车辆尽快减速停车，减轻车辆撞击时的力度。

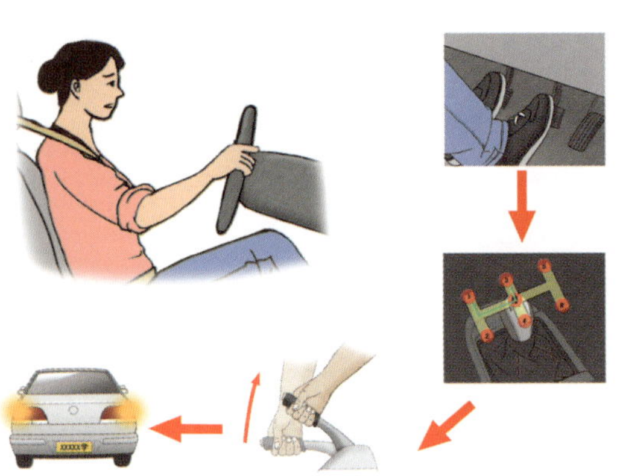

2 制动失效的应急驾驶方法

制动失效引发的事故往往非常严重，造成的人员伤亡和财产损失也比较大。引起车辆制动失效的原因主要有气压或液压制动管路故障、制动片热衰退等原因。

1 无坡路段制动突然失效

在无坡路段出现制动失灵、失效时，驾驶员的应急操作方法如下：

（1）要沉着冷静，握稳转向盘，立即松抬加速踏板。若是液压制动车辆，可尝试连续多次踏制动踏板，以期制动力的积聚能产生制动效果。

（2）利用转向避让障碍物，同时利用“强制降挡”和逐渐拉紧驻车制动器操纵杆等方法，设法减速停车。

（3）在高速状态下，不可急转方向避让和一次拉紧驻车制动器操纵杆，否则容易使驻车制动盘“抱死”，引发车辆甩尾且损坏传动机件。

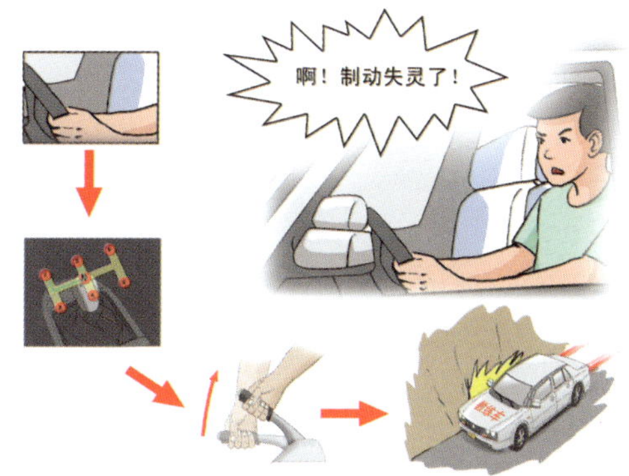

安全提示

出现制动失效后，无论车速降低与否规避撞车是首要的应急措施，驾驶员要始终操纵转向盘控制好行驶方向，只有在道路交通情况暂时不会发生撞车事故时，方可腾出手来抢挡、拉紧驻车制动器操纵杆。

2 下坡路段制动突然失效

下坡路段发生制动失效后，驾驶员应迅速抬起加速踏板，抢挡减速（抢挡时，以越一级为妥，如车速仍高，可再次抢挡），并充分利用紧急避险停车区、坡道或天然障碍物帮助减速停车。

在不得已的情况下，应果断地利用车厢靠向路旁的岩石或树林碰擦，甚至用前保险杠斜向撞击山坡，迫使车辆停住，以求减小损失。

当车速得到有效控制后，应尽快选择紧急停车带及其他较为平坦、宽阔的地段安全停车，并对车辆进行检修。

3 轮胎爆裂的应急驾驶方法

近年来，由于爆胎而导致的交通事故时有发生且已经成为安全行车的一大隐患。引起轮胎漏气和爆胎的原因主要有轮胎气门芯漏气、车辆超载、轮胎气压不足或者过高、锐利物刺伤轮胎、轮胎过度磨损等。

前轮胎爆裂时，车辆会立刻向爆胎车轮一侧跑偏，直接影响驾驶员对转向盘的控制，危险较大。后轮胎（安装单胎）爆裂时，车尾会摇摆不定，但车辆行驶方向一般不会失控，驾驶员只要保持镇定，双手紧握转向盘，便可控制车辆保持直线行驶；并装双轮胎的车辆，某后轮胎爆裂时，一般不会失控，驾驶员可正常操作，但应尽快安全停车并进行检查、处理。

当意识到爆胎时，驾驶员双手应紧握转向盘，切忌慌乱中向相反方向急转转向盘；松抬加速踏板，极力控制车辆直线行驶，若已有转向，也不要过度矫正，应在控制住方向的情况下，轻踏制动踏板和抢挂抵挡（禁止紧急制动）使车辆缓慢减速，待车速充分降低后，平稳地踩踏制动踏板靠边停车。

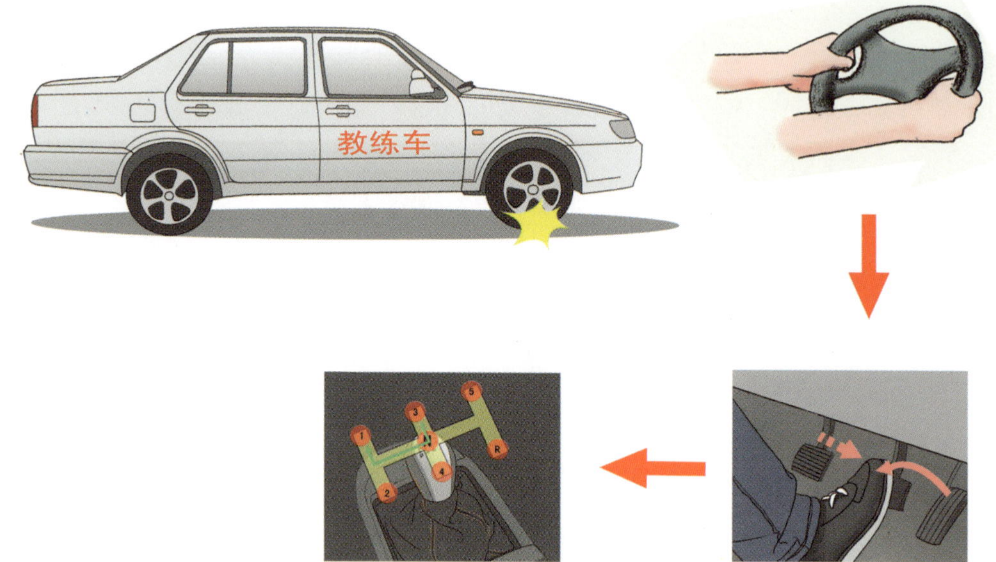

4 车辆侧滑的应急驾驶方法

当车辆在泥泞、湿滑的路面上快速行驶、紧急制动、急加速或猛转方向时，易发生侧滑，甚至会导致行驶方向失控而倾翻、坠车或与其他车辆、行人发生碰撞等事故。

单车发生侧滑时，通常是旋转的方式，而半挂汽车列车在侧滑时，牵引车与挂车之间会形成折叠的形状。因此，驾驶汽车列车施加强制动力时，要注意通过后视镜观察挂车的运行情况。

车辆发生侧滑时，驾驶员应采取以下应急处置措施：

（1）当制动、转向或擦撞引起车辆侧滑时，应立即松抬制动踏板，并迅速向侧滑的一方转动转向盘，并及时回转方向进行调整，修正方向后继续行驶；因转向或擦撞引起的侧滑，不可使用行车制动。车辆发生侧滑时，不要使用驻车制动，尤其对于半挂汽车列车，这项操作将会导致更加严重的后果。

（2）当未配备ABS系统的车辆的前轮发生侧滑时，驾驶员应及时将危险警示信息传递出去，并果断地连续踩踏、放松制动踏板，平稳制动，尽快减速停车。

三 事故后的脱困方法

1 车辆起火后的脱困方法

车辆行驶中，发动机温度过高、电路老化短路、油路连接处松动、轮胎摩擦过热、

碰撞后燃油大量泄漏或者载运危险物品等诸多因素会诱发火灾。车辆发生火灾时，如果能够选择正确有效的自救方式迅速逃离现场，就可以化被动为主动，赢得更多的逃生机会。

1 防止灾情扩大

发现车辆冒烟或出现火苗时，驾驶员应尽快靠边安全停车，同时注意避开严重威胁人员生命、财产安全的地方，降低事故损失：

（1）将车辆驶离闹市区、加油站、高压电线、灌木丛及其他易燃易爆物品存放区。

（2）高速公路上发生火灾时，应尽可能远离收费站、服务区等公共场所。

2 疏散人员

起火时，会伴随产生大量的有毒浓烟，车厢内温度升高，氧气浓度下降，旅客逃生的生理机能也随着时间的推移逐渐下降。因此，停车后，驾驶员应立即开启车门或敲破应急车窗玻璃，组织人员安全、有序疏散：

（1）逃离时，要保持冷静，就近选择正确的逃生方法和路线，俯身低姿行走，保持逃生秩序，抓紧时间逃离险境，切勿惊慌失措。挤压踩踏、盲目乱窜和盲目跳车都会影响逃生和增加受伤概率。

（2）车内浓烟使得视线不清，可抓住前方乘客的衣角跟随逃离，同时要用衣物或毛巾（湿毛巾效果更好）捂住口鼻，不要盲目呼喊，防止烟雾和有毒气体进入呼吸道，造成呼吸道损伤或窒息。

（3）当火焰逼近、无法躲避时，可及早脱去化纤类衣物，用身体猛压火焰逃生，同时要注意保护裸露的皮肤，不要张嘴呼吸或高声呼喊。

（4）逃离着火车辆前，应关闭车辆点火开关、电源总开关、油箱或燃气开关。

3 控制初期火势

人员安全疏散后，应尽快报警并采用灭火器给油箱和燃烧部位降温灭火，控制火势蔓延，避免爆炸：

（1）如果是发动机舱内着火，应迅速关闭发动机，尽量不打开发动机罩，从车身通气孔、散热器及车底侧进行灭火。

（2）如果客车车厢内冒烟或出现火苗时，在组织人员疏散的同时迅速进行灭火，在初期阶段就扑灭火情。

2 车辆落水后的脱困方法

在城市行车中，低洼地段因暴雨快速形成积水，或者车辆坠入河塘中，车上乘员的处境将会非常危险。车辆落水时，驾驶员可以采取以下应急处置措施：

（1）在坠桥落水的瞬间，不要急于解

开安全带，防止落水时的冲击力造成人员受伤。

（2）刚落水后，车辆还不会完全下沉，驾驶员应尽快解开安全带，在第一时间开启车门或使用安全锤等尖锐器械砸开车辆的侧窗组织乘员逃生。

（3）逃生时，应注意抓稳门框或窗框，防止被涌入的水流冲回车内。

第五节 事故现场的应急处理

交通事故发生时，驾驶员往往是第一现场人员，如果能够及时采取有效的现场处置措施，对伤员开展科学的救援，可以降低事故的人员伤亡和财产损失程度。因此，教练员应让学员掌握事故现场的应急处置和报告程序、伤员救护方法等知识。

一 交通事故的现场处置

在遇到交通事故时，驾驶员要保持冷静，按照立即报警、抢救伤员、注意现场保护、避免继发事故的原则，采取事故现场的应急救助。

1 立即停车

在道路上发生交通事故时，驾驶员应立即停车，关闭发动机并切断电源，拉紧驻车制动器操纵杆，开启危险报警闪光灯，正确摆放危险警告标志。

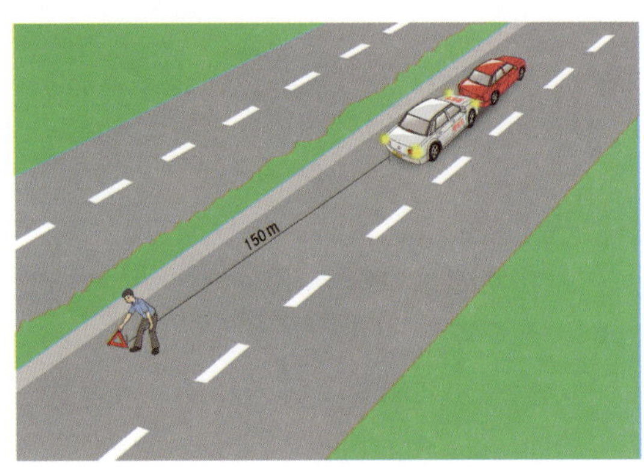

2 报警

遇有人员伤亡事故或出现运载物品泄漏、起火等情况时，驾驶员应立即拨打122、120或119等报警、救援电话，说明事故情况、事故危害，并在现场采取警示措施，积极配合有关部门进行处置。

案例

学员违法私自上路练车　酿事故弃车逃逸受惩罚

2013年10月16日上午9时许，某驾校学员崔某为应对面临的驾驶证考试，贸然开着私家车上路练习，因操作不当，崔某驾车驶入对向车道，与对向正常行驶的一辆轿车迎面相撞，造成对方驾驶员于某受伤，两车的车头严重受损。事发后，崔某因自己没有驾驶证，害怕被处罚，弃车逃逸，于某打电话报警。事后，崔某经邻居劝说主动投案自首，但因崔某无证驾驶，且发生事故后逃逸，先被处以治安拘留15天。

报警时，需要说明的有关信息主要包括：

（1）报警人的姓名、联系方式；

（2）发生道路交通事故的具体时间、

地点；

（3）人员伤亡情况；

（4）车辆类型、车辆牌号，是否载有危险物品、危险物品的种类等；

（5）涉嫌交通肇事逃逸的，还应当说明肇事车辆的车型、颜色、特征及其逃逸方向、逃逸驾驶员的体貌特征等有关情况。

3 预防次生事故

如果事故现场有险情扩大的因素，如事故车装有易燃、易爆、剧毒、放射性物质等危险物品，车辆起火以及出现易燃气体和液体泄漏时，驾驶员应立即设法疏散人群，隔离现场，尽可能采取降温、灭火等措施进行应急处置，必要时设法将危险车辆驶离现场。

4 自救与互救

事故现场有人员伤亡的，驾驶员应立即抢救受伤人员，及时将轻微伤员和其他人员疏散到安全地带。因抢救受伤人员变动现场的，应当标记伤员的原始位置。

在高速公路上发生事故时，驾驶员应将人员疏散到来车方向150m以外的高速公路护栏外安全区域，切不可向下游疏散人员或让人员滞留在高速公路行车道上。

5 事故现场的保护

对于重大交通事故，驾驶员在警察赶到现场前可先采取必要的措施对事故现场进行保护，记录事故现场的情况：

（1）应立即用白灰、沙石、树枝、绳索等将现场周围封锁，禁止车辆和行人进入。需要标划现场的交通事故，驾驶员在标定机动车停车位置时，可用石笔或粉笔在车辆的每个车轮外延中心垂直于地面上标划“T”形线。如果是多车轮的车辆，只需标划前后四个车轮即可。

（2）驾驶员可使用照相机或者手机，从车辆前方、侧面和后方的不同角度，对事故相关车辆的位置、受损部位及受损程度等做好拍摄记录。

（3）遇有雨天、雪天或刮风等恶劣天气时，可能会对现场重要痕迹、物证造成破坏，驾驶员可用塑料布、席子等将现场的尸体、血迹、制动印痕和其他散落物等遮盖起来。

二 伤员急救常识

驾驶员往往是交通事故的第一现场人员，掌握正确的伤员救护知识，对于赢得宝贵的抢救时间，获得较好的伤员救治效果，减少事故伤残率、死亡率，具有十分重要的意义。

1 事故现场的伤员救护原则

（1）正确判断伤情。在事故现场发现伤员时，应先对伤员的处境和伤情进行全面检查和判断，比如，是否有重物压在伤员的身上，是否有异物插入伤员的体内，伤员是否出现昏迷、呼吸中断等症状，伤员是否出血、骨折等。对于意识清醒的伤员，应询问哪里疼痛和不适，初步判断受伤部位和伤情，以便选择正确的急救方法；对于意识不清醒的伤员，应保持其呼吸道开放畅通，视情采取心肺复苏抢救措施。

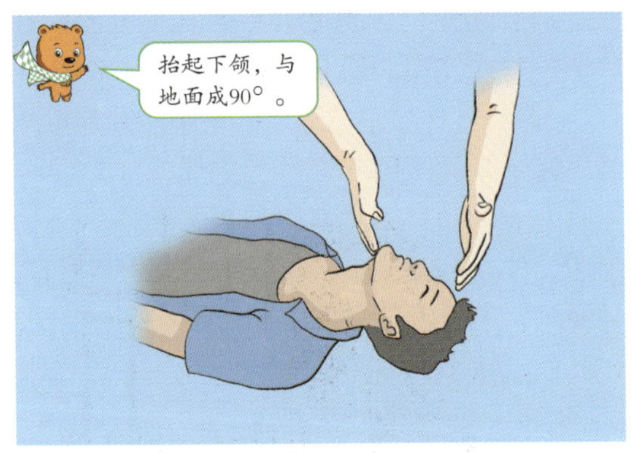

（2）科学施救，避免造成二次伤害。抢救人员要沉着、仔细，根据伤员的处境和伤情，科学实施救护。从车体中移出伤员时，动作要轻柔，尽可能移开压在伤员身上的物品，而不要强行拉拽伤员的肢体；不要随意拔出插入伤员体内的异物；正确搬运伤员，避免因搬运不当造成伤员的伤势加重。

（3）选择安全的场所实施救护。尽快将伤员救离事故现场，尽量选择广场和空地等开阔区域，在救护车能够接近的安全地方和夜间有照明的地方实施抢救，不能在弯道、坡道或交叉路口等危险区域实施抢救。应尽可能用救护车运送伤员，使伤员平卧，减少运送途中的二次损伤。

（4）先救命，后治伤。在等待专业救护人员赶赴事故现场时，应先抢救存在昏迷、休克、呼吸中断等症状的重伤员，再护理一般的伤员，对伤员进行伤口包扎、固定等处理。

2 常用伤员急救方法

交通事故造成的损伤往往以外伤、颅脑损伤和骨折伤居多，而且具有伤势严重、伤情隐蔽和伤情发展迅速的特点。在事故现场，救护者应根据伤员的具体伤情和现场条件，采取正确的救护方法。

1 对意识清醒的伤员进行救护

对于意识清醒的伤员，应询问哪里疼痛和不适，初步判断受伤部位，以便选择正确的搬运方法，将伤员搬离受损车辆或行车道，实施紧急救护。

搬运伤员时要根据伤情轻重和种类分别采取搀扶、背运和多人搬运等措施；对疑有脊柱、骨盆骨折不宜站立行走者，宜多人水平搬运或担架搬运；对有下肢骨折、内脏损伤者宜担架搬运。

具体的搬运方法有：

（1）单人腋下平躺拖行。救援者弯腰

下蹲，双手从伤员腋后插入腋下，钩住伤员腋窝，水平拖行。

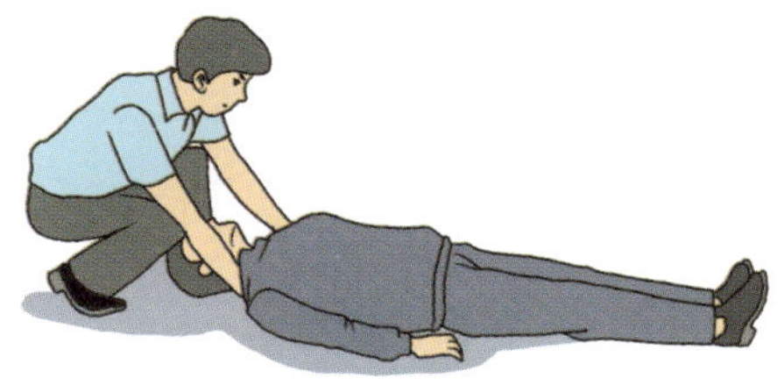

（2）单人抱持。救援者位于伤员一侧，一手托住伤员的双腿，另一只手紧抱伤员腰部或肩部。

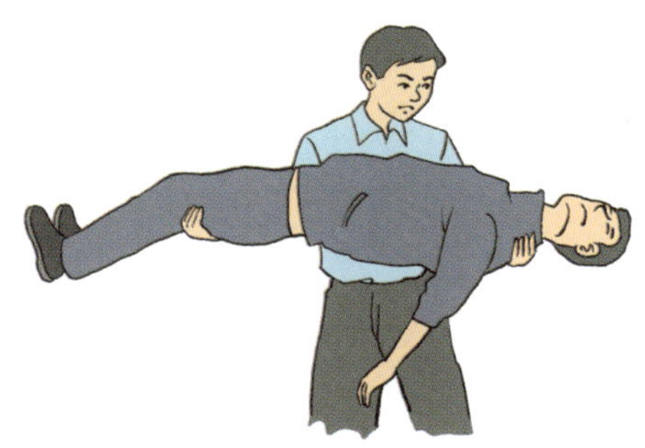

（3）多人平抬法。这种方法主要针对怀疑有颈椎损伤和脊柱损伤的伤员。具体办法是:一人抱伤员双肩和头部，一人托住伤员腰臀部，第三人托住双下肢，水平搬运伤员。疑有颈椎损伤时宜有一人托住头颈搬运。

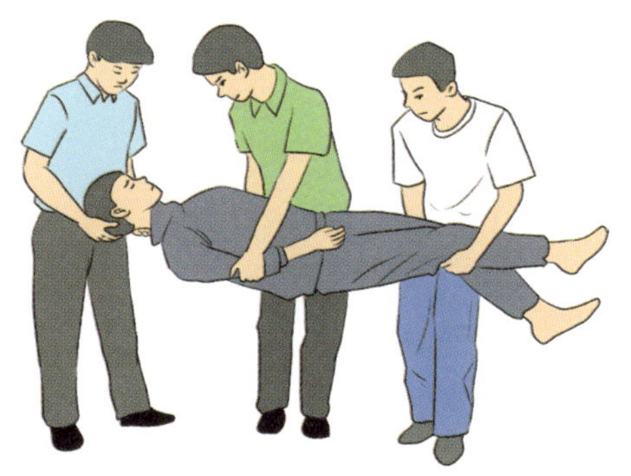

2 对无法言语、存在意识丧失和心跳、呼吸骤停伤员的抢救

对于这类伤员的基本抢救步骤如下：

（1）判断意识。轻推呼喊伤员，如对此刺激无反应，表明意识丧失，应立即将伤员改为侧卧位，救援者位于伤员一侧，并紧急高声呼叫其他救援者帮助。

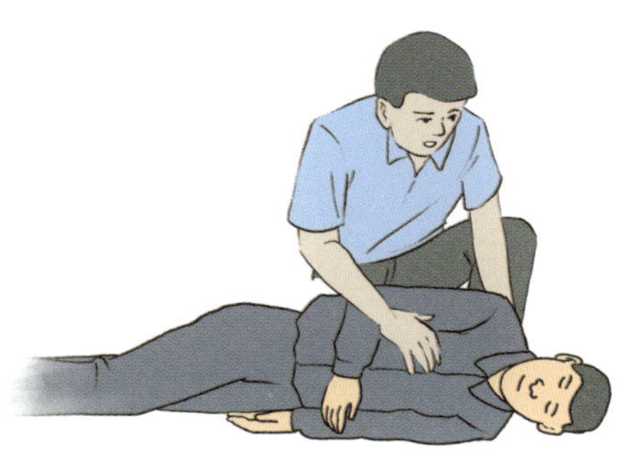

（2）保持呼吸道开放畅通。抬起伤员下颏，清理气道和口中可能存在的异物，保持其呼吸气道的开放畅通，贴近伤员5s，判断有无呼吸。如果没有呼吸，应立即进行口对口人工呼吸，具体方法为：捏紧伤员鼻翼，包严嘴唇，用力连续吹气两次，每次2s，如果吹气后胸部起伏，说明气道通畅；如果无胸部起伏，说明气道没有开放，需要重新清理口腔和鼻腔内异物，抬高下颏，再次开放气道。

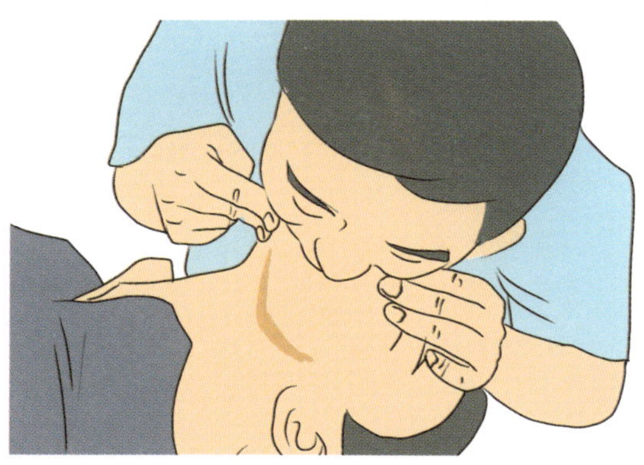

（3）实施胸外心脏按压。触摸伤员颈动脉，如果没有搏动，说明心脏停跳、循环停止，应立即进行胸外心脏按压，具体方法为：双手交叉重叠，用手掌根垂直向下施力，按压位于胸骨中下部1/3处部位，要求双臂伸直，每次下压胸部4～5cm后自然放松，但手掌不离开胸部，频率为每分钟100次，以

每15次按压后加做2次口对口吹气作为一遍操作，连续做4遍或进行3～4min后，重新评估呼吸、循环系统的状况。

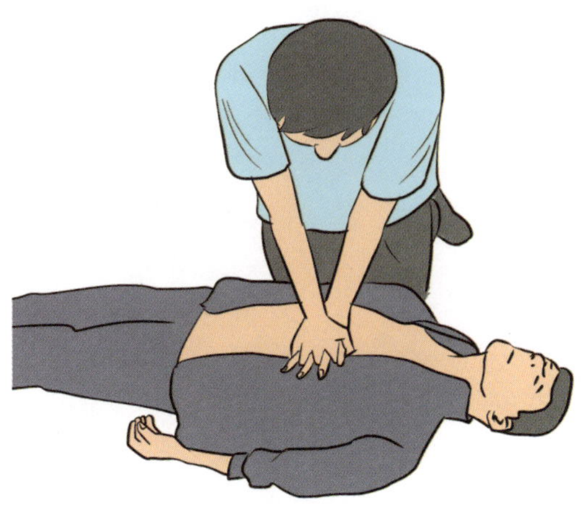

如果伤员心跳恢复，则停止操作，继续监测呼吸、脉搏，等待专业救援；如果仍旧没有恢复，则继续实施心肺复苏，每隔3～4min停止操作，监测呼吸、循环系统状况一次，直到呼吸、循环系统功能恢复，在专业救援人员到达之前不要轻易放弃，也可以两人轮换对伤员进行心肺复苏，但是中断时间不要超过5s。心肺复苏成功后的治疗由专业医护人员进行。

（4）心肺复苏的中止条件：伤员自主呼吸和脉搏恢复，复苏成功；专业救援人员到场接替；有医生到场宣布伤员死亡；救护人员经过长时间积极复苏，以至筋疲力尽，仍无自主呼吸和脉搏恢复。

3 对开放性骨折伤员的处理

肢体的开放性骨折，表现为创面大量出血，伤员很快会因为出血而产生休克。救护时首先应进行止血和包扎(按活动性出血处理)，然后针对不同的肢体部位进行相应的固定。救护时要注意：千万不要将骨折块还纳复位。

对上肢的骨折可用夹板或树枝固定，用三角巾悬吊绑缚，并检查末端血液循环的情况，以防肢体缺乏血液供应而坏死。

对下肢的骨折可采用加压包扎后用长夹板或木板固定，并检查肢体末端血液循环的情况，以防肢体缺乏血液供应而坏死。

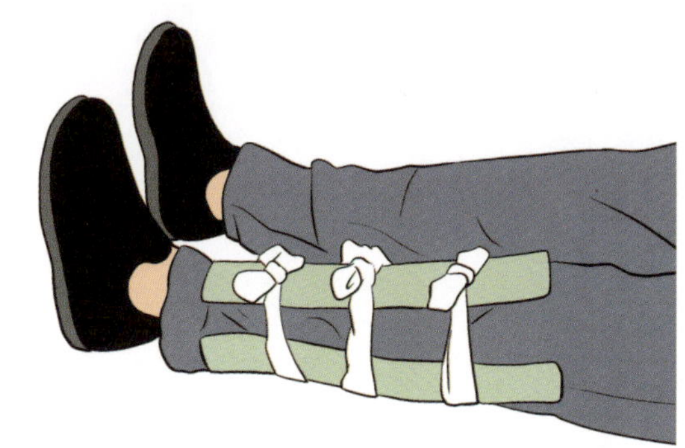

4 对脊柱、颈椎损伤伤员的救护

脊柱骨损伤常常造成瘫痪，伤员自感腰部疼痛或下肢神经减退，因此，救护时要使脊柱骨折伤员就地静卧，切忌脊柱弯曲或扭转，以免造成终身截瘫。

（1）脊柱损伤伤员的搬运。在运送脊柱损伤伤员时，应由3人站在伤员右侧，分别托住肩背部、臀腰部和双下肢，在一人口令下，协同将伤员搬至硬质担架上。

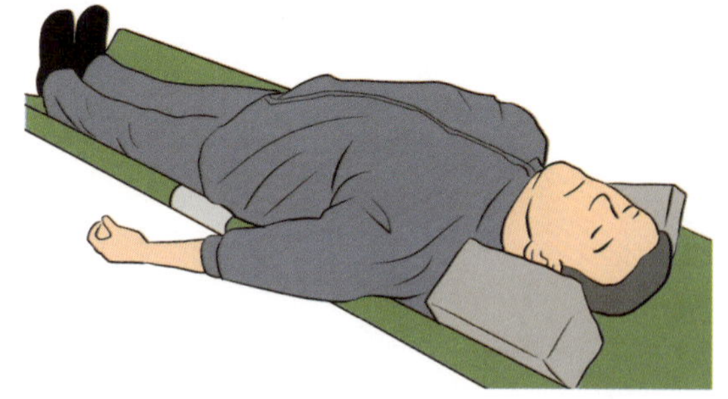

（2）颈椎骨折伤员的搬运。颈椎骨折伤员应由一人负责托住头部，保持头与身体成一直线，其他人员在伤员左侧，分别托下

肢、臀腰部和肩背部，在统一口令下协同将伤员搬至硬质担架上。严禁强行搬动头部，伤员睡到担架上后，用沙袋或折好的衣物放在颈的两侧加以固定。

5 对严重烧伤伤员的处理

应迅速扑灭严重烧伤者身上的明火，脱去燃烧的衣物，用冷水对燃烧部位进行喷洒，并让伤员适量饮用淡盐水，以防脱水休克。对烧伤创面应使用消毒纱布或清洁的被单覆盖(但是脸部宜暴露，不宜覆盖)，同时要注意防止创面再次污染。对烧伤的伤员，不要轻易使用粉剂、油膏等敷料，最好尽快将伤员转送附近医院。

6 酸碱腐蚀性化学品外泄受伤的伤员的处理

在救护酸碱腐蚀性化学品外泄引起受伤的伤员时，救护者首先要做好自我防护。防护的办法包括:用湿毛巾外覆口鼻，减少呼吸道刺激；戴好防护手套或穿好防化服。

对被少量腐蚀化学品沾染的部位，应立即用干毛巾或纸巾蘸吸，并用大量清水冲洗15min以上；如果伤员身体被大面积沾染，应迅速脱去其身上衣服，用大量清水冲洗20min以上；如果伤员将腐蚀液误入口腔，可用牛奶、鸡蛋清或米汤面糊等灌食，以保护胃肠道。

第六节 节能与环保驾驶

随着汽车保有量的持续增加，能源消耗、汽车尾气排放和噪声污染等给城市环境和人民生活带来了危害，不仅影响了人们的生活，而且还严重危及人们的身心健康。驾驶员树立节能与环保意识，提高节能与环保驾驶技能水平，是实现社会可持续发展的重要保障，也是驾驶员的社会责任。

一 车辆运行与环境保护之间的关系

汽车给社会环境带来的污染是多方面的，包括废气、噪声、车辆废弃物以及衍生形成的光化学烟雾等。

1 排放污染

汽油发动机排放的主要污染物有氮氧化合物（NO_X）、碳氢化合物（HC）和一氧化碳（CO)。其中，NO_X、HC经阳光照射，在大气中形成光化学烟雾，对人的呼吸系统产生极大的危害；NO_X和SO_2在大气中可产生酸雨效应，导致人类得“酸雨病症”。

柴油发动机排放的主要污染物是氮氧化合物和微粒粉尘，微粒粉尘会危害人的眼睛和呼吸道。汽车完全燃烧所产生的CO_2气体，则会加剧地球的温室效应，汽车主要污染物及其危害见表6-22。

汽车主要污染物及其危害　　表6-22

污染物	对人体的危害
CO	使血液输氧能力降低，可引起头晕、头痛等症状，严重时会使心血管工作困难，甚至死亡
HC	可引起头晕、头痛、失眠等症状，还可导致白血病、癌症等
NO_X	使血液输氧能力降低，会损害心脏、肝脏、肾脏等器官；是产生酸雨、光化学烟雾的主要原因
微粒粉尘	有致癌作用

2 噪声污染

道路交通噪声是城市环境噪声的主要组成部分，占到城市噪声的75%左右。交通噪声主要来自于运行的机动车，其中以汽车噪声的影响最大，汽车噪声一般是60~90dB的中强度噪声。由于汽车产生的噪声污染，全国城市道路交通噪音平均等效声级达71.5dB，全国80%左右的交通干线两侧环境噪声均超过国家安全标准。

汽车噪声主要来自于汽车排气噪声、发动机噪声、轮胎噪声和喇叭声，此外还有车体振动和传动系噪声等。高于70dB的噪声会令人心情烦躁、疲倦等，从而引发头晕、失眠等病症。汽车的噪声不仅会影响周边的环境，而且还会使驾驶员工作效率下降，反应时间延长，从而增加交通事故发生的可能性。

3 废弃物污染

随着汽车保有量的迅速增长，每年报废的汽车数量不断增加，产生大量废轮胎、玻璃、塑料、蓄电池、润滑油等特殊垃圾。如果处理不当，报废汽车长期堆存，不仅占用土地，而且还会对环境造成污染，甚至污染附近居民的水源，对人们的生活环境构成威胁。此外，汽车点火系统工作时发射的电磁波对通讯、电视等会产生干扰。

二 车辆燃料、轮胎的合理选用常识

车辆燃料的质量对车辆节能、环保以及车辆的使用寿命有较大的影响，因此，合理选用车辆燃料举足轻重。轮胎的合理选用，可以延长轮胎的使用寿命，增加行车的安全，减小车辆行驶时的滚动阻力，从而间接地减少燃油的消耗，达到节能、环保的目的。

1 车用燃料的合理选用

驾驶员应根据发动机类型、当地气温条件等情况合理选用燃料。

1 汽油牌号的选用

汽油牌号按照辛烷值的高低来表示。汽油牌号有90号、93号和97号等几种类型（汽油品质由国Ⅳ标准上升为国Ⅴ标准后，牌号分别调整为89号、92号、95号）。选择的牌号过低会使车辆发动机产生爆震，影响动力性和增加燃油的消耗，严重时还会使发动机损坏。选择的牌号过高，能提高车辆排放的质量，但并不能提高燃烧的效能，反而会额外增加汽油使用的费用。驾驶员可根据车辆使用说明书推荐的汽油牌号来选择汽油。

2 柴油牌号的选用

柴油的牌号按照其冷凝点的高低来表示。柴油牌号有0号、-10号、-20号、-35号、-50号等几种类型。牌号低的柴油低温流动性好，发动机在低温情况下易起动，从而减少起动时的燃油消耗。驾驶员主要依据车辆行经地区风险率为10%的最低气温来选择柴油的牌号，一般以低于当地最低气温4~6℃为宜，见表6-23。

柴油牌号适用地区与季节 表6-23

牌　号	当地最低温度	使用地区季节
0号	4℃以上	全国各地4~9月，长江以南冬季
-10号	-5℃以上	长城以南冬季，长江以南严冬季节
-20号	-14℃以上	长城以北冬季，长城以南黄河以北严冬季节

续上表

牌　号	当地最低温度	使用地区季节
−35号	−29℃以上	东北和西北地区严冬季节
−50号	−44℃以上	最北地区严冬季节

添加燃油时，在燃油表显示剩余燃油不足1/4的时再添加，且每次加至燃油表刻度的2/3～4/5为宜。

2 车辆轮胎的合理选用

驾驶员应根据汽车载质量、道路条件、行车速度等选择不同尺寸、花纹、负荷和速度等级的轮胎，并正确使用：

（1）子午线轮胎的结构特性使其比斜交轮胎有更多优点，比如，使用寿命长、轮胎与路面间的附着性能好、滚动阻力小、承载能力大、可以更好地吸收路面对轮胎的冲击能量，应当优先选择。

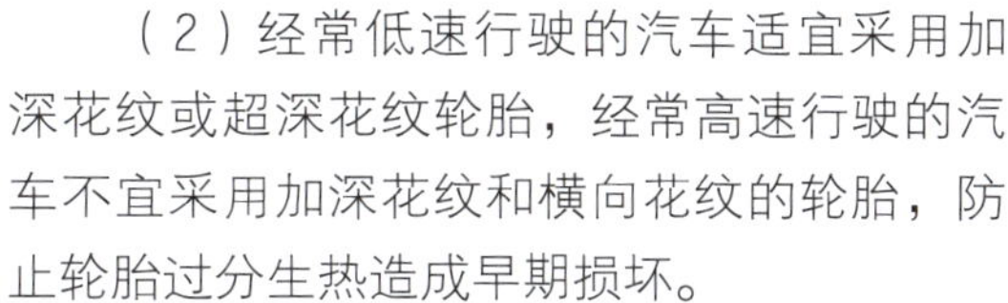

（2）经常低速行驶的汽车适宜采用加深花纹或超深花纹轮胎，经常高速行驶的汽车不宜采用加深花纹和横向花纹的轮胎，防止轮胎过分生热造成早期损坏。

（3）轮胎承受的负荷值不能大于轮胎的额定负荷，轮胎速度级别不能低于装配车辆的速度性能要求。

（4）在车辆的同一轴上应使用品牌、规格、花纹和磨损程度相同的轮胎，不得将斜交轮胎与子午线轮胎、有内胎轮胎和无内胎轮胎同车混装。

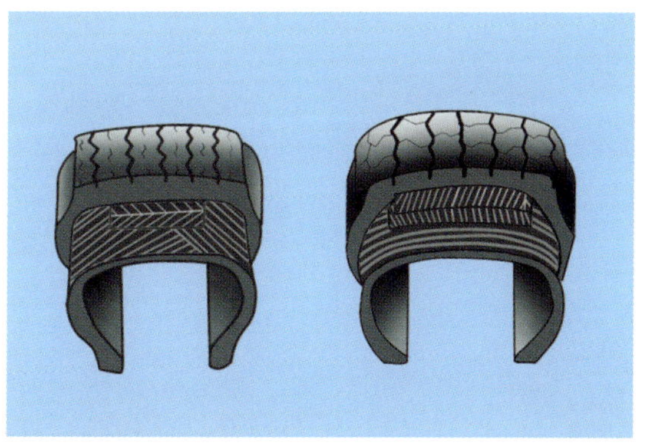

小知识

子午线轮胎与斜交轮胎的区别

子午线轮胎与斜交轮胎规格表示方法的不同在于是否有“R”，例如：

斜交轮胎　6.70−13−6；

子午线轮胎　185/70 R 1386T。

（5）乘用车、挂车轮胎胎冠上花纹深度应不小于1.6mm（胎面磨损至磨损标记“▲”），其他车辆转向轮的胎冠花纹深度应不小于3.2mm；其余轮胎胎冠花纹深度应不小于1.6mm，超标时，应及时更换。

无内胎子午线轮胎

无内胎轮胎有较高的弹性和耐磨性，并有良好的附着力和散热性能。特别是在车辆高速行驶时，轮胎变形小，与路面的摩擦力较小，能保持较好的行驶稳定性，有利于吸收振动冲击和提高车速。无内胎轮胎一旦被扎破，不会像普通轮胎那样气体在瞬间全部泄完，能够保障高速行车时的安全。

无内胎子午线轮胎与旋压车轮配套使用，可以保证轮胎的气密性。通常在轮胎侧面有无内胎子午线轮胎英文标识（TUBELESS），也可以用轮胎规格中轮辋直径的最后一位数为“0.5 英寸”来识别无内胎轮胎，如 17.5、19.5、22.5。

（6）保持轮胎气压符合要求。轮胎气压不符合规定的标准气压，是造成轮胎早期损坏的最主要原因之一，不符合标准的轮胎气压的负面影响如表6-24所示：

轮胎气压对轮胎使用寿命和油耗的影响 表6-24

胎压	负面的影响	原因分析
过高	汽车的燃料消耗增加	不平路面上行驶时，汽车振动加剧，汽车垂直位移增加而消耗能量
	汽车轮胎和其他部件的磨损加剧	轮胎与路面的接触面积减小，单位面积承受的压力增大，加大轮胎的磨损；汽车平顺性下降，加速汽车部件的磨损
过低	汽车的燃料消耗增加	滚动阻力增大
	轮胎磨损不均匀	轮胎在接触面上的压力不均匀
	轮胎磨损加剧，轮胎温度急剧上升	轮胎径向变形增大，周期性的压缩变形，加速轮胎的磨损；变形使轮胎的摩擦产生更多的热量

三 驾驶过程中节约能源的常用方法

驾驶员对汽车的操控行为是影响汽车燃料消耗的关键环节，不同的驾驶习惯对汽车燃油消耗量影响范围不同，最高可达30%以上。汽车节能驾驶操作是在确保行车安全的基础上，通过驾驶员科学合理的操作，实现车路的和谐运行与燃油的经济和高效使用。

1 汽车预热

汽车预热包括发动机预热（停车怠速预热）与底盘预热。汽车预热的最佳方案是使发动机和底盘部件同时得到充分预热。

在环境温度低于5℃起动发动机时，要求学员对发动机进行怠速预热，待发动机冷却液温度上升到40℃以上再起步行驶。

在环境温度高于5℃时，非增压发动机起动后，适当保持发动机怠速运转（不超过1min）再起步；增压发动机（一般车辆型号中带“T”或“TURBO”字样）怠速运转时间适当延长，使增压器轴承和旋转机件得到充分的润滑，在此期间不能踩加速踏板使发动

机高速空转，避免增压器损坏。

小知识

发动机怠速运转与油耗的关系

发动机怠速运转时，因转速低而使混合气雾化不良，且浓度较大，故怠速的燃油消耗量也大。排量为3L左右的轿车，发动机每小时的怠速油耗大约为1~1.8L，因此小型汽车怠速1min以上的油耗将比热车状态下重新起动一次发动机的油耗更大。起动对现代发动机造成的磨损与发动机正常运转时造成的磨损相差无几，而发动机长时间怠速将会导致三效催化转化器提前损坏，反而加大了发动机的故障风险。

汽车起步后，在气温不太低的情况下，要求学员采用低挡位的速度（20~40km/h）行驶1~2km，使发动机、变速器和轴承等底盘部件得到全面润滑；在冬季气温较低时，要求学员低速行驶距离应适当延长至3~4km。

2 起步

练习起步时，指导学员掌握好离合器踏板、加速踏板的配合操作，先要求学员做到起步平稳，不猛踩加速踏板，不出现发动机熄火、车身抖动等现象；随着训练的进行，再要求学员快速平稳起步，并能够迅速升挡。

3 换挡变速

在驾驶训练中，指导学员根据车速和路况合理选择挡位，在条件允许的情况下，要求学员尽量选择高挡位，使发动机保持在经济转速区域内的较低转速（汽油机一般在1800~2200r/min，柴油机一般在1400~1800r/min）下运转。

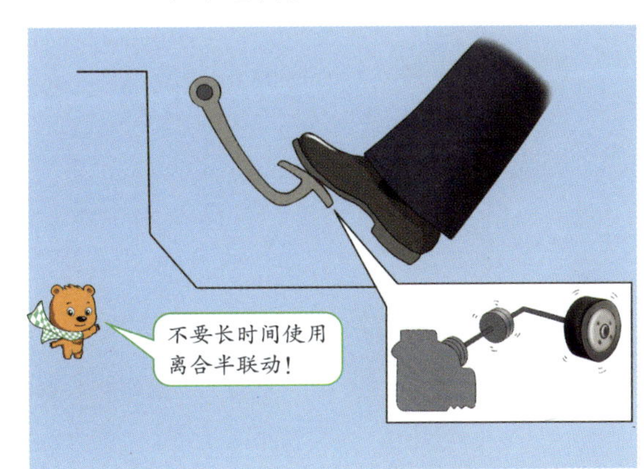

小知识

发动机转速与油耗的关系

汽车在同一挡位行驶，发动机在低转速时，空气流速低，燃料雾化不良，缸内燃烧速度慢且不完全，热损失较多，耗油率增大；发动机在高转速时，消耗于克服机械摩擦阻力和进、排气等方面的功率增大，所以耗油率也增大；发动机在中等转速时，燃烧气体对汽缸壁热损失少，混合气雾化均匀，燃烧完全，耗油率低。

指导学员根据发动机转速以及发动机的声音、抖动等变化选择换挡时机，使发动机转速尽量保持在燃油消耗率低的区间。当发动机的转速高于经济转速区域时，及时选择升挡；当发动机的转速低于经济转速区域时，迅速选择降挡。

当踩下加速踏板，车辆加速不明显或发动机的转速高于经济转速区域时，及时选择升挡；当发动机有反拖感或发动机的转速低于经济转速区域时，迅速选择降挡。换挡时，应配合使用一次踩踏离合器操作，做到换挡及时、准确，不“拖泥带水”。

4 车速控制

练习加速时，要求学员踩踏加速踏板做到“缓踩慢抬”，即踩下加速踏板的速度，以发动机的声音增高较柔和、转速平稳增加为宜，如果发动机出现发“闷”的吼声，应稍抬加速踏板。

汽车在平路行驶过程中，要求学员踩下加速踏板的最大限度应不超过加速踏板最大行程的3/4。在预期速度下，要求学员保持适当的跟车距离，保持好该状态时的加速踏板位置使汽车等速行驶，避免加速踏板位置反复变化。

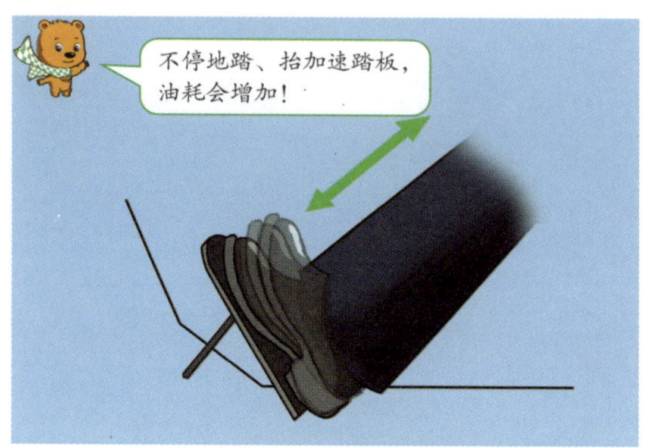

行车中，指导学员通过松抬加速踏板，充分利用汽车带挡滑行，实现预见性驾驶，尽量避免使用制动踏板来减速制动（除非安全行车需要）。禁止空挡滑行和发动机熄火滑行减速。

小知识

带挡滑行与空挡滑行

电喷发动机具有强制怠速断油功能，当电喷汽车在带挡且加速踏板完全放开的情况下，发动机转速高于设定的转速时会自动切断燃油供给，当发动机转速低于设定转速时才会重新供油。而汽车空挡滑行时，发动机处于怠速状态，会继续消耗燃油。因此，带挡滑行比空挡滑行节省燃油。

汽车空挡滑行时，发动机与传动系分离，发动机对汽车的阻滞力丧失，因此在汽车下长坡时，空挡滑行将使行驶速度越来越快，需要制动器频繁高强度地制动，将使制动器温度急剧升高，产生热衰退现象，制动效能降低甚至失灵。

遇到交通高峰时，指导学员尽可能做到“缓速行驶”，这样比反复的“停车、起步”更省油。加速或减速时，要求学员尽量采用柔和的驾驶方式，避免急加速或急减速。

5 转向操作

道路训练中，要求学员根据道路情况选择行驶路线，尽量保持直线行驶，不要频繁变更车道或来回转动转向盘。操纵汽车转向

时应平顺，提前50～150m开启转向灯，避免突然变向或急转弯等。

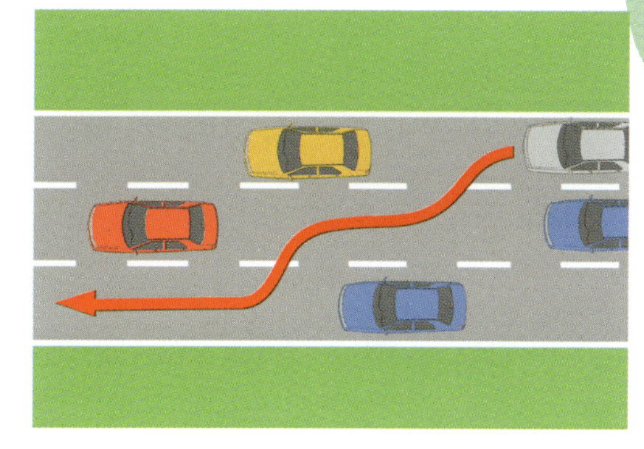

6 行车温度

车辆的行车温度是指发动机冷却液温度、机油温度、发动机罩内空气温度和变速器润滑油温度等，这些温度直接影响行车燃油的消耗。发动机的正常冷却液温应保持在85～95℃，此时的油耗最低，功率最高。

小知识

发动机冷却液温度与油耗的关系

发动机过热，往往会出现充气量下降、燃油和空气组成的混合气燃烧不正常、供油系统易产生气阻等情况；油耗较大，而且机油黏度过小，油膜过薄，发动机磨损加剧；发动机温度过低，发动机汽缸盖、汽缸壁的传热损失增大，燃油不易挥发，混合气变稀，燃烧不完全，油耗较大，而且机油黏度增大，流动性变差，润滑条件恶劣，加剧发动机汽缸的磨损。

7 空调使用

气温适宜，汽车以低于60km/h的速度行驶时，开窗通风或者使用空调的通风功能相对要省油；当车辆以高于80km/h的速度行驶时，关闭车窗，开启空调并保持车内温度为26℃左右，这样既能满足乘客的舒适性，又能节约燃油。

8 发动机熄火

非增压发动机汽车在路口停车等待通过的过程中，应根据交通信号灯计时器判断停车时间，停车时间超过60s的，应将发动机熄火。如果信号灯没有计时显示，汽车排队偏后的，应将发动机熄火。

增压发动机汽车停车后不应立即熄火，应保持发动机怠速运转3min以上，待发动机充分冷却后再熄火。

9 停车

停车地点要选择路面坚硬、平整或坡度小、顺风及视线良好的地方，不要停在松软、湿滑、结冰路面或上坡道上，目的是车辆再次起步时较为顺利、安全且省油。

停车时，应准确判断停车位置，尽可能做到一次停车到位，减少停车时的移车次数。

附录

机动车驾驶培训教练员从业资格考试模拟题

考　　号：________________　　姓　　名：________________

工作单位：________________　　考试时间：______年____月____日

判断题得分：____单选题得分：____　多选题得分：____总成绩：________

一、判断题（共40题，每题1分）

1. 教练员肩负着保障道路交通安全的社会责任。（ ）

2. 申请小型汽车驾驶操作教练员资格的，须具有5年以上安全驾驶经历和2年以上驾驶相应车型的经历。（ ）

3. 教练员应根据学员的学习特点和反馈的信息，正确在评判学员的学习情况，及时调整教学计划。（ ）

4. 教练员的职责就是培养出有高超驾驶技术的驾驶员。（ ）

5.《机动车驾驶员培训教学与考试大纲》包括：机动车驾驶培训教学大纲、机动车驾驶人考试大纲和驾驶培训教学日志。（ ）

6.《机动车驾驶员培训教学与考试大纲》实行了“分阶段教学、分阶段把关”的培训模式，将培训过程分为了四个阶段。（ ）

7. 每个学员的理论培训时间，每天不得超过6个学时。（ ）

8.《机动车驾驶员培训教学与考试大纲》提倡采用多媒体教学、网络配合教学、驾驶模拟器教学等科学手段。（ ）

9.《机动车驾驶员培训教学与考试大纲》规定，C1、C2车型驾驶培训教学的学时为86个。（ ）

10. 前一科目考试合格后，可以参加下一科目的考试；前一科目考试不合格的，继续该科目考试。（ ）

11. 教练员使用教学日志，能更好地按照教学大纲进行教学，规范自身教学行为。（ ）

12. 运用操作技能训练模式时，教练员通过讲解动作要领、动作示范、指导练习和训练讲评等环节进行教学。（ ）

13. 教练员应从三个方面来备课：分析教学对象、确定教学内容、选择合适的教学方法和手段。（ ）

14. 性格内向的学员通常办事谨慎、力求稳妥，不容易出现紧张心理。（ ）

15. 与行车安全有关的不良情绪通常表现为恐惧、紧张、急躁、骄傲自满和犹豫不决等。（ ）

16. 教练员选择教学方法的原则是教学项目的特点、学员的学习特点、自身的条件、学时安排及教学设备条件。（ ）

17. 驾驶培训常用的教学手段包括多媒体、教学磁板、教练车、驾驶模拟器、教学教具等。（ ）

18. 多媒体教学手段只适用理论教学，

不适用驾驶操作训练。（ ）

19. 采用录像教学时，录像片断的连续播放时间越长，教学效果越好。（ ）

20. 小型教练载客汽车使用年限达到12年，应当强制报废。（ ）

21. 小型汽车科目二考试包括倒车入库、通过单边桥、侧方停车、曲线行驶和直角转弯五项。（ ）

22. 驾驶与准驾车型不符的机动车，对驾驶员一次记12分。（ ）

23. 故意遮挡、污损或者不按规定安装机动车号牌的，处200元以上2000元以下罚款，并处15日以下拘留。（ ）

24. 申请参加机动车驾驶培训教练员从业资格考试的，应当向其户籍地或暂住地市级道路运输管理机构提出申请。（ ）

25. 教练员发生重大以上交通责任事故的，且负有主要责任，吊销教练员证。（ ）

26. 教练车在车身两侧及后部应喷涂高度大于等于90mm的“教练车”等字样。（ ）

27. 带有防抱死制动系统（ABS）的车辆，制动时制动踏板振颤，说明ABS工作失常。（ ）

28. 汽车发生碰撞事故或紧急制动时，安全带能将乘员束缚在座位上，避免与转向盘、风窗玻璃、座椅靠背等车内物体发生二次碰撞。（ ）

29. 当车辆以50km/h的速度正面撞击物体时，安全气囊会膨胀，从而避免和减轻乘员的伤亡。（ ）

30. 下长坡时，驾驶员长时间使用行车制动器，易造成制动器热衰退，制动器摩擦力下降。（ ）

31. 车辆维护分为日常维护、一级维护和二级维护。（ ）

32. 检查发动机的机油液面高度，应在发动机运转时进行。（ ）

33. 社会责任感是决定驾驶员安全意识的重要因素。（ ）

34. 前方有儿童或老人时，应提醒学员提前减速，保持足够安全距离。（ ）

35. 夜间会车，对面来车不变近光灯时，最好的处理办法是提醒学员鸣喇叭示意，加速驶出眩目区。（ ）

36. 雪天行人和自行车易占用机动车道，提醒学员注意与其保持适当的横向安全距离。（ ）

37. 轮胎爆裂时，驾驶员应紧握转向盘，切忌向相反方向急转转向盘，轻踩制动踏板并抢挂低挡，减速停车。（ ）

38. 在事故现场抢救伤员时，对于肢体开放性骨折的伤员，应先将骨折部位回纳复位，再进行止血、包扎和固定。（ ）

39. 电喷发动机汽车，带挡滑行比空挡滑行更省油。（ ）

40. 不论车速多少，开窗通风比用空调省油。（ ）

二、单选题（共30题，每题1分）

1. 学员在训练的________，难以自觉地发现自身存在的错误，难以识别周边的潜在危险。

A. 初期

B. 中期

C. 后期

2. 申请理论教练员的，应具有_______以上安全驾驶经历。

A. 1年

B. 2年

C. 3年

3. 在驾驶教学过程中，教练员始终把_______和良好驾驶习惯培养放在首位。

A. 文化水平提高

B. 安全意识教育

C. 应试教育

4. 教练员在编写教案时，主要通过_______来确定教学内容。

A. 分析教学大纲和阅读教材

B. 分析教学对象

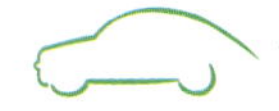

C. 选择教学手段

5. ______是教学的指导性文件，是组织教学和进行教学检查的基本依据。

A.《中华人民共和国道路交通安全法》

B.《机动车驾驶员培训教学与考试大纲》

C.《中华人民共和国道路运输条例》

6. 在驾驶训练中，教练员做示范动作是为了让学员______。

A. 巩固所学的驾驶动作

B. 在各种交通环境下灵活应用

C. 领会动作要领

7. 调整外后视镜时，应保证能看到车体占镜面纵向的______。

A. 1/2

B. 1/3

C. 1/4

8. 操作加速踏板时，应做到______。

A. 轻踏、缓抬

B. 快踏、快抬

C. 轻踏、快抬

9. 学员在训练过程中出现紧张心理，主要原因是对技能学习规律不了解、对驾驶理论知识不熟悉以及______。

A. 教练员过于严厉

B. 动作训练强度大

C. 操作过于复杂

10. 在训练过程中，学员出现犹豫不决情绪时，教练员可先要求学员操作要规范，鼓励学员______操作。

A. 小心

B. 大胆

C. 停止

11. 在驾驶训练过程中，教练员培养学员通过观察______来控制车速。

A. 车速表

B. 发动机转速表

C. 路边参照物

12. 教练员实施驾驶操作训练的步骤是______。

A. 讲解→指导→示范→讲评

B. 讲解→示范→讲评→指导

C. 讲解→示范→指导→讲评

13. 采用动画模拟教学，可以提高学员学习的兴趣，更重要的是提高教学______。

A. 气氛

B. 互动性

C. 速度

14. 小型汽车科目三考试里程不少于______。

A. 1 km

B. 2 km

C. 3 km

15. 对驾驶员一次记12分的行为是______。

A. 占用应急车道行驶

B. 在高速公路上倒车

C. 违反道路交通信号灯通行

16. 发生交通事故后当事人逃逸的，由逃逸的当事人承担______。

A. 主要责任

B. 次要责任

C. 全部责任

17. 机动车驾驶培训教练员证的有效期为______。

A. 4年

B. 5年

C. 6年

18. 为防止安全气囊膨胀时对儿童的伤害，严禁儿童在______位置。

A. 副驾驶

B. 后排右侧

C. 后排左侧

19. "拆检轮胎，进行轮胎换位"是______维护的作业内容。

A. 日常

B. 一级

C. 二级

20. 对车辆进行安全检视时，应遵循从______绕车一周的原则。

A. 左前侧开始

B. 右前侧开始

C. 右前侧开始

21. 对驾驶室进行安全检视时，应检查的部位包括______。

A. 蓄电池

B. 内后视镜

C. 发动机有无异响

22. 下面________的表现是中度疲劳状态。

A. 无故踩下制动踏板

B. 不停地打哈欠

C. 眼睛不由自主地闭上

23. 行驶至铁道交叉路口前，应提醒学员______。

A. 加速通过

B. 停车瞭望

C. 鸣喇叭

24. 下长坡时，应提醒学员利用______控制车速。

A. 踏离合器踏板

B. 利用发动机制动

C. 踏制动踏板

25. 雨天遇到穿雨衣的行人或骑自行车人时，应提醒学员______。

A. 适当增加安全距离

B. 较大幅度改变方向

C. 正常通过

26. 高温天气训练时，应提醒学员______。

A. 抓紧时间，尽早完成训练

B. 适时休息，补充水分

C. 减少制动和换挡

27. 车辆着火时，驾驶员正确的做法是______。

A. 用水灭火

B. 脱掉衣服

C. 不张嘴呼吸

28. 汽油牌号越高，说明________能力越强。

A. 抗爆震

B. 节油

C. 提高动力

29. 轮胎侧面有磨损标记“▲”的，标记处的沟槽不足________时，应立即更换轮胎。

A. 1mm

B. 1.6mm

C. 2mm

30. 汽油发动机的经济转速区域一般在______。

A. 1000～1400r/min

B. 1400～1800r/min

C. 1800～2200r/min

三、多选题（共30题，每题1分）

1. 申请小型汽车驾驶操作教练员应符合的条件包括________。

A. 年龄不超过60周岁

B. 3年以上驾驶相应车辆的经历

C. 5年以上安全驾驶经历

D. 具有中专或高中以上学历

2. 教练员的义务主要包括________。

A. 领会大纲内涵

B. 遵守规定学时

C. 科学指导，确保教学过程安全

D. 尊重学员，服务学员

3. 专制式的教学风格，主要表现在________。

A. 命令学员做动作

B. 学员操作时，不干涉

C. 学员出现错误时，通常很愤怒、严加训斥

D. 学员出现错误时，不表态

4. 教学日志中的__________应当由教练员填写。

A. 教学项目

B. 教学日期、实际所用学时

C. 学员签字

D. 教练员评价及签字

5. 教案的编写步骤包括________。

A. 备课

B. 教学过程设计

C. 课后总结与分析

D. 布置作业

6. 在编写教案时，确定教学方法和手段主要考虑________。

A. 教学内容

B. 考试要点

C. 学员特点

D. 教学条件

7. 每次上车前，教练员应让学员进行一次安全检查，检查________。

A. 发动机异响

B. 车辆外表异常磨损

C. 轮胎

D. 车辆周围有无障碍

8. 起动发动机前，教练员应让学员________。

A. 调整座椅

B. 调整后视镜

C. 检查仪表

D. 检查变速器操纵杆位置

9. 在驾驶训练初期，对出现恐惧、紧张情绪的学员，教练员可以________。

A. 适当放慢教学进度

B. 多鼓励、少指责，帮助学员树立自信心

C. 耐心辅导，鼓励学员大胆做动作

D. 严厉批评，停止该项目训练

10. 对车体的感知能力是学员对所驾车辆________的准确把握能力。

A. 长度

B. 宽度

C. 高度

D. 速度

11. 教练员适宜采用__________教学法组织“操纵装置的规范操作”实际驾驶操作教学。

A. 示范

B. 练习

C. 讲授

D. 模拟

12. 教练车除技术状况应满足相关规定要求外，还须配备________。

A. 灭火器

B. 副后视镜

C. 副制动踏板

D. 副驻车制动器

13. 计时系统能自动记录学员训练的________。

A. 时间、里程

B. 行驶速度、车辆位置

C. 车辆技术情况

D. 培训过程图片

14. 对登记后上道路行驶的机动车，应当根据_________等不同情况，定期进行安全技术检验。

A. 车辆用途

B. 载客（货）数量

C. 使用年限

D. 车辆品牌

15. 科目一考试内容包括________。

A. 道路交通安全法律、法规和规章

B. 交通信号

C. 机动车驾驶操作相关基础知识

D. 紧急情况处置

16. 对道路交通安全违法行为的处罚种类是________。

A. 警告

B. 罚款

C. 拘留

D. 暂扣或者吊销机动车驾驶证

17. 教练员有_________的情形，由发证机关注销其教练员证。

A. 持证人提出申请注销

B. 年龄超过60周岁

C. 机动车驾驶证被注销

D. 超过有效期180日未申请换证

18. 机动车驾驶培训教练员教学质量信

誉考核内容除教练员的基本情况外，还包括________。

A. 不良记录

B. 教学业绩

C. 教学质量排行情况

D. 参加再教育情况

19. 驱动防滑控制装置（ASR）可以防止________。

A. 转向时驱动轮打滑

B. 起步时驱动轮打滑

C. 转弯时转向不足或过度

D. 加速时驱动轮打滑

20. 电子稳定程序（ESP）能够防止车辆转弯时出现________。

A. 车轮抱死

B. 转向不足

C. 转向过度

D. 驱动车轮打滑

21. 系安全带时，注意________。

A. 避免安全带卷起

B. 严禁双人共用

C. 不能压在坚硬的物体上

D. 不能压在易碎的物体上

22. 对随车工具进行安全检查，检查的工具有________。

A. 灭火器

B. 危险警告标志

C. 千斤顶

D. 轮胎扳手

23. 培养学员交通安全意识的途径主要有________。

A．增强学员的社会责任感

B．进行安全知识教育

C．培养良好的驾驶习惯

D．加强驾驶技能训练

24. 驾驶员产生疲劳驾驶的主要原因有________。

A．连续驾驶时间过长

B．驾驶经验不足

C．长期在单一路况下驾驶

D．睡眠不足

25. 车辆行驶中遇到隧道时，应提醒学员________。

A. 进入隧道有一个暗适应过程

B. 隧道内交通情况简单

C. 隧道内可能有行人、非机动车

D. 隧道出口可能有强烈的横风

26．驾驶员行驶时注意力不集中的原因有________。

A．情绪不稳定

B．睡觉过足

C．音响声音过大

D．接打手机

27. 前方有大货车行驶时，应提醒学员________。

A. 保持足够的安全距离，跟车行驶

B. 在确认安全后，从左侧超越货车

C. 紧跟大货车，鸣喇叭催促其让行

D. 确认安全后，从右侧超越货车

28. 车辆行驶中制动突然失效时，驾驶员可________，尽快安全地减速停车。

A. 握稳转向盘

B. 抢挂低挡

C. 拉紧驻车制动器操纵杆

D. 利用天然障碍物

29. 在高速公路上发生交通事故后，应及时疏散人员至________的安全的区域。

A. 车后150m以外

B. 车前150m以内

C. 高速公路以外

D. 高速公路匝道上

30. 运用胸外心脏按压法抢救伤员时，正确的做法是________。

A. 双手交叉重叠，用手掌根垂直用力

B. 每次下压胸部4～5cm后自然放松

C. 每分钟按压60次

D. 每15次按压后做2次口对口人工呼吸

参考答案

一、判断题

1.（√） 2.（×） 3.（√） 4.（×） 5.（√）
6.（×） 7.（×） 8.（√） 9.（×） 10.（√）
11.（√） 12.（√） 13.（√） 14.（×） 15.（√）
16.（√） 17.（√） 18.（×） 19.（×） 20.（×）
21.（×） 22.（√） 23.（√） 24.（×） 25.（√）
26.（×） 27.（×） 28.（√） 29.（×） 30.（√）
31.（√） 32.（×） 33.（√） 34.（√） 35.（×）
36.（√） 37.（√） 38.（×） 39.（√） 40.（×）

二、单选题

1.（A） 2.（B） 3.（B） 4.（A） 5.（B）
6.（C） 7.（C） 8.（A） 9.（A） 10.（B）
11.（A） 12.（C） 13.（B） 14.（C） 15.（B）
16.（C） 17.（C） 18.（A） 19.（C） 20.（A）
21.（B） 22.（A） 23.（B） 24.（B） 25.（A）
26.（B） 27.（C） 28.（A） 29.（B） 30.（C）

三、多选题

1.（ABCD） 2.（ABCD） 3.（AC） 4.（ABD） 5.（ABC）
6.（ACD） 7.（BCD） 8.（ABCD） 9.（ABC） 10.（ABC）
11.（ACD） 12.（ABC） 13.（ABD） 14.（ABC） 15.（ABC）
16.（ABCD） 17.（ABCD） 18.（ABCD） 19.（ABD） 20.（BC）
21.（ABCD） 22.（ABCD） 23.（ABC） 24.（ABCD） 25.（ACD）
26.（ACD） 27.（AB） 28.（ABD） 29.（AC） 30.（ABD）